HANDBOOK ON TALENT REVIEW

人才盘点
完全应用手册

北森人才管理研究院 著

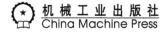

机械工业出版社
China Machine Press

图书在版编目（CIP）数据

人才盘点完全应用手册 / 北森人才管理研究院著 . —北京：机械工业出版社，2019.7
（2025.6 重印）

ISBN 978-7-111-63038-8

I. 人⋯ II. 北⋯ III. 企业管理 – 人才管理 – 手册 IV. F272.92-62

中国版本图书馆 CIP 数据核字（2019）第 125106 号

随着经济环境的不确定性增多，中国企业感受到的人才挑战也越来越大。在这样的大背景下，中国企业对于人才管理实践给予了前所未有的关注。本书是一本写给 HR 从业者看的"人才盘点实操问题大全"，以"主题"形式展开，围绕人才盘点方法论、人才评估技术、人才能力技术、信息技术、HR 培养和高管辅导等方面，深入浅出进行了讲解，并穿插各类案例，使读者看完就能学会人才盘点。

人才盘点完全应用手册

出版发行：机械工业出版社（北京市西城区百万庄大街 22 号　邮政编码：100037）

责任编辑：岳晓月　　　　　　　　　　　　责任校对：李秋荣

印　　刷：固安县铭成印刷有限公司

开　　本：170mm×230mm　1/16　　　　印　　张：19.25

版　　次：2025 年 6 月第 1 版第 16 次印刷

书　　号：ISBN 978-7-111-63038-8　　　定　　价：79.00 元

客服电话：(010) 88361066　68326294

版权所有·侵权必究
封底无防伪标均为盗版

| 推荐序一 |

聚英才而优用之

人才是第一资源。进入新世纪新阶段，党中央、国务院做出了实施人才强国战略的重大决策，人才强国战略已成为我国经济社会发展的一项基本战略。党的十九大报告提出：人才是实现民族振兴、赢得国际竞争主动的战略资源。全球范围内的人力资本研究也已清晰地表明，人才资本是推动经济增长和国家强大的最积极、最关键因素。我国各类高层次人才计划也已经体现出人才资本对于经济发展与强国战略的特殊价值。人才作为先进科学技术的载体，以及创造性、能动性的资源，不仅在生产要素的组合中发挥着独特的联结作用与乘数效应，而且以人才资本为核心的创新生态系统也带来了各层次人才团队的集聚，还能促进各类先进的生产性服务业和生活性服务业的发展，从而最终形成经济增长与人才发展的良性循环。

人才关系面临转型。伴随着云计算、大数据、人工智能、万物互联等数字技术的不断涌现，经济范式正在发生革命性变化，使得人才与组织的关系模式面临着巨大冲击。岗位市场、劳动力市场和雇用关系正在被一种新的工作市场、人力资本市场和人力资本关系所替代。在数字经济条件下，"岗位"这个大组合正在变成小的颗粒，人和事融合的状态逐渐解体，岗位市场演变为工作市场，劳动力市场开始从被动的同质化市场转变成为个人主动选择、更具异质性的人力资本市场。伴随着岗位市场和劳动力市场的变动，人才个体和组织的雇用关系将不断弱化，走向包含工作关系、合作关系、合伙关系的关系模式。而且更重要的是，人力资本市场和工作市场有可能会被数字技术平台化和共享化，HI+ABC+IoT 将彻底重塑工作世界。这将给人才个体带来不一样的工作体验，为组织带来灵活性和主动性。与此同时，这也给组织的人才机制、人才经营能力带来了更多的挑战——如何从管理策略上应对组织与人才关系的范式变化。

人才盘点塑造人才新动力。在我的观察研究中，我清晰地感知到有相当一部分走在前列的中国企业，已经开始从人力资源管理走向战略人力资本管理，立足于组织的战略价值来构建自身的人才经营战略。它们逐渐认识到，投资于人才这个"第一稀缺资源"对于未来商业目标达成的巨大价值，组织自身需要构建一个更加灵活、无边界、适应未来的人才动力系统，这其中人才盘点就是迈向人才战略的重要一步——先把握好现有人才状况，再迈向人才策略。

开展人才盘点，北森人才管理研究院的《人才盘点完全应用手册》是最好的起点。本书浓缩了北森多年在人才盘点领域的积淀，给 HR 从业者提供了一套成熟专业的方法论，体系完整且实用，无论是你已经有盘点经验但存在一些理念上的困惑，还是计划引入盘点项目急需解答技术问题，都可以从本书中寻找到答案。

本书，值得一读。

杨伟国

中国人民大学劳动人事学院院长、教授

| 推荐序二 |

人才盘点：是盘点个体还是集体，是盘点别人还是自己

人才盘点已经变成人员选、育、用、留体系的一个"标配器官"，如果做得好的话，这个"器官"的功能是非常强大的。

北森人才管理研究院根据大量在人才盘点领域的实践、观察所总结提炼出的宝贵经验、思考、案例、方法论，可以大大缩短人才盘点操作者、人力资源高层管理者、组织发展工作者的学习和探索时间。

我自己在人才盘点方面有过一些实践，有一些思考和体会希望跟读者分享一下。

一个是关于在人才盘点中个体视角与集体视角的平衡。

有些组织容易把人才盘点太偏向个体视角，典型的体现就是一盘点完就对个人"上手段"，比如晋升、辞退、调岗。我不否定这些偏个体视角的工作的价值，但我认为，从人员盘点中得到一些偏集体视角的高质量的结论更重要。

什么是偏集体视角的结论？如果你问一个组织：为了实现下一阶段的发展目标，你的组织的人才储备够吗？我相信，即使不做人才盘点，绝大部分的组织都会回答"不够"。如果人才盘点做完之后，在集体层面只得出这个结论，然后就把精力放在容易短期看到动作的、偏个体层面的晋升、辞退、调岗上，在集体层面只留下一个"加大人才引进及培养力度"这样空洞的方向，这样的人才盘点，我认为远远没有发挥出其应有的价值。

更有价值的是，你能不能从人才盘点中得出对这样一个问题的答案：

为了实现下一阶段的发展目标，本组织需要保留、调整、增加哪些能力和气质？这是一个在集体层面更有挑战性、更有价值的产出。要回答这个问题，不仅要有"人才视角"，还要将人才与公司的业务战略结合在一起，在两者之间建立有机的联系；要想回答这个问题，只靠负责人才盘点的"项目经理"是远远不够的。能否回答这个问题，非常考验领导团队（包括人力资源一把手）对所从事的业务是否有深刻理解，以及在使命、愿景和价值观方面是否坚定和一致。

另外一个思考及体会是关于增量与存量的平衡。

"盘点"这个词让人最容易联想到"存货"，所以"人才盘点"这四个字放在一起容易给人一些着重于存量的误导。

但公司的发展主要还是靠增量，而不是存量。这里所说的增量不仅是从外部引进的增量，也包括内部的增量。从外部引进人才这种增量比较容易理解，但如何在内部盘点中也"着重于增量"呢？

要想在人才盘点中更注重增量，就要问这样的一些问题：

什么样的能力我们已经具备内生的环境？为什么这样的能力很容易内生？对于这些能力，如何保护及加强，变成系统和习惯，变成长期的竞争力？

我们过去在人才培养和发展中做了哪些干涉动作？反映在人员盘点的对比上，效果如何？

为什么有些我们特别需要的能力和气质难以成活？要想让这些能力和气质存活，需要做哪些改变？是因为我们某些强项的能力过度使用而导致的吗？如果是这样，如何调整这些能力强项？

我们高层管理者在人才培养及发展方面有什么理念和能力上的差距？如何弥补这些差距？这个问题，对于产生增量这个事情最为关键。

如果不问这些问题，不在相关方面做出改变，等到下次盘点时还是在存量中倒腾，企业内部造血的能力会年复一年地得不到提高。

把这两点思考结合起来，我的体会就是，人才盘点既要盘点个体，也要盘点集体；既要盘点别人，也要盘点自己。在盘点个体的过程中盘点集体，在盘点别人的过程中盘点自己，这样，"人才盘点"这个器官的功能才能充分发挥出来。

对于具体操作人才盘点这件事的 HR 来说，本书提供了大量的经验和案例。在自己"创作"之前做点广泛的学习，就像是在写论文前做点"文献综述"，这样既可以避免重新发明轮子，也可以避免把自己的企业从一开始就带入歧途。另外，了解这个工作背后更深层次的意义、挑战和价值，会更容易融会贯通地理解本书所提供的各种专业知识、技术、工具等。

房晟陶
首席组织官创始人，原龙湖集团执行董事及 CHO

| 前 言 |

人才盘点九年

近年来，国内外的经济环境经受着前所未有的挑战，这也直接或间接影响到企业的人才管理。尽管处于不同发展阶段的企业在管理方面遭遇的挑战不同，但随着精益管理的迫切性增加，大部分企业的成功基线是一样的——需要有一本清楚的人才账本，以应对不确定的外部环境。

然而在工作中，我们发现企业投入大量成本在外部人才的搜寻和招募上，但谈到内部人才管理工作时，却是一本算不清的人才账，诸如内部人才语言不统一、人才培养形式化、人才工作突击化等问题比比皆是。对于上述问题，行业缺少最佳实践指导，更没有被广泛接受的解决问题的方法论。

结合过往的项目经验，我们对上述问题进行了探索：如何调动组织对于人才识别与讨论的积极性？企业如何系统性地开展关键员工的发展工作？人才盘点的过程中，如何平衡好信息的开放性与保密性？甚至细致到如何确保直接上级介绍完员工的情况后，能展开有价值的热烈讨论？进而引发关于"人才盘点是一种咨询项目，还是一套独立的 HR 流程，或者是一种常态化的人才发现机制"的思考。基于过往经验及对上述问题的深入探索，形成了本书的雏形。

经过对全球化成熟公司的实践研究，以及对中国企业在人才盘点上的亲身实践，笔者认为把人才盘点定义为业务流程更为合适，尽管它看起来更像是 HR 的专业领域。实际上，从企业人才发展带来的价值和卷入的角色来看，毫无疑问，它应该成为业务的一部分，帮助业务部门发现人才、找准人才的发展方向、保留核心人才，帮助组织在人才的内生和发展这件大事上保持活力。

时至今日，越来越多的企业能够独立开展人才盘点工作；越来越多的第三方机构与企业探讨人才盘点话题，并提供解决方案。在对中国企业人才管理实践的追踪研究中我们发现，那些真正关注人才且不断实践先进人才管理理念的企业，都在努力了解企业自身的人才状况——它们以各种形式、在不同的业务场景下开展着人才盘点工作。

我们还观察到，践行人才盘点的企业仍存在一些需要探讨、值得改善的地方。第一点是战术化，人才盘点未与企业战略建立链接，高层管理者参与不足，通常由HR作为常规工作执行；第二点是项目化，作为短期项目开展，例如晋升盘点、人才盘点工作并未流程化，对盘点结果不做跟踪，甚少应用；第三点是短路化，盘点维度局限于工作业绩，常见的工作方式是，决策层开个简短的会，简单讨论形成结论。发现实操黑洞，让更多企业洞悉行业最佳实践，是本书出版的初心之一。

另外，要想成功地开展人才盘点，使之能真正为人才管理添砖加瓦，HR要面临的问题是广泛而实际的，这也是我们想要把不断讲给HR同仁的经验和答案集结成书的初衷。

2019年是北森"修炼"人才盘点的第九年。仅在过去的一年，我们为企业提供了300万人次针对关键人才的测评，协助企业开展了超过400场次的人才校准会，为超过5000名资深HR提供了继任发展和人才发展类的专项培训。

这九年对北森来讲是一段奇妙的旅程：我们目睹了企业对人才盘点态度的变化，甚至可以说见证了这个业务流程在中国企业中的"从无到有"。我们倡导人才盘点作为一项HR的关键引擎来指引人才规划，也在很多的组织中得以传承和实现。

在筹备本书的过程中，我们系统性地整理了多年来在继任发展与人才盘点认证课程中学员的主要困惑及问题，同时，对北森在培养人才管理顾问的计划中，逐步提炼出的人才盘点的关键技术方法论和操作要点进行了复盘。本书定名为《人才盘点完全应用手册》，原因也在于此。

北森人才管理研究院的同仁们，从2017年年中开始策划本书，历时15个月成稿。在本书中，我们与读者分享了我们对人才管理的发展趋势和动态的感知，并在第一、二章直接切入人才盘点的终极问题——为什么要做人才盘点，什么样的企业适合做人才盘点，这也是初次尝试实践人才盘点项目的HR经常遇到的问题。第三至五章分享了能力建模和人才评估的关键技术，同时讲述了人才盘点最核心的工具——九宫格，读者可以直接采用里面的素材开展自己的盘点工作，在实践中少走弯路。

人才盘点是组织行为，沟通和获得支持弥足珍贵，第六章分享了影响组织中各类角色的详细策略，希望能帮助读者从一开始就能抵达项目成功的起跑线。第七章介绍了开展人才校准会的工作方法和经验。第八、九章介绍了人才盘点结束后的主要策略，即针对组织和个人如何继续开展工作，让人才盘点持续创造价值。第十章与读者分享了采用信息技术解决人才盘点中问题的经验，并对新技术的未来应用前景做了预测。

并不是所有的人才盘点项目都能成功，第十一章的六个案例，能帮助读者整体理解人才盘点的复杂性和存在的困难，以提前做好准备。第十二章与读者分享了对这个时代的人才管理发展的理解和思考，以及CEO应该扮演的角色和所起的作用。本书是北森人才管理研究院上百名顾问从为上千家中国企业策划和实施人才盘点项目中积累的经验的提炼。我们发现，HR在进行人才盘点项目时遇到的困难是很相似的，我们希望通过本书大量的第一手咨询经验和深度思考，能为读者的问题直接提供答案。

本书是北森人才管理研究院共同创作的结果，凝聚了大量实践复盘中的洞察与总结。主要作者包括王丹君、顾明、沈歆、王丹丹、张佳昱和笔者本人。本书的撰写历时较长，其中特别感谢北森人才管理研究院副院长和产品研发负责人王丹君在书籍策划、统筹和方法论梳理中的特别贡献，同时要感谢余婧、程瑶、刘聪、郭芸汝、齐雪梅等同事在本书出版过程中的支持。感谢机械工业出版社的编辑老师，他们给予我们极大的信任和支持，以极大的耐心和专业的态度为本书提供了建议和协助，确保了本书的如期出版。最后还要感谢在过去的时间里，公司以充分的包容和信任，极大地支持研究院的同仁去尝试各种人才管理创新，并鼓励更大范围的知识共享。

这是一个最坏的时代，贸易壁垒变厚、劳动力变少、劳动价格变高；这是一个最好的时代，中国企业更换引擎、强化管理、投资人才。北森人才管理研究院致力于帮助中国企业拥有世界领先的人才管理能力，这是一条艰难但必须要走的路。我们坚信：每一步都算数，时间是最好的朋友。让我们携手共进！

周丹

北森人才管理研究院院长

目 录

推荐序一
推荐序二
前言

第一章　人才成就未来　　1
　　一、VUCA 时代的人才困境　　2
　　二、企业人才差异化战略　　8
　　三、企业人才战略布局　　14
　　四、从人力资源管理到人才管理　　20

第二章　人才盘点的基本问题　　28
　　一、人才盘点的本质　　29
　　二、人才盘点的时机　　37
　　三、人才盘点的价值　　43
　　四、组织盘点　　49

第三章　能力技术：让人才标准真正发挥作用　　55
　　一、支撑性：人才能力需要支撑组织的核心能力　　55
　　二、适应性：企业在不同阶段构建人才标准的策略　　58
　　三、完整性：企业人才标准全貌　　61

四、层次逻辑：胜任力与心理特质的关系 | 62

五、企业胜任力模型的构架 | 64

六、胜任力模型构建的四大原则 | 67

七、选择适合的方法：让胜任力模型快速完成 | 68

八、两种典型的胜任力模型的应用：等级模型和关键行为模型 | 71

九、连续性：胜任力模型需要持续优化 | 74

十、能力模型的新趋势：大数据的应用 | 75

第四章　评估技术在人才盘点中的应用 | 77

一、评估技术：数据化人才能力 | 77

二、人才盘点中常用的评估技术 | 82

三、在盘点中采用心理测评技术 | 84

四、在盘点中采用360度评估反馈法 | 92

五、在盘点中采用访谈技术 | 97

六、在盘点中采用情景模拟技术 | 100

七、在盘点中应用敬业度调查的结果 | 103

八、数据有效期和持续获得数据 | 107

第五章　九宫格与人才地图 | 110

一、九宫格是一种思维方式 | 110

二、人才九宫格案例 | 112

三、经典九宫格与高潜九宫格 | 117

四、高潜九宫格的使用策略 | 120

五、九宫格的划分 | 125

六、人才地图 | 131

七、让九宫格动起来 | 136

第六章　获得支持：人才盘点中的角色与关键沟通　138

　　一、人才盘点项目的发起者　138

　　二、人才盘点中的各种角色　141

　　三、企业高层管理者　144

　　四、业务部门主管　150

　　五、员工本人　154

　　六、斜线部门的管理者　156

　　七、HRBP　157

　　八、谁为人才盘点负责　158

第七章　人才校准会：技术与运营　160

　　一、一定要开人才校准会吗　160

　　二、什么时间开校准会最合适　162

　　三、开门校准会与闭门校准会　163

　　四、人才校准会的准备工作　167

　　五、谁需要参加人才校准会　172

　　六、校准会谈些什么　174

　　七、很有必要进行的职业发展讨论　178

　　八、校准会中观点不一致如何解决　180

　　九、人才校准会实践案例：某商业地产集团中高层管理人才盘点　182

第八章　激活组织：人才盘点后的组织举措　193

　　一、人才盘点不烂尾　193

　　二、披露人才盘点结果　194

三、人才分类管理　　199
　　四、构建人才池　　205
　　五、接班人计划　　213
　　六、盘点后其他管理举措　　216

第九章　激活个体：人才加速计划　　220

　　一、盘点之后，明星人才该何去何从　　220
　　二、通用发展策略：运用个人发展计划（IDP）　　224
　　三、为明星人才设计个性化激励策略　　231
　　四、激发九宫格中的大多数　　237
　　五、采用绩效改进计划（PIP）　　239
　　六、一般员工的个性化培养策略　　243

第十章　信息技术让人才盘点成功加倍　　248

　　一、在人才盘点中采用IT技术/系统　　250
　　二、信息技术在人才管理领域究竟有什么用　　254
　　三、不远的未来：信息技术将颠覆人才盘点　　259
　　四、HR的进化：成为信息技术的拥护者　　264
　　五、新技术不是万能的　　269

第十一章　人才盘点不一定能成功　　271

　　案例一　脱离了业务的人才盘点孤岛　　271
　　案例二　与业务端培养发展人才脱节的人才盘点　　273
　　案例三　适得其反的高潜人才项目　　276
　　案例四　被反对的人才盘点　　277

案例五　无法积极参与的高潜人才 | 279
案例六　不堪负荷的高潜人才 | 280

第十二章　让人才投资发挥最大价值 | 283

一、敏捷迭代，让人才盘点内化为组织能力 | 283
二、CEO 的重要角色 | 289

| 第一章 |

人才成就未来

2018年9月10日,阿里巴巴集团创始人以"教师节快乐"为题,向客户、员工、股东和公众发表公开信,宣布一年后的2019年9月10日,即阿里巴巴成立20周年之际,他将不再担任集团董事局主席,届时由现任集团CEO张勇接任。

当我们回头去看阿里巴巴集团的发展历史,其创始人的重要性不言而喻。早在2009年,阿里巴巴只有10岁的时候,它就开始了合伙人制度的搭建。阿里巴巴曾公开阐释过建立合伙人制度的考虑:"不少优秀的公司在创始人离开后,迅速衰落,但同样也有不少成功的创始人犯下致命的错误。我们最终设定的机制,就是用合伙人取代创始人。道理非常简单:一群志同道合的合伙人,比一两个创始人更有可能把优秀的文化持久地传承、发扬。"

经过10年的积累,阿里巴巴如今已有"良将如潮"的人才团队和接班体系。正如其创始人在公开信中所说:"我们相信,只有建立一套制度,形成一套独特的文化,培养和锻炼出一大批人才的接班人体系,才能解开企业传承发展的难题。为此,这10年来,我们从未停止过努力和实践……让我感到非常自豪的是,阿里巴巴现在的公司结构、企业文化、治理和人才培养体系,让我的卸任可以不引起任何混乱。"

中国电商巨人的下一任掌门人张勇的继任，受到全世界的瞩目。他曾被评价为"合伙人制度"下人才梯队中的"杰出商业领袖"。自2009年正式加入阿里巴巴，张勇留下了一系列闪耀的军功章：首次创业创建天猫；一手打造全民狂欢的现象级购物盛典"双11"；组建阿里巴巴最强管理团队，被评为最佳CEO；主导阿里巴巴从PC时代进入移动时代，并迈入智能时代；带领阿里巴巴从电商平台升级为数字经济体；驱动"商业阿里"成为"科技阿里"；新零售引领全球商业变革，"五新"战略塑造未来商业基础设施……阿里巴巴内部对张勇的评价是，"在高速路上更换引擎的人，而且把拖拉机换成了波音747"。

此外，阿里巴巴已经拥有了多元、年轻的管理和人才梯队。阿里巴巴的合伙人中有两位"80后"（天猫技术负责人吴泽明和蚂蚁金服副CTO胡喜），淘宝总裁蒋凡是一名"85后"，阿里巴巴资深总监以上的核心管理人员中，"80后"占到14%。阿里巴巴管理干部和技术骨干中，"80后"已经占到80%，"90后"管理者已超过1400人，占管理者总数的5%。在36位合伙人中，女性占1/3。在进入合伙人时代后，阿里巴巴历史上完成了多次重要交接传承：2013年陆兆禧接任阿里巴巴集团CEO；2015年张勇接任CEO；2016年井贤栋接任蚂蚁金服CEO，并在一年半后接任董事长。不仅阿里巴巴和蚂蚁金服，菜鸟联盟、阿里云等板块也都已经完成过至少一次的管理层交接。

如今，以张勇为代表的新一批领导者已经成为阿里巴巴的中流砥柱，阿里巴巴以独创的合伙人制度和打造的人才梯队，证明了机制才是解决组织传承的最佳途径。

一、VUCA时代的人才困境

越来越多的跨国企业和商业巨头在公开场合阐述对这个时代的感

悟：我们生活在一个变化的、不确定的、模糊且复杂的时代——我们现在常常用"VUCA"来代表这一概念。VUCA 最早来自军事词汇，指的是易变性（volatility）、不确定性（uncertainty）、复杂性（complexity）、模糊性（ambiguity），现在常被用来描述商业世界的格局。在这个时代，上市公司的价值正在被重新分配，可能 20 年前市值最高的公司还是通用汽车、可口可乐、壳牌等工业企业，但是今天榜单的前列已完全洗牌，被苹果、谷歌、Facebook、微软、Alphabet、亚马逊所占据。在这个时代，企业的寿命在逐渐缩短，以美国《财富》500 强和标准普尔 500 指数的超大型企业为例，在上市后能撑过 5 年的公司，从 1970 年的超过 92% 下降到了 2009 年的 63%，在 2015 年的波士顿研究报告中，企业生存的比例仍然在不断降低。⊖ 在这个时代下企业想要垄断一个行业变得不那么容易了，随着时代、产业的变化，一个占据市场 70% 以上的主导公司很难再基业长青，在美国道琼斯指数中最早的 30 家公司目前只剩下几家仍然幸存。⊖

同样，在 VUCA 时代下也催化出了更多的新经济模式、新商业模式、新技术和新生态，它们不断改变人们的生活方式，一点点颠覆着人们的认知。例如共享经济，通过社交性、互动性、移动性、包容性、数字化等形式承载，应用于我们这个时代的商业环境下，体现出更好的资源整合和资源再运用。人们在过去难以想象，一个自己用过的工具、产品甚至汽车、房子，可以通过资源共享或资源使用权共享赢得收益和回报。同样，零工经济是在共享经济、平台经济下的另外一种形式，通过个体时间的二次整合和二次应用创造价值，通过平台和"互联网+"改变传统用工模式，人们甚至可以在不知道为谁工作的前提下完成工作和

⊖ 维贾伊·戈文达拉扬，阿纳普·斯里瓦斯塔瓦.关于企业生存的可怕真相 [J].哈佛商业评论（中文版），2016，12.

⊖ 吴军.浪潮之巅 [M].3 版.北京：人民邮电出版社，2016.

交付工作结果，这就是一种 VUCA 典型的写照。谁会想到在不用人的作用力下会带动一个商业模式的变化呢？网红经济，一种通过 IP 或知名个体带动的产业消费模式。一个普通的耐用消费品、快速消费品零售售货员可能一天线上货品流量为 100～200 件，网红可以使货品流量增加到 7000～8000 件，货品单价也可以倍增。这些现象表明，在 VUCA 时代下，从经济模式的衍生到行业、产业的变化都是快速、模糊、不确定的，超过了人们以往的认知和历史规律。

IBM 曾经做过一份针对 1500 多位 CEO 的研究，㊀研究表明，大多数 CEO 会将重点关注事项聚焦在商业环境的复杂性和变化性方面，同时也表示，面对这样快速、复杂的变化，其所在组织并不能很好地进行准备或做出反应。德勤《2017 全球人力资本趋势报告》中也提到，大部分参与报告调研的 CEO 认为他们的企业正面临数字技术所带来的扰乱性变革，其中超过七成的 CEO 认为他们的企业不具备快速适应的能力。㊁

在 2017 年阿里巴巴 18 周年超级年会上，其创始人之一对全体员工说过这样一番话："18 年前我们看到的是巨大机会，18 年后我们看到的是巨大挑战，这个世界挑战会越来越大，无论是政治、经济、文化、宗教，还是各种冲突，加上技术的变革、社会的变革，在未来 30 年会非常之大。"同时他也提醒数万名员工："我们要重新思考我们到底为什么，我们有什么，我们需要做什么，什么事情是需要我们坚持的，未来的路在哪里，我们要走向哪里去。"阿里巴巴作为当下全世界市值第六大公司，拥有 5 万多名员工，2.5 万名工程师、科学家，拥有强大的技术、资源、客户和影响力。但是面对未来的变化，以及 VUCA 时代下太多不确定性及其背后的机遇抑或挑战，它也需要保持冷静认知，冷静思

㊀ Nick Petrie, Center for Creative Leadership. 领导力发展的未来趋势 [EB/OL]. 2011.

㊁ 德勤洞察. 2017 全球人力资本趋势报告：改写数字时代的规则 [EB/OL]. 2017.

考，冷静选择。

VUCA 时代下，人才会变得不同吗？答案是肯定的。

人是经济社会发展的"第一资源"。在大部分企业的 CEO 都还在何去何从的十字路口时，哪个企业拥有了更睿智、更具前瞻性和创新精神的 CEO 作为领航者，就能够存活得更好。在数字技术、人工智能（AI）、大数据、物联网、新能源、纳米科技和生物科技等一系列高精尖技术正引领科技变革的时代，拥有了这些领域的科学家、专业人才，就得到了获得变化、生存更好的可能性。一切商业的背后，是人的行为驱动了新技术的发展、商业模式的创新，进而推动了整个时代的发展。

阿里巴巴拥有的人才可以帮助它更好地实现全球买、全球卖、全球付、全球运和全球邮。腾讯拥有像张小龙及其团队这样一群顶尖技术产品专家，可以将微信塑造得更加以客户价值为导向，创造价值导向以及商业无形化。同样，让马化腾开心不已的是，不仅有张小龙在他身边，还有像姚晓光这样的顶尖人才，他所带领的腾讯游戏旗下天美工作室打造的手游《王者荣耀》，荣登"中国 IP 价值榜游戏榜 Top10"。截至 2018 年年底，《王者荣耀》注册用户已达 2 亿，最高日活跃用户达到了 8000 万。再如，虽然吴恩达已经离开百度，但是一提到 AI，大家就会想起 2014 年加入百度担任首席科学家的"人工智能之父"吴恩达。正由于吴恩达的加盟，不仅帮助百度收获了更多人工智能领域中的人才，同时也让人们看到了百度人工智能的变化与飞跃。在 2017 年 10 月杭州云栖大会上，阿里巴巴集团宣布成立承载"NASA"计划的实体组织"达摩院"，进行一系列基础科学和颠覆式技术创新研究，总投入超过 1000 亿元。再看看达摩院中的重量级专家，可能个个都是大家闻所未闻领域中的领军人物，三位中国两院院士、五位美国科学院院士，以及人类基因、人工智能、分布式计算领域的大家。

我们发现，即使像 BAT 这样的全球顶尖企业，对于人才的获取也从来不会放慢脚步。同样地，拥有顶尖人才对于企业商业价值的回报也是不言而喻的。但是，在VUCA时代下，中国企业仍然面临技术变革和外部环境的巨大变化，虽然各个行业和企业呈现出的发展速度不同，但相同的是大家都面临着人才困境。

房地产快速发展的几年，同时也是政策严管的几年，地产从"黄金时代"迈进了"白银时代"，从"百亿时代"进入了"千亿时代"，从规模化逐渐转向多元化，从单一的业务模式变为多元并举发展的业务模式，但在繁荣的行业背后却呈现出不被察觉的人才困境。人才的数量与质量跟不上房地产业务发展的速度，跟不上项目的数量，多元化并举的业务模式给传统地产人才的适应性、迁移性带来了很多的挑战，国际化的业务发展对人才提出了新的要求。

房地产行业进入了"白银时代"，但是有一个行业却悄然进入自己的"黄金时代"，这就是物业行业。物业行业从小众角色一步步地进入人们的视野，因为有"业主"的地方就有"物业"的存在。物业行业正在逐渐从劳动人口密集性的行业，转变为价值创造性的行业，单一的基础物业管理服务也在变为多元化、多业态的创新服务业态。你会发现，物业似乎在一夜之间和各个行业都有了千丝万缕的关系，比如物业与传统地产的融合，物业与商业地产、养老地产的融合，物业与二手租赁买卖的融合，物业与新零售的融合等。但是在其背后，物业行业面临的却是"缺兵少将"的现实，在快速增加的"楼盘项目"和"托管面积"面前，人才的储备显得越来越捉襟见肘。在物业多业态的运营新场景下，更加体现出老物业人综合基础素质的薄弱，以及这个行业人才流入质量的限制，人才困境亟待突破。

金融行业也同样面临着VUCA时代的冲击，证券业从"坐商"成为"行商"，银行业从"传统金融"到"互联网金融"的转变与融合，再到很多"互联网金融"的蓬勃发展。我们看到，金融行业正在拥抱变化，越来越多的大型国有金融机构、股份制金融机构在跨界与互联网进行整合，从国有五大银行与腾讯、阿里巴巴、百度、京东的联手，再到微众银行、陆金所等一系列金融机构的崛起，行业的玩法正在快速发生变化。传统金融行业面对互联网时代下的变化，会出现人才"能力断层""年龄断层""结构数量断层"的现象，证券业从业者的要求与10年前相比也发生了天翻地覆的变化。

从工业1.0的蒸汽机时代进化到工业2.0的电气化时代，再从工业3.0的信息化时代迈入大家耳熟能详的工业4.0时代，科技的飞速发展一点点地改变着大家对于工业的期望，同时也推动着制造业更加快速的变化。越来越多的制造型企业、高科技装备制造企业或是包含制造的大型集团的业务流程，都在发生着快速的变化。汽车制造已经成为智能制造的践行者，2015年就有50%以上的工业机器人应用于汽车整车制造，在美国这一比例超过了60%；汽车零部件制造的机器人比例约占24%。⊖与此同时，越来越多的传统制造企业也在智能制造的道路上不断推进，这些细分领域的产品制造大多数源于手工制造。例如，眼镜的制造需要200～400道纯手工工序，珠宝则需要几十道工艺工序，就连鲜为人知的义齿制造工序也高达十几二十道。在传统手工工序延续的同时，这些行业不断地将手工制造与机器制造、信息化数控制造有机地整合，以实现高人效、低成本，提升盈利空间。制造业快速变化的同时，对人才也提出了更高的要求，更多的制造业企业会碰到"人才断层""管理型人才缺乏""专家型人才难转型"等困难。同时，面对新技术的变化与变革，更多老一辈的手工制造技术工人很难快速适应转变。

不只上述几个行业正在经历 VUCA 时代的人才困境，我们熟悉或

⊖ Machine365. 工业机器人在汽车制造业中发挥着重要作用[EB/OL]. 中华机械网. 2015.6. http://news.makepolo.com/150875.html.

不熟悉的各个行业、产业和企业都同样面临这样的人才困局。谁先破局谁统领，人才的投资、人才的储备、人才问题的解决才是行业、产业和企业在时代变化下适应的有效"利器"，是企业成功的"秘密"。企业想成为行业竞争的赢家并且立于不败之地，很大程度上取决于其能否在人才战争中获胜。

二、企业人才差异化战略

破局制胜，我们需要理清人才，规划并实现企业的人才差异化战略。

（一）人才在哪里

商业机会上的更多融合和跨界，全球化和数字化对传统商业模式的颠覆和创新，大数据和 AI 等新技术带来更多的机会和挑战，使得企业对一些新兴人才趋之若鹜，如表 1-1 所示。同时，因为这类人才的市场供给有限，以及企业仍缺少鉴别和判断这类人才的经验，如何找到并获取这些未来组织中的耀眼"明星人才"，成为企业在规划未来战略时的一大焦虑。

表 1-1　三类热门人才

三类热门人才	人才基本特点	人才需求
复合型人才	复合的行业经验 思维模式和视野跨界 知识、技术能力交叉	互联网金融 房地产 + 金融 产品经理 电商运营
新兴技术人才	掌握新兴技术 具备实践经验和历练	人工智能 大数据分析 云服务 区块链

(续)

三类热门人才	人才基本特点	人才需求
全球化人才	具有全球化视野 跨文化沟通 海外生活和历练	海外业务拓展 海外技术人员 跨文化营销及公关 全球化领导 全球化财务/人力资源

领英（LinkedIn）人才库中的数据显示（见图1-1），中国互联网行业的从业人员在10万～50万，金融行业的从业人员在50万人以上，而互联网金融的跨界人才却只有1万～5万。㊀根据领英《全球AI领域人才报告》，全球有190万AI技术人才，美国有超过85万，而中国只有5万多。㊁

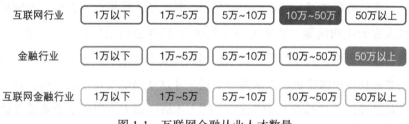

图1-1　互联网金融从业人才数量

根据《"一带一路"人才白皮书》报告，那些已经"走出去"的中国企业海外机构的员工，主要从中国外派，如图1-2所示。㊂企业是否具备充足的全球化人才储备，在海外市场招聘时具备足够吸引力，是否能够在跨文化环境管理多元人才等问题，都会加剧企业的全球化人才焦虑。

这些代表市场前沿趋势的紧俏人才无疑是各类企业追逐的明星，甚至有的企业会仰赖引进相关领域的超级巨星，来创立或引领某项业务的

㊀ 领英中国智库. 2016年中国互联网金融人才白皮书 [EB/OL]. 2016.

㊁ 领英中国智库. 全球AI领域人才报告 [EB/OL]. 2017.

㊂ 领英中国智库. "一带一路"人才白皮书 [EB/OL]. 2016.

发展。也正因为这类人才代表着新兴业务和技术前沿，与此同时，整个市场和行业暂时还没有足够的土壤和给予足够的时间让这类人才成长及成熟，所以人才供不应求的局面及竞争的激烈程度可见一斑。

图1-2 中国企业走向海外的人才来源

我们曾服务过一家电商运营公司，且不谈大数据运营营销、智能机器人客服或物流等"高精尖技术领域"，仅在公司最核心的"行业/品牌总监"板块，人才就非常紧缺。因为行业本身发展历程短，本土市场还非常具有中国特色，连从海外引进人才这条路也变得不太可行，这家公司已经因为"行业/品牌总监"的人才缺口而大大阻碍了企业业务的发展。这个"行业/品牌总监"岗位就属于典型的复合型岗位，需要站在整个行业的视角运用电商的渠道和平台打理一盘生意，既要懂零售，也要能够整合和运用企业在营销、物流和运营上的能力，帮助客户实现生意目标。除此之外，这个行业的管理和团队的基础也比较薄弱，可是如今与企业打交道的客户已几乎都是一线品牌的大厂商，这使得"行业/品牌总监"既要能非常接地气地冲在一线干些"泥腿子"的活，又要能跟一线品牌厂商同等交流、谈判和合作，所以形成了多方面、复合型的人才要求。

我们服务过的另一个把战略目标确定为"50%国际业务—50%国际人才—50%国际资本"的企业，当前的国际化人才储备、人才派遣和海外招聘情况，大大落后于其海外业务拓展和投资的步伐。企业还在探索如何识别国际化人才，调整招聘策略、薪酬结构等以适应国际化人才的需要，但实际上业务却已走得很远，国际化人才匮乏的问题已极大地制约了企业战略的实现。

可见，像这类代表市场和科技趋势、存量人数有限、又不会在短时间内迅速涌现的人才，必然会成为最闪耀的明星。对企业而言，是否有一种更提前入市的策略，去发现一些尚未崭露头角但却是面向未来的成长性人才呢？

（二）面向未来的人才

我们发现，有一些人才具有某些素质和能力，能够自适应式地成长和蜕变，并随着企业的成长而成长，是企业需要去发掘的"明日之星"。

我们曾经在某项目中访谈过一位医药行业跨境电商事业部的副总裁，她负责的事业部是企业为了拓展大健康业务新成立的部门。这位副总裁告诉我们，她几乎经历了这家企业每一次内部的改革和业务转型，每次她都被调到新部门负责"开荒"，每次负责的事情都很不一样，几乎都是从零开始重新学习和探索。她是应届毕业生进入这家企业的，一开始的工作是做销售，现在已经40多岁了，又要开始重新学习，虽然也会觉得很具有挑战性、很辛苦，但还是非常享受现在的状态，觉得正在做的事情很有趣。

想象一下，二十多年职业生涯要经历好几次"推倒重来"，并且每次需要开拓的业务几乎都不在自己已有的知识和经验范围之内，需要重新学习和探索，这可能并不是大多数人愿意接受和能够应对的。之后，我们有幸访谈过几位参与提拔和任命这位副总裁的领导，总结下来，领导们在这位副总裁身上看到的突出素质和能力包括：

第一，心态非常开放，有好奇心，对自己未知或没接触过的事情愿意先试一试，而不是立即否定。

第二，有决心和毅力，接下任务后会全力以赴，有一股死磕到底的倔劲，不服输。

第三，学习能力强，会研究很多资料，向很多人虚心请教和学习，很爱看书并愿意研究新东西。

第四，非常有自己的想法，也懂得及时与领导沟通思路，做事比较聪明，有方法和策略。

以上这四点，通常是很多企业挑选精兵强将的重点，也是各种研究在探索的所谓"高潜力"员工的特征。《哈佛商业评论》2014年发表的文章《潜力：21世纪英才新标准》，揭示了全球最著名的高级人才寻访公司亿康先达（Egon Zehnder）所定义的高潜人才的特质，如表1-2所示，多年来广受企业追捧。对企业来讲，如何发现高潜力员工是一个长期课题，我们将在之后的章节中具体介绍实践经验。

表1-2 亿康先达的高潜人才特质㊀

好奇心：渴望获得新体验、新知识以及别人的反馈，以开放心态学习和改进
洞见：具有收集并准确理解新信息的能力
参与：善于运用感情和逻辑进行沟通，能够说服他人并与其建立联系
决心：面临挑战或在逆境中受挫时，依然能为目标不懈努力

然而，除了思考面向未来的人才，回到当下，企业确保当前战略目标的落地执行和经营业绩的稳健表现也并不轻松。很少有企业对组织的执行力感到满意，并且企业还很沮丧地发现，近年来员工敬业度似乎正在走低。根据北森历年的《中国企业敬业度报告》，员工敬业度水平连续5年在下降，2017~2018年虽略有回升，但仍不容乐观。㊁发现并保

㊀ 克劳迪奥·费尔南德斯-阿劳斯.潜力：21世纪英才新标准[J].哈佛商业评论，2014，6.

㊁ 北森人才管理研究.2017-2018中国企业敬业度报告[EB/OL].2018.

留能够可靠地落地企业当前目标、有持续稳定贡献的员工，也是不少企业面临的核心挑战之一。

是否存在一类员工，能稳定持续地产出令人满意的结果，确保企业稳定运行，让企业特别安心呢？

（三）立足当下的人才

有一位企业的创始人给我们描述过一个行为榜样，这也是他期望所有员工都努力去达到的目标。这个行为榜样是他们公司的一位司机：他把车收拾得干净整洁，也从不在车里吸烟；开车很稳，停靠的地方总是方便员工上下车和走到目的地，而且一直很准时；沟通互动也很得体，还会在车里常备纸巾和矿泉水，而这些公司都从未提过具体要求。

虽然这些行为看上去很简单，但这位创始人认为，首先这位司机能让你感受到他尊重自己的工作，认真对待和完成每项任务；同时他做事靠谱，并且能一直靠谱，从不会因他产生任何意外和不可预料的麻烦；更重要的是，他不仅仅完成"开车"这件事，而且还努力让乘客更舒服，有更好的体验。这位创始人认为，如果每个员工对待自己的工作都能做到像他那样，整个企业的执行力和交付品质也一定可被期待。

这位创始人在跟我们沟通这件事时，适逢他的企业规模扩大和产品服务升级之时，迫切期待工程师能让客户感受到他们足够靠谱和专业，其中包括：日常往来邮件和技术文档做到简单整洁、条理分明、严谨细致；如果问题在客户现场未能解决，一定说明回复时间，并在承诺的时间内及时回应或提供解决方案；不满足于按章办事地"做完事情"，而是基于不同客户的问题和需求，力求"做好事情"。从这些角度来看，每个员工都能像那位司机一样对待自己的工作，就可以令企业满意。

事实上，这个例子中提到的这些要求几乎适用于每一个企业。这些品质和特征在不同企业里有很多不一样的名称和描述，如使命必达、工匠精神、认真负责等。我们可以简单地把员工分为最佳员工和普通员工，通过对他们行为的描述，来看看关键差别究竟在哪里（见表1-3）。

表 1-3　普通员工与最佳员工的差别 ⊖

最佳员工	普通员工
1.设定并达到很高的标准	1.认为目标"根本不可能完成"
2.有能力参与并强化团队协作	2.更情愿独立完成工作
3.愿意承担分外之事	3.过分划清边界
4.迎接改变，主动适应	4.抵触和恐惧改变
5.主动做事	5.被要求做事
6.信守承诺	6.言行不一
7.有良好的判断力	7.经验主义的主观臆测
8.承认错误，努力改进	8.不承认错误，也不从中学习成长
9.给予诚实的反馈	9.不反馈或只说好话、套话

具备"最佳员工"品质和特征的人才，虽然未必掌握尖端技术，也未必会在企业每次转型发展时都去开拓市场攻占前沿阵地，但却能在企业安营扎寨时一点点夯实基础，精耕细作，是让开垦的田地和攻下的城池得以稳固壮大的中坚力量。这类人才是企业内闪烁着低调光芒的"明星"，是需求量更大的人才，而这些品质和特征虽然看上去朴实无华，却也有些可遇不可求。

三、企业人才战略布局

当前很多企业将人才管理，人才储备，人才的结构、质量和数量放

⊖　哈佛商业评论. 普通员工与最佳员工：差别究竟在哪儿？[EB/OL]. 2018.3. https://mp.weixin.qq.com/s/1rA32p20cd4sw5L9jjAZgw.html.

到一个战略高度，但是不同的企业在人才战略方面仍然有较大的差异。人才战略会受到很多因素的影响，如行业、产业结构的差异，企业的性质、规模和发展阶段，企业领导人的偏好，引入人才性质的差异等。

人才从哪里来？企业获得人才的方式不外乎两种：招聘（buy）和培养（build）。

对于已经满足市场和科技趋势要求的人才，毫无疑问只能通过高薪聘用获得，企业也势必需要经历一场人才争夺战，但这是为了给企业准备重点突破的领域进行关键人才配备所必需的。例如，百度在2017年1月引入微软前全球执行副总裁陆奇，让整个市场看到百度在人工智能领域的投入和决心，百度开启了"All in AI"的篇章。

但有时候企业往往面对更复杂的现实条件，市场没有足够的人才储备，或者企业在人才吸引和获取方面的竞争力有限，或者企业的人才需求量大但仅靠外招现成的人才不能满足，又或者业务阶段和企业基础还允许进行一些人才方面的长线投资。这时企业会考虑在一些面向未来的潜力股上进行投入，选拔一些现在未必已经具备相关技术或经验但有投资和培养潜力的好苗子，使人才跟随企业在历练中成长成才。最长线的投资，可能就是很多企业在做的管培生计划，例如前文提到的那家电商公司，就打算在校招阶段重点引入一批更为优秀的管培生，由各个事业部总裁直接带领和辅导，期待在三年左右能有品牌总监一类的人才脱颖而出。而过去在这家企业中，潜质较好的应届生三年内能够胜任店长已经算是非常优秀了，公司对未来新一届管培生的殷切期待可见一斑。当然，这种人才投资的方法战线较长，存在许多不可控因素，收益和风险并存，三年后肯定会有不少人无法成功胜任品牌总监的工作，但一定会有人成为骨干员工，并且相比外招现成人才，与企业更为契合。

很多时候企业对人才的投资战线没有这么长，更多是因为通过市场供给和企业实力能获取的人才不足以满足业务需求，有些"退而求其次"地选择了有潜力但未必很成熟的人才。例如,奢侈品公司一开始进入二三线市场时,在当地找不到有过同等品牌工作经验的现成人才,从而选择的是一些在客户经营思路、沟通交往方式上更符合品牌调性,对行业和品牌的理解和悟性更强、学习更快的人才。本土汽车厂商开展新能源汽车业务时,市场上缺少既懂整车开发又懂新能源的现成人才,因此会在新能源领域的零部件供应商里,寻找一些业务视角能更宏观、学习领悟力强、又擅长协调和整合资源的人才。企业外招这类潜质不错的人才时,留给人才培养和历练的空间并不多,需要在上岗后较短的时间内交出成绩单。但因为人才需要与新环境、新工作和新团队磨合,自身的成长、能力迁移和转化也需要一定时间,企业容错空间越小,期待成才周期越短,失败概率就越高。企业需要承担外招人才未能如期成才的损失,并且引入这类人才的投资成本也比较可观。因此,其实对于这类人才,从企业内部挖掘和培养的做法更为可靠。

对于能够稳定贡献企业业绩和维持常规运作的"中坚人才",只要企业有良好的土壤,其实更适合内生性地长期培养。因为企业对于岗位所需的关键技术和能力已相对清晰,只要进行一定的成功经验总结和方法论的提取,沿用过去成功的套路就能批量复制。但根据企业的发展需要,除了人才自然流动要适当替换和补充以外,如果面临扩张或规模化的复制,也会需要大规模补充人才。这时,人才招聘的主要目的不是为了引进人才以获得转型、升级所需的关键技术和能力,而是为了满足短期内迅速扩充人员的需要,此时外招现成人才的成功概率会更高,只要人岗匹配,环境支持人才发挥作用,就能获得期望的结果。

总体而言,获得企业发展所需关键人才的方法和渠道是固定的,关键在于如何根据企业在不同发展阶段的战略和业务的需要、市场环境的情况、企业自身的实力和基础,制定相应的策略,选择和配套最适宜的办法。

在此基础上，具体到不同的企业，也会衍生出有着不同侧重的"依赖外部招聘人才的企业"和"仰仗内部培养人才的企业"。

制造业企业大多数更倾向选择以内部培养的方式作为其人才战略。根据该行业的特点，制造业人才大多数从学徒做起，一步一个脚印地踏实工作，一点点地从学徒做到技术工人、班组长、车间主任、厂长（经理）。因此，更多选择内部培养的方式使得行业整体的变化和变革性不大。其次，内部一步步提升的人才更熟悉企业内部的情况，人才在企业的工作时间通常会比较久。大多数制造业企业（实行类似日本企业的年功序列制）的人才内部培养战略的好处是，内部培养的人才对企业内部的情况非常熟悉，而且有较好的专业技能，同时还能够具有一定的忠诚度。但是另一方面，在创新、快速学习、适应变化等方面，内生人才会有一定的局限性。

银行也是一个更多仰仗内部培养人才的企业类型，以国有五大行"工、农、中、建、交"为例，大多数来自校园招聘，通过有影响力的雇主品牌吸引更多优质的毕业生，这些新人通过在银行一步一个脚印的历练，从柜员到核准员、大堂经理、理财经理、客户经理、中级经理、支行行长（正副行长），经过选拔，一步一步地被提升上来。虽然有小范围的外部招聘，但更多的还是通过内部培养解决人才问题。大多数国有银行和股份制银行的培养频次较高，某大型国有银行的培训甚至高达每年近百次。你会惊讶地发现，银行的员工或培养出来的人才在基础素养、业务技能、企业忠诚度方面更高，而在新业务的变化、市场化竞争的适应与变革方面有很大的局限性。

同样，央企或国有企业在人才战略方面也更加依赖内部培养。以深圳某大型央企为例，在庞大的人才队伍中有近九成的管理干部源于内部培养，只有一成左右的管理干部是以外部为主，导向十分分明。该企业更多地依托于其强大的品牌优势在校园招聘端口纳入更多的优质毕业生，然后通过企业内部较为完善的企业大学以及各类培养机制、培训项目打造内部人才队伍，培养管理干部。好处同上，内部人才拥有较好的企业归属感、忠诚度，但是在多元化业务开展的过程中，或者某类创新性业务拓展的过程中发现，内部人才的同质化和一致性太高，差异化和全面性人才相对较少。这确实也是企业人才战略选择所必须接受的利与弊。

企业在人才战略方面是否都会选择以内部培养为主？答案是"否"。在香港及内地都有生意的一家知名珠宝集团的人才战略则是以外部招聘为主。当这家珠宝集团的人才招聘总监与我分享其人才管理经验时曾说过："我们企业目前更多地关注外部头号竞争对手的人才，老板也和我们交代过，让我们集中猎取某珠宝竞争对手的零售店店长，包括一些中层和高管，也只猎取他家的人才。"这样的人才观背后蕴含着这家企业对于优秀人才的渴望，同时也更聚焦于外部招聘人才的类型和层级上。好处是能够获取更市场化、更高水平的管理者和店长，但是这种策略背后的隐患则是我们经常提及的"水土不服"问题。猎取到的管理者和店长是否可以快速适应，以及很好地保有这些人才，则成为一个非常令人头疼的问题。

企业是否只能在两种不同的人才战略中取舍，只能依托于内部培养或外部招聘单一的路径？答案当然是否定的。

2017年整个地产界流行着"学习碧桂园"这样一句话，碧桂园的人才战略给地产行业的老板、高管和人力资源高管上了一堂生动的人才战略教学课。作为为碧桂园集团以及旗下各个板块提供过咨询服务的顾问，我所见到的碧桂园的人才战略，可以说是将外部招聘和内部培养两种不同方式进行了非常好的结合。从碧桂园的"碧业生"校园招聘品牌项目，到2017年的"超级碧业生"，再到"未来领袖计划"，这几个品牌项目虽然是聚焦国内优秀的211/985大学毕业生，以及全球名校如哈佛大学、普林斯顿大学、哥伦比亚大学、牛津大学、剑桥大学等的博士、硕士的招募，但并不是单一的对外招聘，在人才招聘到位后也有非常系统性的人才培养，其中包括但不限于企业文化和战略的培养、知识技能和领导力的培养、企业总部轮岗、区域实践，以及高管垂直"师傅带徒弟"等一系列系统、全面的培养体系。以我的理解和洞察，碧桂园的人才战略是内外并举，既以外部人才的获取为重，又强调内生的重要性。碧桂园内部负责人力资源的某位高管曾经讲过一句话："优秀的人才是最便宜的。"我们也不难发现，碧桂园的人才战略是打造全球顶尖人才，内外并举，敢于资源投入，舍得给予行业顶尖人才的保留机制。这不难看出其集团主席、总裁、高管对人才的高度重视和对人才战略的清晰布局。所以在短短数年间，碧桂园从一个区域性地产集团快速成长为国内一线并稳居行业前三甲的综合性地产集团。

回过头来看，无论企业选择依赖外部招聘，还是以内部培养作为企业人才发展的战略，基石都是企业的人才战略方向。但是，就像上述业务特点、行业特点以及企业特点一样，不同的行业、产业现状会对其人才战略造成方向性的影响，同样，企业的特点、发展趋势以及 CEO 和总裁的想法也会左右企业人才战略的取舍，更不要说在一个不确定性的时代环境下。两种不同的人才战略没有对与错，只有相对的利与弊，以及在综合环境条件下的适配性，如表 1-4 所示。

表 1-4　两种人才战略的优势与局限

人才战略	相对优势	相对局限
内部培养	• 人才更了解企业情况 • 人才更具有归属感 • 人才培养体系、机制会逐步完善，有利于雇主品牌的建立	• 人才"同质化" • 人才的冲劲、动力、职业倦怠问题 • 单一内部培养对于企业的人才供给问题

(续)

人才战略	相对优势	相对局限
外部招聘	• 人才更具有市场竞争性 • 人才目标更加明确（最好的人才） • 人才获取、人才生成的周期相对更短 • 人才招聘体系、机制逐步完善	• 人才"水土不服"概率高 • 人才归属感低、契约感强 • 人才个性化问题 • 单一外部招聘对于企业的人才供给问题

任何企业单一的人才战略一定会因战略方向比重的倾斜而产生影响，所以人才战略的复合性、多样性和适配性，一定是现在和未来企业人才战略的核心关注点

四、从人力资源管理到人才管理

改革开放 40 年来，中国的经济和国家整体实力有了大踏步的飞跃，21 世纪初至今发展速度更是惊人，创造了"中国速度"。随着经济引擎从"人口红利"到"人才红利"的换挡，未来 10 年，我们将见证中国从人力资源向人才资源优势的转型，这是中国企业能否取得全球竞争优势的关键。越来越多的企业开始意识到，当前的人力资源体系已经不能支撑商业目标的达成，企业的基业长青需要完善的人才管理体系。

（一）何谓投资于人才管理

无论是企业经营者还是人力资源工作者，人才的重要性已经成为其广泛共识，即使仅从财务预算角度来说，人力资源的投资占比越来越高已经是不争的事实。企业的高层管理者是否也是"真正懂人才管理"的领导者？思考和回答以下几个问题，可以帮你澄清人才管理为何而做，人才的关注点应落脚于何处，如何通过持续运营获得最大回报等问题，进而帮助企业构建逻辑更为清晰的人才战略视角。

1. 正在进行的人才的投资中，**最重要的部分是什么**

在任何一个组织中，人才管理工作无处不在，小到一个干部的任命，大到一个组织的变革调整，都与人才管理休戚相关。与制定企业战略等工作相比，人才管理工作的优先级常常被一降再降。对于企业的高层管理者来讲，想要清晰地说明对哪部分人才的投资是最重要的或是最值得的，好像并不是一件容易的事情。组织给团队和员工增加了越来越多的任务和发展要点，他们不断地讨论新计划和新任务，很少关注未完成或还在进行的任务，也无法估计正在进行的任务要花费的时间和产出。因此，"最重要的人才投资目标什么"这个问题可以引导我们了解到人才投资中究竟什么是最重要的，我们应该在最重要的事情上投入精力。

当然，不同的企业结合自己的战略，在确定自己"最重要的人才管理举措"上也是因地制宜的。例如，高速发展的企业，快速招募、急速扩充具有领导力的人才就显得尤为重要，而在业务转型中的组织，可能更需要新的人才和能力定义。

2. 为什么做这些工作，以及为什么必须现在做

评估完核心目标之后，这个问题能帮助组织达到两个战略目的：首先，哪些工作重要，为什么重要，借此与团队认真讨论行动选项、资源分配和权衡取舍；其次，思考"时间"维度的投入产出比，会让我们更加清晰地认识人才管理工作的价值和意义。

与业务目标相比，人才管理工作似乎永远处于重要但不紧急的象限。那么，哪些问题会使高层管理者对人才管理或人才盘点的迫切性更高呢？自然与业务目标联系越紧密越容易得到关注。这种关联和支撑，才能使人才管理与业务管理紧密联系在一起。

3. 人才管理的工作如何服务于组织整体目标

在回答这个问题之前，我们需要有一个重要的认知前提——人才战

略并不会自动服务于未来，匹配和支持业务目标。很多公司拥有完美的战略、业务定位，现代企业也不缺乏资金渠道，因此在完美的战略中，最为复杂的是服务于这个目标的人才的数量和质量。很明显，如果不"刻意为之"，一个高绩效团队并不会从天而降。如果没有前瞻性的思考，单纯地寄希望于外部市场的人才招聘（人才能力的购买），会使得这一流程变得更具风险且不可预测。

你需要关注一些看似基本的问题：组织在未来3~5年所面临的最大人才挑战是什么——人才老化、缺乏继任者，还是文化跟不上发展？你需要什么类型的人才——领导者、关键员工，还是专家？标准是什么？未来的组织具有什么样的架构？这些问题如果可以与战略问题一起思考，那么战略落地的可行性将会成倍增加。

4. 人才管理工作对于组织发展而言怎样算是成功的

这个问题的回答可以很简单，对于战略的支撑来说，成功的商业产出就是人才管理工作的终极目标和结果。进一步细化，还包括人才理念一致、价值观清晰、内外部人才供应充足、员工敬业。这些部分不仅服务于当期的商业利益，而且能够更好地"预测"是否能够基业长青。

提到人才管理领域的学习标杆，国内企业最关注和喜欢效仿的企业宝洁公司，就将"领导者最重要的工作之一是人尽其才"列为组织最重要的信念之一。为组织聘用、保留适合的人才，并将他们安排到合适的岗位上，让其持续发展，是领导者最重要的能力和目标之一。宝洁走出过很多知名的CEO。曾就职于宝洁、后担任过3M和波音董事长的吉姆·麦克纳尼先生接受访问时表示，在他担任的每一个领导职位上，他会花大量的时间确保让合适的领导者担任合适的工作，这个习惯从在宝洁工作时就一直在努力保持，并让他从中受益。

另外一个可见的人才管理工作成功的巨大意义在于，人才管理工作是可以面向于未来的。对于任何组织和个体来讲，必须具备自我增长的能力。增长从定义上讲就要求改变，要求更新。VUCA时代外部世界瞬息万变，如果一个组织不能够持续不断地增长和改进，今天可接受的业绩标准明天可能就无法接受。因此，领导者必须为组织中的成员提供培训和发展的机会，促进他们成长。自我更新对于注重内部培养的宝洁公司来说尤为重要。在1955年首次出炉的《财富》50强企业中，目前只有包括宝洁在内的9家企业仍榜上有名。是什么导致企业停止增长？是因为没有企业建设所需的能力。领导者必须判定市场上哪些变化会导致业务被淘汰，并为企业的未来发展构建正确的能力。

5. 为了确保人才的投资回报率，CEO应该承担什么责任

在人才投资中，企业关注的人才范围需要聚焦于关键职位以及关键人才，以支持各个层级上的领导力挑战。所有的领导者不仅要为业绩目标负责，更要为人才负责。

在所有的角色中，CEO承载的责任最为重要。CEO的高度重视和亲自参与，会创建一种适合人才识别和成长的环境。以人才盘点为例，在校准会中，CEO可以通过对人才的评价不断树立和强化企业正确的人才理念，营造公开讨论人才的氛围，并作为"伯乐"发掘重要的人才。

在组织中有一条不成文的铁律，即CEO的时间花在哪里，那就意味着什么工作重要。当CEO可以投入精力在人才管理上，为各级领导者的示范作用显而易见。在后续章节中我们会详细阐述这一点。

（二）投资人才没有一本万利

很多国有企业、外资企业、合资企业的董事长、CEO、总裁甚至很

多高管都会问一个问题:"人才培养或人才投资是不是可以给我带来更大的经济回报?是否可以帮助公司赚取更多的收益?是否可以让公司下个季度、年度的报表更漂亮?"很可惜,人才投资和企业收益有直接关联,但没有必然的因果关系。

企业 HR 想方设法让人才培养、人才盘点、人才投资变得更有价值,更多地用业绩数字、业务结果来衡量人才投资所产生的价值,但是往往发现结果差强人意。人才投资在很多企业体现在人才培养方面的投入,从 MBA、DBA、BA,到各种不同类型、不同形式的课程,很多企业在人才培养方面投入重金,但是人才被投资后能否立竿见影地产生业绩回报?答案是"很难被直接变现"。

同样,企业 HR 会想尽一切办法来证明人才的投资可以带来人才队伍能力的显著提升,更有甚者要证明其潜质的变化与提升。很多企业在进行人才培养后会用各种各样的评估工具证明人才的变化,也有企业通过数据的处理与排列证明人才培养与投资回报的关系。

例如,一家大型交通集团在人才盘点方面进行了较大的投资,在连续两年的盘点后,对结果非常纠结。因盘点结果显示,该管理团队在个别能力项方面呈现出略有下降的趋势,这样的结果是 HR 负责人不能接受的,因此想尽办法从数据上找到变化路径,否则 HR 负责人认为他没办法和上级领导"交差"。

还有一个我亲身经历的"收益甚微"的人才投资案例。某大型知名服装品牌正在面临上市前的准备和规范化的进程,在这个过程中 CEO 希望基于上市要求,将现有高层管理人员进行发展性盘点,这对于了解中高级管理人员团队现状有很好的帮助。通过一系列系统性的盘点,北森最终交付了清晰的人才梯队结构、梯队状况、人才地图、人才未来发展建议等。CEO 对于盘点结果很满意,但是在人才发展方面,他有一些自己的想法。CEO 和国内知名商学院联合设计了 EMBA 课程来提升中高层管理人员的综合能力，但是 CEO 的心血并没有被中高层管理人员真正"买账"。因为中高层管理人员多数出身于生产制造或技术工艺领域，整体学历并不算高，年龄结构也略为偏大，学习 EMBA 课程对于他们来讲比较困难，从知识结构的匹配性到他们自身的学习发展意愿，都与之不相符。但是，这些不买账的中高层管理人员并不敢直接表达自己的想法，于是被默默地安排了 EMBA 课程。半年后，当 HR 负责人和北森顾问聊起这个迷你 EMBA 项目时倒出一肚子苦水：第一，这些中高层管理人员的学习状态并不好，他们很难全身心地投入，人在心不在；第二，他们所学的相应知识和理念也很难应用起来，理论与实践不能很好地结合；第三，他们并不认为这是公司给予他们的提升机会，并没有达到激励他们的目的。从这些案例我们不难发现，人才投资很容易，但是想要有回报并不那么容易；同样，错误的人才投资方式可能导致虽然花了钱，但得不到理想的结果。所以，人才投资对于企业来讲是一件仁者见仁智者见智的事情，并不意味着付出了高额费用，所得一定可以成正比。

（三）人才管理成熟度是关键

为了更深入有效地探索人才管理的奥秘，找到有效提高人才投资回报和人才管理成熟度的钥匙，使人才管理工作真正服务于企业的经营和发展，北森经过长达 7 年的持续探索和研究，从多项影响企业人才管理成功的因素中抽取出四个最为重要的指标——文化、制度、技术和 HR 团队，它们构建了中国企业人才管理成熟度模型。该模型以四个指标为基础，从企业的人才战略、人才理念、人才管理制度与流程、人才管理技术应用等维度，对企业人才管理现状进行全方位评估。具体模型与含义如图 1-3 所示。

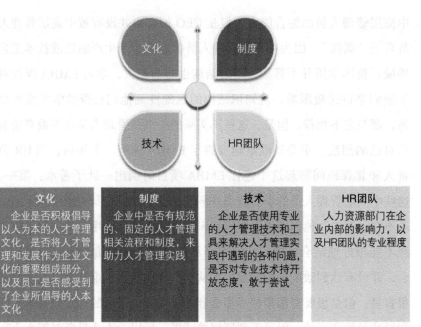

图 1-3 北森人才管理成熟度模型

在上述四个指标中，文化是人才管理的基点，制度是保障，技术创新是手段，而 HR 团队是推手。四个方面相互支撑、相互影响，共同保障着企业整体人才管理的成熟度。⊖

人才管理效能的指标，包括员工敬业度、企业对人才的吸引力、企业对优秀人才保留的能力，以考察人才管理成熟度和人才管理效能之间的关系。结果与假设相互验证，两者各维度之间都存在显著正相关。人才管理成熟度越高，企业员工的敬业度就越高，对人才的吸引力就越强，同时对优秀人才的保留能力也越佳。

"人才是企业最核心的资产，人才管理的成熟度也将最终影响企业的财务表现。"任何针对人才的投资最终均需要在企业经营中获得反

⊖ 北森人才管理研究院. 2016—2017 中国企业人才管理成熟度调查报告 [EB/OL]. 2017.

馈，企业经营效果的指标包括企业财务表现、客户满意度、创新表现，以考察人才管理成熟度和企业经营效果之间的关系。结果与假设相互验证，两者各维度之间都存在显著正相关，即人才管理的成熟度越高，企业的财务表现、客户满意度、创新表现就越好，换言之，也就是企业的经营效果越好。

从上述研究结果可知，在变革时代，加速组织的人才管理成熟度会更好地与战略目标相协同。那么如何加速呢？首先，定义人才是整个人才管理流程运转的起点，企业必须在深入理解外部环境和战略的基础上，尝试用更加敏捷的方法定义VUCA时代企业需要的人才；其次，企业必须要提高人才管理的信息化、科技化程度，要善于利用先进的技术和工具来促进人才管理专业的进化，固化一体化人才管理流程，试想，一个散落的体系势必是难以坚持和完善的；最后，可能也是最难的，互联网迅速崛起之后，人才管理数据化的进程也会被加速，随着内外部数据的积累，大数据和人工智能等方式的运用，最终将实现整个体系的智慧化。

在接下来的章节，将为你展示如何应用理念、机制和技术，通过人才盘点及配套的人才管理工作，解决人才管理转型，构建人才文化，以成就商业未来的奥秘。

| 第二章 |

人才盘点的基本问题

20世纪八九十年代的北京街头，常常可以看到商店门口挂着"今日盘点"字样的牌子。小型商店隔一段时间就会歇业一天盘点货品。如今，对于大部分商店来讲，已经没有一个"歇业盘点"的概念或管理流程存在了。零售业已经不再需要专门歇业才能做好盘点，甚至借助科技手段这一切早已实现了数据实时获取、流程全自动，企业随时随地都可以掌握最精准的数据，更别说还可以对尚未发生的业务情况进行预测了。

相比于零售业琳琅满目的货品，员工数量可谓少之又少。亚马逊2017年第三季度披露的财报中称，公司全球的员工数量已经达到54万，相比过去一年增加了将近20万。看到这条新闻的观众一定会好奇：为什么突然要增加这么多员工？他们都在什么部门工作？如何能在一年内快速招到这些人？这些员工都集中在哪些国家？他们是什么工种或什么类型的人才？他们的到来会对原有员工造成冲击吗……我也很想知道亚马逊是不是能很快回答出这些问题。通过何种手段，让组织内的员工信息实时更新、分类管理清晰、组织内的人才流动明确可见、员工发展路径可查。在第一章里我们谈到了大环境的变迁对企业管理变化的挑战，人才被视为最重要的资产，"盘点清楚人才"的需求听起来很简单操作却不简单。这就是现代人才管理给组织提出的新的课题，也是人才盘点要为组织完成的使命。

一、人才盘点的本质

人才盘点（talent review）的概念最早由美国通用电气（GE）提出和实施，并逐步成为风靡全球的人力资源项目。十几年以来，中国企业也开始关注人才盘点并积极展开实践。例如，阿里巴巴集团每年有三件大事：9～10月做战略；11～12月做预算；2～5月做人才盘点。中国企业由最开始的"悄悄进行"的闭门人才盘点，发展到如今许多企业将其作为人才管理中重要的"保留节目"每年定期开展。

（一）避免人才失控

每家企业都是由形形色色的人组成，形成一个流动的小社会。有的人从面试那一刻开始就被寄予厚望，有的人始终默默无闻。从组织的角度来讲，每家企业都面临相似的人才困境，哪怕是那些行业巨头或最佳雇主。这些人才困境包括缺少人才、缺乏合适的人才、人才活力不足、人才能力不足。在新的区域拓展业务或者在业务快速扩张期，企业遇到的问题以缺少人才为主；顶级猎头公司津津乐道的高管寻访案例，属于缺乏合适的人才范畴；企业实施变革有不少是为了解决人才活力不足的问题；跨领域发展的企业可能会因为人才能力不足导致战略目标无法实现。

无论是哪一类的人才困境，都需要经过审慎地诊断问题，对症下药制定合适的人才举措来解决。其中，对于人才现状的把握是非常必要的。在与企业接触的过程中，我惊讶地发现，超过万人规模的企业，

HR只掌握200~300人的人才信息，多一些的也不超过500人。这里的人才信息是指对人才进行的评估、对人才未来发展可能性进行的判断。试想一下，如果公司需要提拔一位高级管理人员，大概只能通过提名或者从熟悉的员工里面推选，主要的依据也是看过往的业绩。那么，人才管理理想中的破格录取、跨界人才、给年轻人更多机会等画面就不会发生。

我们可以把一家企业无法掌握人才信息的状况称为"人才失控"，而避免人才失控的最直接的解决方案就是让人才盘点成为固定的业务流程。

（二）为什么需要人才盘点

无论是不是被称为"人才盘点"，对组织中人才的关注度和项目都并不少。比如在快速扩张型的组织，人才的招募常常被视为第一优先级的任务；在业务重组的过程中，人才的安置、匹配优化则是人力资源的重点。相比这些特点与目标更加"鲜明"的人力资源活动，人才盘点项目并不会让组织的人才多一个或少一个，那么人才盘点主要做什么？为什么需要人才盘点？

1. 有效进行人才的识别与分类，满足战略发展需要

人才盘点最基本的目标是对人才进行分类。通常当组织规模超过500人时，人才结构开始变得更加复杂，分工更加细致，管理职能更加凸显。当企业人数较多时，如果用"直觉"或"穷举"来进行人才的判断，显然不够用了。一家企业的规模越来越大，管理层对下属部门的人才难以面面俱到，如果人才不被识别和定位，那就谈不上知人善用了。人才盘点提供了类似"九宫格"的分类方法（见图2-1），可以对数十万的员工进行简单的分类，对于更优质、更有潜力的人才委以重任或专项培养，让人才在组织内得到关注。

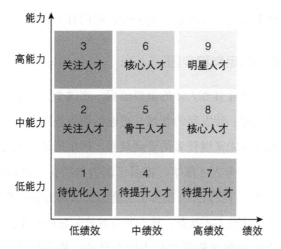

图 2-1 人才盘点中使用的经典九宫格（绩效 – 能力九宫格）

2. 动态匹配组织与人才的双向需求，识别隐藏人才，激发人才活力

员工在公司内的发展不是一成不变的。有才能的员工不仅能在当前的岗位上有出色的表现，有新的机会时也会创造惊喜。在帮助企业进行人才盘点的过程中，我们常常会发现一些高潜员工比普通群体拥有更强的发展意愿。例如，曾经有一位做研发出身的工程师通过轮岗历练最终成为一个事业部总经理，也有过人力资源出身的经理操盘十几亿的生意帮助分公司扭亏为盈。人才盘点激发组织活力的价值就体现出来了：找到那些能够发挥更大价值的人才，让他们跨职能、跨体系甚至跨公司获得更大的发展机会，让他们的能力和能量可以惠及更大范围，确保每个人才都不被埋没。

3. 检核人才管理举措的效果

如果公司的员工很稳定，每年流动率不到 5%，人才盘点似乎没有什么用，每年的结果也会很相似。所以，纵向看待人才盘点的价值是对变化的描述。公司实施的新的人才举措是否带来了效果，高潜员工是否得到了有效的任用或晋升，新的招聘策略是否存在改进空间，人才的整体质量对标情况如何，人才盘点是提供依据的好方法。

（三）人才盘点的定义和步骤

人才盘点是企业管理人才的重要流程。在这个流程中，管理者盘点企业内人才的优势、待发展的领域、可能的职业发展路径、职位空缺的风险，以及现在和未来继任者的管理流程。通俗来讲，人才盘点的核心是帮助企业建立一个人才账本，把员工能力透明化、数据化和结构化，从而小到加强员工自我认知、提升员工能力，大到撬动业务战略与决策。寻找恰当的时机开展人才盘点，是企业有的放矢进行人才管理的第一步。

人才盘点的步骤流程可以分为四个环节：准备环节、人才评估环节、校准会环节和结果输出环节（见图2-2）。

准备环节主要是确定人才盘点的范围、目标、流程、产出物形式，以及与参与项目的业务负责人和高管进行沟通。如果涉及IT工具的使用，或者聘请第三方机构协助，也会在准备阶段敲定。人才评估阶段是不确定性较强的环节，也比较需要HR的专业能力，尤其是在企业第一次做人才盘点的时候。其中存在不确定性的地方主要是制定人才标准并确保其可持续使用，要知道每实施一次人才盘点都推翻以往的人才标准是灾难性的事件。

人才评估环节是人才盘点启动的关键步骤，涉及的人数较多，还涉及评估手段的选择，多种评估方法相结合可以更加立体地呈现人才的情况。

校准会环节是本书会用大量篇幅展开讲述的内容。充分利用好校准会，通过高效沟通，获得合理的人才评估结果，激发管理者的人才管理意识，是每个人才盘点项目都希望达到的，这其中可提前准备和注意的事项很多。

结果输出环节主要是展现人才盘点的成果，通常会从组织和个人两个角度来呈现结果。简单易懂、可视化、可持续更新，是人才盘点结果近两年的发展趋势。

第二章 人才盘点的基本问题 33

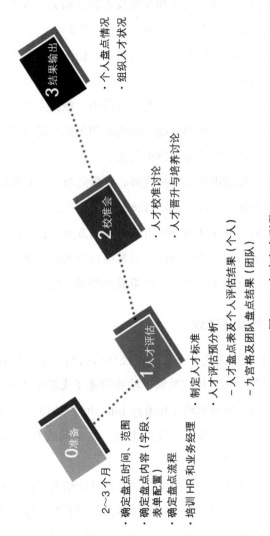

图 2-2 人才盘点引擎

人才盘点作为一项专业工作，同时作为组织中重要的业务流程，需要采用专业的技术解决问题，确保人才盘点成功。在人才管理的三类核心技术——能力技术、评估技术和发展技术的基础上，人才盘点还在逐步引入信息技术解决效率和应用的问题（见图2-3）。

能力技术的应用帮助组织用统一的语言，精准定义各类人才，让人才的能力具备可被测量的基础。

评估技术将各类评估方法引入能力评估中，根据人才的定义和特点选择合适的方式，由内而外地对能力的现状和发展性进行评估，在人与组织匹配、人与岗位匹配等方面得出结论。

发展技术的应用帮助员工发挥优势，克服短板，延长在组织中的生命周期，也帮助组织找到针对不同群体的发展手段。

信息技术是最近几年才被 HR 团队重视的方面，在提高效率、减少事务性工作方面提供了显著的帮助。随着信息技术的发展，还将通过人工智能、大数据等新技术提升人才决策成功的可能性。

（四）人才盘点与继任计划

通用电气前 CEO 杰克·韦尔奇曾经在自己的三位继任者中犹豫不决，并形容该过程"几乎让我发疯，给我带来了无数个难眠之夜"。最终，他选择了杰夫·伊梅尔特（Jeffrey Immelt）。2017 年，伊梅尔特也结束了长达 16 年的执掌通用电气的生涯，这一回的 CEO 继任者是约翰·弗兰纳里（John Flannery）。

人力资源从业者常常抱怨他们的工作很难证明其价值，似乎只有完成帮助企业找到高管的接班人这样的任务才显得有存在感。这也是为什么我们常常会看到有关人才盘点的文章喜欢用知名企业的 CEO 接班人计划的事例去讲解其价值。事实上，人才盘点是促进组织与员工发展的工具，它是多种人才管理工作的开始。

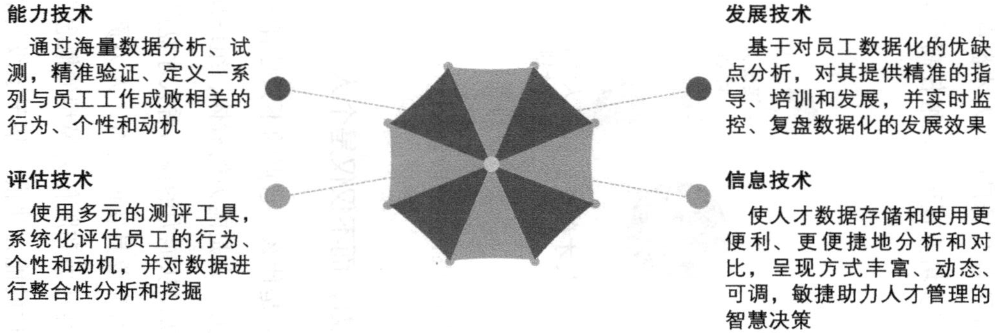

能力技术
通过海量数据分析、试测、精准验证，定义一系列与员工工作成败相关的行为、个性和动机

评估技术
使用多元的测评工具，系统化评估员工的行为、个性和动机，并对数据进行整合性分析和挖掘

发展技术
基于对员工数据化的优缺点分析，对其提供精准的指导、培训和发展，并实时监控、复盘数据化的发展效果

信息技术
使人才数据存储和使用更便利，呈现方式丰富、动态、可调，更便捷地分析和对比，敏捷助力人才管理的智慧决策

图 2-3 人才盘点采用的四类技术

如图 2-4 所示，企业实施的继任管理主要包括五大核心业务：针对关键岗位（通常是高级管理岗位）的接班人计划、针对中基层岗位的人才池计划、针对员工个人的职业发展计划、针对能力提升的人才培养计划、作为底层支柱也贯穿于各个场景中的人才盘点。这就解释了为什么说为企业在内部找到并持续培养直至真正继任高管岗位这类故事不是人才盘点的全部。

图 2-4　继任管理的五大核心业务

（五）盘点的是组织能力，而不仅仅是个人

人才盘点盘点的到底是什么？盘点的不只是有多少员工、多少能人，盘点的对象实质上是能力。人是能力的载体，组织所需要的是具备解决组织问题的能力的人，所以从能力的视角看人才盘点的价值也是合理的。

事实上，对于组织所需要具备的能力，人力资源从业者一点也不陌生。自从麦克利兰提出胜任力和胜任力模型的概念之后，可以说胜任力建模风靡全球。基于岗位的能力建模、基于层级的能力建模、领导力建模，都试图在解构组织成功所需的能力，这个出发点是正确的。然而，在实际使用的时候，HR 常常在人和能力两个视角之间跳来跳去。举例来讲两种典型的应用：

- 人才盘点结束后，能说清楚有多大比例的高潜人才，却描述不清组织能力在哪些方面有欠缺，如创新能力不足；
- 招聘的时候会将人与岗位能力要求做匹配，却往往忽略将组织欠缺的能力作为核心录用要素。

随着数据化人才管理的发展，越来越多的企业希望像看到财务状况一样，将人才的情况也展示在软件系统中。试想一下，软件推送给你一个消息，告知有两个高潜人才离职，这仅仅意味着高质量人才的空缺吗？这可能意味着组织所应具备的某种能力的缺失。我们很容易理解，当一个公司只有一个会说泰语的员工，一旦他离职，与泰国的合作可能就要另外聘请翻译。对于这项业务来讲，不是他这个人特别重要，而是他具备的技能很重要。能力模型中的能力可能不会像语言能力的缺失这样带来"断崖式"的结果，但长期缺失，可能让组织失去某种活力，如创新能力。

二、人才盘点的时机

企业的发展可以看作两个咬合转动的齿轮，一个是组织，一个是人才。如果组织发展很快，人才却跟不上，会使得关键岗位人才缺失，组织发展受阻；如果人才发展过快，组织发展却相对缓慢，则会造成人才过剩、职业倦怠，高潜人才由于瓶颈期过长而流向竞争对手。人才盘点在什么时机能够发挥最大的价值？

（一）从企业生命周期看盘点时机

从伊查克·爱迪思（Ichak Adizes）的企业生命周期理论来看，从青春期到官僚期的企业都可以持续开展人才盘点的工作（见图 2-5）。

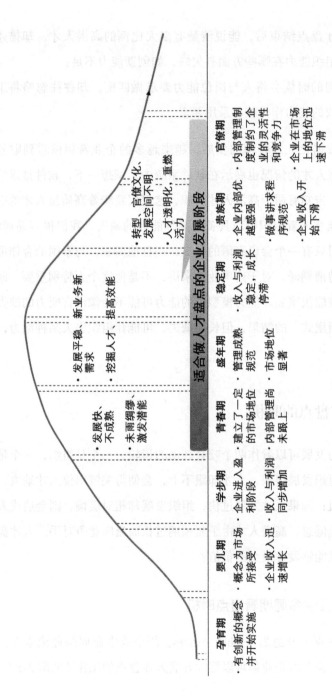

图 2-5 从企业生命周期管理看人才盘点时机

处于孕育期、婴儿期、学步期的企业也可以做人才盘点，但是必要性不大。初创期的企业多在生存困境中挣扎，商业模式和组织架构都在为生存服务。这个时期，对于人才标准很难有稳定的要求，不适合做人才盘点，小公司很长时间就是把招聘工作作为最重要的工作。

即使不在初创期的企业也要关注企业文化的影响。有的管理者在管理上的开放性没有那么高，管理者会可能逐渐得做些转变，文化不够开放，对于新东西接受不够主动，失败的概率也不会高。就如我们最开始提到的那样的企业，可能还需要等待一个时机，可以先搞一些闭门盘点。处于不同企业生命周期阶段的企业的人才盘点要点，可以参考表 2-1。

表 2-1 处于不同企业生命周期阶段的企业的人才盘点要点

周　　期	开展人才盘点的背景和目标
青春期	**企业阶段：** • 度过生存期，企业进入发展快车道 **关键词：** • 发展快、管理不成熟、人员要求不明确 **问题：** • 业务迅速发展，人才断档，如何解决人才（尤其是管理者）供给不足问题 • 快速发展期，老一辈管理者的能力跟不上公司的发展 **典型企业类型：** • 互联网企业、新兴的餐饮企业等 **人才盘点的目的：** • 未雨绸缪，快速发现和培养公司发展所需的人才，也能给老员工一些压力，激发他们的潜能 **产出物：** • 基于未来快速扩张，储备人才
盛年期、稳定期	**企业阶段：** • 企业进入新市场（如国际化战略），或者谋求多元化发展 **关键词：** • 发展平稳、人才进入懈怠期、新市场、新业务的人才需求 **问题：** • 如何发现和培养适合新业务的人才，如何实现人才迁移

(续)

周期	开展人才盘点的背景和目标
盛年期、稳定期	**典型企业类型：** • 发展成熟的集团化企业（如转型到新领域的企业、国有企业多元化模块中的企业） **人才盘点的目的：** • 发现和培养适合新领域、新市场的人才，提升现有团队的领导力，优化效率 **产出物：** • 聚焦关键业务高潜人才的盘点结果和继任发展计划等
贵族期、官僚期	**企业阶段：** • 企业收入、市场地位开始下滑，企业创新活力不足；管理者欠缺创业精神，官僚化；人才吸引力下滑，优秀人才流失 **关键词：** • 转型、人员稳定、官僚文化、发展空间不明 **问题：** • 如何警醒管理者，重燃事业心 • 如何发现有想法、有拼劲的高潜人才 • 如何形成人才能上能下的机制，保持管理梯队的健康度和活力 **典型企业类型：** • 急需转型的大型集团（如传统行业中的大型集团、向市场化转型的大型企业） **人才盘点的目的：** • 明确人才现状，发现和培养适合新领域、新市场的人才；破除官僚文化，重燃活力 **产出物：** • 聚焦高贡献值的高潜人才的盘点结果和继任发展计划等

（二）企业快速成长，需要大批人才供给

无论规模复制，还是新兴业务增长，快速成长的企业总是缺人。我们经常看到，某连锁企业因缺少足够数量的合格店长，失去了在区域内卡位的机会；某大型集团因没有行业的领军人物，被竞争对手以小博大，弯道超车。从企业的发展阶段来看，在初创、成长、成熟、转型（新周期或衰退）四个阶段中，成长期是展开人才盘点的最佳时机。

（三）企业近期遇到重大变革

如果企业在最近一年内进行过收购／并购或者较大规模的业务重组，业务板块或经营模式发生了重大调整，就需要考虑将人才盘点纳入重点工作。通过人才盘点清晰掌握收购／并购企业的人才基础，为接管人力资源相关的工作做准备，也对可能发生的人事变动提供更多的决策依据。需要注意的是，对于收购／并购的企业不宜开展全员的或大规模的人才盘点，也没有必要。对于关键岗位、高级管理职位的人员情况掌握得尽量清晰就可以开展工作了。这时的人才盘点往往大量采用访谈的方式，同时收集工作事例。

（四）过度依赖于从外部输入关键人才

在服务一家电商时我们发现，将近50%总监级别的管理者来自外部招聘。由此带来的风险包括管理者本人的适应性问题，还有对战略的理解和推进，以及文化传承、团队融合的问题。想要改善这种状况，只能在目标人数恒定的前提下控制外招的占比，加强内部人才供给。于是，该企业的人力资源总监责成组织发展经理和培训经理启动了三个项目加以应对：人才盘点、人才池发展、设计新的内部人才选拔流程。于是，在接下来一年的前两个季度，总监级别管理者的外招比例降低到了34%。

（五）内部竞聘的频次高但效果差

很多企业做内部人才的晋升选拔项目时会采用竞聘的方式，这时可能会遇到企业提供了机会，但是没有合适人选的问题，甚至会发现被看好的人才未参加竞聘。在这种情况下，项目就会陷入尴尬的局面：一方面，依据竞聘结果任命管理者可能会导致错误任命；另一方面，有了竞聘结果不任命，带来的问题可能更严重。人才盘点在这里的价值在于让竞聘有更充分的准备——在竞聘前就有取得共识的意向，使竞聘过程更聚焦。

（六）人才供给不均衡

企业的人才供给有时会呈现不均衡的状态，在不同部门、区域、分/子公司，人才旱涝两重天：有的业务部门可用之才寥寥无几，有的却人才济济。晋升时需解决放弃谁的难题，再加上业务部门负责人可能隐藏自己的人才，如以业务无法开展为由拒绝将自己的人才外调，就会导致人才过少和通道阻塞两种情况并存。人才盘点的作用在于让人才透明可见，并建立人才无障碍流动的机制。

（七）关键人才流失严重

关键人才流失严重是最近两年企业面临的最严峻的问题之一。为了应对这个问题，HR团队需建立起监控体系，衡量人才的主动流失比例：一是关注往年的流失比例；二是关注同行业的一般水平。当比较的结果明显偏高时，需诊断哪里出了问题。如果问题出现在关键人才上，人力资源总监要特别留意，尽快启动人才保留计划。为什么关键人才流失需要做人才盘点？首先，人力资源总监要知道谁是关键人才，才可以有针对性地进行监控；其次，人才盘点要让关键人才被发现，才能启动留才策略。在人才管理典范企业麦当劳，人才盘点中被认定为"Ready Now"（准备好了）的员工会获得额外的加薪机会。

（八）关键岗位的任职成功率低

如果某关键岗位的多数就职者不能胜任，导致频繁更换，无论外招还是内部晋升，成功率都很低。其原因在于：一是岗位定义有问题，如职责不明确或责任过分集中，就需要重新定义岗位；二是没有制定并执行好岗位胜任的标准，导致将错误的人放到此岗位上，就要用人才盘点解决。

三、人才盘点的价值

近年来关于企业管理的研究热点，除了商业模式之外，人才无疑是备受关注的领域之一。众多的研究以及企业实践表明，当企业的战略创新模式已确定的时候，能够决定企业成败的最大变量不是来自资金等物化资源，企业间的竞争力差异更多来自人才。因此，人才盘点逐步成为企业规模化发展的重要引擎，也是人才管理的第一步。

（一）人才盘点帮助组织战略实现

人才盘点的首要价值是支持组织战略目标的实现。在当今社会，由于科技的加持，商业社会也越来越少有秘密了，这对于企业掌握消费者偏好变化、竞争对手动向、本行业和其他行业的发展趋势、国内外的政治经济形势和各类重大公共事件都比以往容易很多。制订战略计划时可获得的参考信息也多了很多，企业之间因为战略制定水平产生的发展差距也在缩小。在这种情况下，战略目标的实现成为企业之间竞争力的差异。首先，人才盘点能帮助企业明晰当前的人才状况，清楚理性地看待人才的能力总和，据此判断是否存在无法支撑战略目标实现的人才缺口，并采取相应的措施；其次，人才能力的清晰有助于企业为战略任务配置合适的资源，减少因为人才问题导致的战略迟滞，人才盘点可以确保人才与战略保持一致；最后，战略目标的实现通常需要3~5年，即使在高速发展的互联网行业，也至少需要 2~3 年才能达到新的高度。人才盘点同时能够解决关键岗位人才继任的问题，让企业在高速发展中不被业务领导者的问题所困。

> ☕ **实践案例**
>
> 房地产开发企业 T 公司 20 世纪 90 年代在中国南方成立，经过将近 30 年的经营，已跻身地产行业前 25 强。T 公司不满足于在地产开发方面取得的成绩，马不停蹄地开始了横向的产业创新，逐步进入物业管理、环保事业、教育领域，同时还在孵化新型的产业集团。它为自己定了一个"千亿"目标，这意味着 T 公司会覆盖更多的城市，创造更多项目，如此一来，布局的分散对于公司的管控就提出了更高的要求。为了更好地支撑新目标，T 公司又推出了新的三年规划，将提利润、扩规模、强品牌作为三大核心任务。围绕核心任务，组织需要迅速做出调整。HR 团队以人才盘点和人才管理为基础，在组织裂变及大运营提效的双重挑战下，重新制定了人才战略：
>
> - 横向裂变。近两年持续开展组织变革，把原有的区域扩大了 1/3，基于人才盘点和组织能力，新区域的核心管理团队在一个月内几乎全部到位。
> - 纵向拓展。将总部到区域的直线管理，通过纵向拓展，从两级管控调整为三级管控。
>
> 组织架构的调整，对人才的要求也会发生巨大的变化。房地产行业的人才管理面对的情况是：人才数量不足；人才质量不高；人才留不住。T 公司也同样面临这样的挑战，HR 团队每天都在面

对、思考和解决这些问题。经过不断尝试，HR团队发现人才盘点是人才管理的重中之重。以前一有空缺就招聘，现在则是通过盘点先明确内部资源情况。在人才盘点的实践中他们完成了三项重要的举措。

第一项举措：HR团队发明了一个"双灯模型"，如图2-6所示。双灯模型由主灯和次灯组成，这是由组织当前所需的能力决定的，每盏灯又分成三种满足程度：满足、未满足、有空间。主灯和次灯通过人才测评得到结果，经过不同组合就变成了第一区间（重点发展）、第二区间（稳定贡献）、第三区间（辅导提升），不同区间对应个性化的人才发展方案，所有结果也会被运用到调薪、晋升、培养发展、人员辅导和汰换当中。双灯模型的发明让人才盘点有了统一的语言基础。

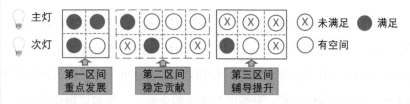

图2-6　T公司人才盘点双灯模型示意图

第二项举措：HR团队着力打造三个人才池：高管人才池、总监人才池和校招生人才池。T公司对人才池实施了标准化管理：①制定入池标准；②实施人才盘点；③为达到标准的人才贴上标签，为进入人才池的人员准备贴切的培养计划；④培养之后实施评估；⑤出池任用后进行相应跟进。T公司的HR负责人曾经谈道，"人才的'流量价值'要好好用起来，让人才动起来，而不是所谓的'人岗匹配'，这样才能发挥人才的潜能。"

> 第三项举措：在规范的人才盘点基础上，HR团队又给自己提了新的要求：工具更新，定期盘点。HR团队针对高管、校招生、其他员工三类群体快速迭代了三套测评工具，整体的适配性随着工具的优化也会更强。例如，增加了个人特质和领导力偏离风险测评，提供了不同梯队继任和储备信息以及人员地域灵活性信息等。在机制方面，T公司也做了很多匹配动作，比如战略性职能调整、制度流程建设、高管考核对接、差异化激励、多渠道特色吸引、专业学院搭建等。
>
> 这一系列由人才盘点开始的人才管理标准动作，让T公司对人才更具吸引力，也让组织更能面对不断的挑战和变革。

（二）人才盘点帮助组织确定投资有价值

在人力资源业务各个模块中，与培训开发（学习）相关的模块常常被开玩笑称为"花钱大户"。例如，招聘团队因一年十几万元的招聘管理系统使用费用还在货比三家，为中层管理者开展一项三四天的培训花费十几万元却稀松平常。有些中等规模的企业，一年的培训开发费用一两千万元也不足为奇。我与做企业大学和培训的HR探讨过很多次培训的投资回报，很难得到明确的答案，反馈大致集中在成人学习不太容易学得进去，学习动机很重要，有的培训不做不行等方面。人才盘点的其中一个应用就是通过九宫格给人才分类，让企业对人才的投资有的放矢。落在有潜力、有能力区间的员工不再需要大锅饭式的上课，因材施教设计工作任务，让他们得到新的历练是投资的要点。潜力不足或能力不足的员工也有相应的更有针对性的发展策略。人才分类发展的机制可以帮助组织优化人才投资结构，以获得更大的收益。投资于对的人，创造组织需要的新能力。

（三）人才盘点实现效率的提升

人才盘点的应用不只帮助组织看清人才的状况，如果能据此做出恰当的调整，会让人才应用的价值事半功倍。没有进行人才盘点的企业，员工的状况往往只有直接上级掌握得比较清晰，相关的人事决策也只以直接上级的意志为主。这导致人才天然地被限制在一个一个小部门中，发挥不出更大的价值。员工能力的优劣无法被放在更大的刻度上比较，高能力员工的发展在小部门可能容易遭遇天花板，人岗匹配度不高也无法找到更合适的位置。越来越多的企业开始将员工的职业发展通道扩展到全公司的范围，为人才找到合适的位置，也意味着工作效率的大幅提升。人才盘点之后，调整岗位、调整预期，甚至给予明星人才特别发展通道的企业不在少数。这不仅被看作人才盘点流程需要完成的步骤，也意味着提升组织效率的开始——人岗更加匹配，人才培养不走弯路。

（四）营造具有人才文化的企业氛围

许多成功的企业管理者在回顾自己的管理生涯时，都会提到自己所经历的人才观念的变化，其中一项不太容易跨越的人才观念障碍是"培养出优秀的人才也是管理者的成就"。初级管理者通常没有这个意识，他们热衷于督促下属完成一个又一个任务，不注重员工的可持续发展，尤其是对能力杰出的员工，更是希望他们一直留在身边就好了。一家具有健康的内部人才供应链的组织，大致需要确保70%的管理者是内部成长起来的。那么，人从哪里来？除了在外部招聘时把好关，还要让内部人才被发现、被关注、被训练，成长成组织期待的样子。

这是一项比人才盘点项目本身复杂 10 倍的问题，没有解决的捷径——如果你与管理咨询公司合作多了就会知道，他们面对这类问题也束手无策。

唯一的解决方法就是不断营造具有人才文化的企业氛围。这里所讲的人才文化不仅仅是保持组织对于人才问题的开放度，所以仅有开放的组织是不够的，而是让每个人都拥有发现人才和培养人才的责任。一方面，管理者会因为向别的部门输送优秀人才而在公司得到尊重和奖励，员工会因为向公司推荐了优秀的朋友而得到尊重和奖励，员工提升了工作能力从而在公司为自己寻找更好的发展机会应该得到认同；另一方面，组织为人才文化创造平滑的机制，例如，让外部推荐人才更容易，对员工开放更多职业生涯发展的机会和课程，内部轮岗更容易，为管理者提供人才培养的辅导等。同样地，高管也需要身体力行。让成就自己、成就别人，从而成就组织成为企业文化的一部分。

（五）人才盘点不是孤立存在的

在过去的几年中，我们为企业提供人才盘点项目的咨询服务时，基本上都是与 HR 部门对接，极少数非 HR 体系的对接部门可能是负责信息化的首席信息官（CIO）、战略部门和运营部门。从企业视角来看，与人才相关的事情都是 HR 的工作，单独成立这个部门的意义就在此。实际上，人才盘点是不可能孤立存在的。为了做人才盘点而做的人才盘点，不但难以得到业务部门的支持，也很难阐述清楚项目本身的价值。虽然也有一部分企业希望第一年先"试试看"，但是它们要么为了通过人才盘点验证已经看到的问题，要么会根据人才盘点的结果调整人才举措。

人才盘点不应该被视为 HR 的工作，它应该成为企业中重要的业务流程。企业对人才盘点应该抱有合理的期待，能够理解人才盘点的价值，并为此做出调整和安排。人才盘点项目本身的顺利开展并不代表着这项业务流程的成功，只有当企业真正将人才盘点的结果应用起来并因此获得收益时，才算是成功的。人才盘点是一个枢纽，它将人力资源各个模块的业务衔接在一起。当人才盘点在组织中不断发生时，人力资源的工作重心也在不断调整。招聘体系、培训体系、干部管理体系、薪酬绩效体系都在根据人才盘点的结果调整重心，它们的实践价值也将通过人才盘点结果来展现。

四、组织盘点

高质量的人才盘点与前置的组织盘点工作密不可分。企业战略的落地不仅仅是业务目标的分解，如何确保组织架构能够高效运转，如何确保组织有战斗力，是比人才盘点更难回答的问题。

组织盘点主要有三部分的内容：对业务的支撑、组织结构合理性、组织能力差距。组织结构合理性是较多企业会关注的，通常盘点的内容包括组织的设计，如层级、管理幅度（直接下属数量）、工作复杂度（每个工作单元与其他部门交互的广度）、岗位的数量、编制满足情况等。组织能力差距的盘点，包括分析专业技能、通用能力、胜任力、领导力等能力差距。越来越被关注的内部晋升率也被纳入组织盘点，用于评估组织效能。表 2-2 是一个示例，用以评估各个职能体系目标的业务支撑情况，初步诊断组织的薄弱之处。

表 2-2　业务支撑度评价表示例

评分标准
1 分：与业务发展要求差距较大
2 分：与业务发展要求存在一定差距
3 分：基本符合业务发展要求，但存在一定差距
4 分：符合业务发展要求
5 分：完全符合业务发展要求

职能	人才数量	人才结构	专业能力	人员效能	总体评估
市场					
财务					
法务					
IT					
研发/产品					
销售					
服务					
人力资源					

　　填写上面的表格看起来是很轻松的事情，实际上不然。每个职能体系的人力资源业务合作伙伴（HRBP）都需要掌握足够多的信息，通过举证来完成填写，并参与最终的讨论。

　　当企业规模不太大、组织结构较为扁平或职能相对集中时，也有 HR 将组织盘点的重心浓缩成几个重要的问题：

- 明年的组织架构需要做怎样的调整？
- 哪些岗位是核心关键岗位？
- 关键岗位要具备和发展哪些能力？
- 组织氛围/员工敬业度如何？问题出在哪里？

　　当企业发展到一定规模、希望系统地对组织能力进行评估并且不断改进时，就需要先对组织能力进行定义，就像对人才能力进行定义时构

建能力模型一样。我们曾经服务过的一家企业将自己企业的组织能力定义为八大体系,如图 2-7 所示。每年年末,HR 都会请各个业务体系对自己的模块在八大体系上的能力进行评分,并且举证证明这部分是如何促进业务完成/增长,或者成为障碍的。HR 也会开展访谈,以获得更具体的案例支持。在接下来一年的中,将针对调研结果有针对性地采取改进措施,以提升组织能力。

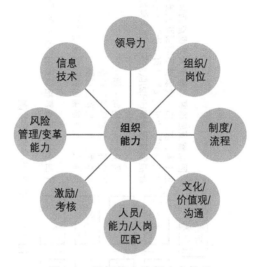

图 2-7　组织能力诊断八大体系

组织能力是比人才能力更加复杂的系统。如图 2-7 所示的激励/考核体系中,仅仅开展绩效考核是远远不够的,可能还涉及不同的职能体系如何根据各自的业务特点有效地设计绩效管理方案、绩效考核方案的执行、管理者所需的能力赋能、绩效支持和反馈体系、非正式激励等。

组织盘点与人才盘点的结合通常会落地至组织为工作单元的人才结构和能力分析方面,如图 2-8~图 2-10 所示。

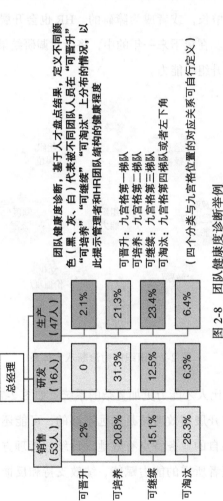

图 2-8 团队健康度诊断举例

第二章 人才盘点的基本问题

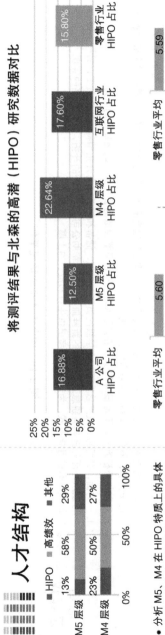

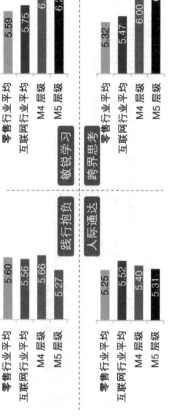

图 2-9 人才结构分析举例

- 分析 M5、M4 在 HIPO 特质上的具体表现，整体在"敏锐学习"和"跨界思考"上优于互联网行业和零售行业，在"人际通达"上有所不足
- 对比 M4 和 M5，发现 M5 只在"跨界思考"上优于 M4，这不符合北森 HIPO 研究中发现的"随着层级递增各项高潜素质均递增的规律"，也反映了 M5 在 HIPO 的问题

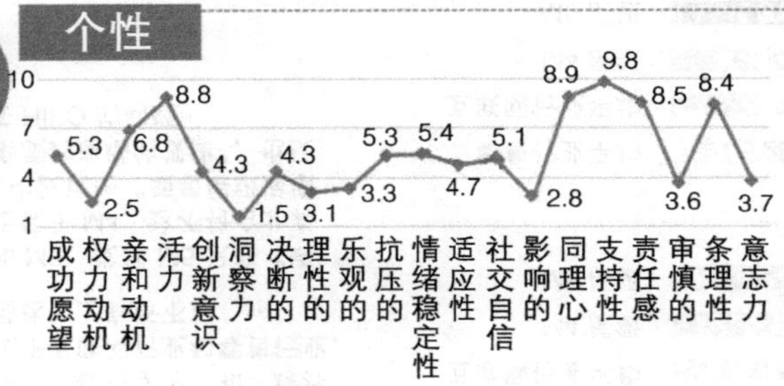

类型	智多星	推动者	开拓者	守护者	整合者
个性特征 (>7分)	创新意识 洞察力 决断的	成功愿望 责任感 审慎的	成功愿望 活力 创新意识	权力动机 理性的 情绪稳定性	洞察力 理性的 适应性
人数占比	10%	15%	5%	55%	15%

分析依据

个性：成功愿望 权力动机 亲和动机 活力 创新意识 洞察力 决断性 理智 影响力 社交性 情绪稳定性 乐观性 抗压性 支持他人 责任感 坚持 审慎性 特立独行 自信心 心理定性 意志力

数值：5.3, 2.5, 8.8, 6.8, 4.3, 1.5, 3.1, 5.4, 4.7, 8.9, 9.8, 2.8, 5.1, 3.3, 8.4, 8.5, 3.6, 3.7

总结及建议

总结：
1. 公司开拓者不足，后方守护者居多。公司人才储备现状比较有利于守住已有的市场，但是很难突破性扩张市场份额，不是很有利于组织目标的实现
2. 目前的考核方式，不是很有利于开拓者型人才生存

建议：
1. 一方面，公司可以盘点总监下一个层级的员工，识别、储备和培养具有开拓者精神的优秀员工，快速帮助公司实现业务的开拓，助力战略目标的实现
可以从外部补充具有锐意进取的新鲜血液，为内部开拓者提供生存和成长的土壤
2. 改变现有的考核方式

图 2-10 团队人才搭配情况举例

第三章

能力技术：让人才标准真正发挥作用

本章通过回答以下10个问题，帮助读者避开人才标准构建中的陷阱，快速达成构建人才标准的目标。

（1）支撑性：人才能力需要支撑组织的核心能力。

（2）适应性：企业在不同阶段构建人才标准的策略。

（3）完整性：企业人才标准全貌。

（4）层次逻辑：胜任力与心理特质的关系。

（5）企业胜任力模型的构架。

（6）胜任力模型构建的四大原则。

（7）选择适合的方法：让胜任力模型快速完成。

（8）两种典型的胜任力模型的应用：等级模型和关键行为模型。

（9）连续性：胜任力模型需要持续优化。

（10）能力模型的新趋势：大数据的应用。

一、支撑性：人才能力需要支撑组织的核心能力

实施人才盘点项目的首要任务是理清企业对人才的要求，定义出足以支撑企业战略和业务发展的人才关键能力。人才标准不是凭空想出来

的，需要围绕组织核心能力的分析展开。我们先来看看组织核心能力的分析框架（见图 3-1）。

图 3-1　组织核心能力示例

组织核心能力是企业安身立命的根本，是企业能够在市场上占有一席之地和盈利成长的立足点。例如，提出摩尔定律的英特尔就是典型的"技术领先"型公司，这意味着企业必须不断在技术上取得突破，追上甚至跑过摩尔定律以获得领先，这使得英特尔成为一家在技术上奉行"偏执狂才能生存"的企业。再如，麦当劳是"运营卓越"的代表，致力于使每个作业流程的分解足够细致和标准化，通过不断地优化流程提高效率，并且慎重对待新品的开发和推广，力求最大化提升配套设施的效益和新品的持续规模收益。星巴克更为推崇"顾客亲密度"，它所奉行的一个核心价值观是：让顾客把星巴克当成家和公司之外的第三个去处。这就意味着企业需要努力提升顾客体验，打造舒适自在的环境，增进与顾客间的情感联系。

组织核心能力是什么没有唯一正确的答案。再举个例子，善于同盟和整合的企业有两类：一类是投行模式的企业，通过投资并购再培育壮大，如复星集团；一类是打造生态圈的企业，以主导业务整合上下游，通过共享资源、优势互补形成联盟，这是现在很多企业努力的方向，如芯片半导体行业的 ARM、谷歌、阿里巴巴，其实已经具备或正在努力打造这一能力。

支撑组织核心能力的人才能力，其实就是组织能力在业务单元上的分解。一家希望"技术领先"的公司所对应的人才能力必须在"专业"和"创新"上有突出体现。专业上体现的是极致领先、深度探索和趋势引领方面的要求，而创新则要求原创性和颠覆性创新，不断自我突破。一家希望依靠"运营卓越"的组织能力的成功企业，对应的人才能力则需要在体系建设和优化、高效运营和执行上有突出表现。同样的道理，专注打造"客户亲密"的组织能力的企业，则需要在洞察和满足需求、建立和维护客户关系、提升体验方面展现其人才关键能力的要求。最后对应联盟整合的人才能力，则体现在关系的建立和维护、协作共赢、资源整合等方面。表 3-1 提供了匹配不同组织能力的人才能力示例。

表 3-1　匹配不同组织能力的人才能力

组织核心能力	企业举例	特点	人才能力
技术领先	英特尔	技术突破和领先	专业、创新
运营卓越	麦当劳	流程的优化和效率提升	体系建设和优化、高效运营和执行
客户亲密	星巴克	提升客户体验和增强黏性	客户需求的洞察和满足
同盟整合	复星集团、ARM、谷歌、阿里巴巴	优势投资、共享整合资源、优势互补	关系的建立和维护、协作共赢、资源整合

需要注意的是，组织能力不是一成不变的，它的存在是为了支撑企业在不同阶段的战略。过去企业赖以生存和发展的组织能力，一方面需要得到巩固和传承，另一方面也会因为战略调整和组织转型需要重塑和新生。相应地，企业所需的人才能力也需与时俱进。一些经历过几次重

大转型和变革的企业，就特别能看到这种变化趋势，如 IBM，从图 3-2 展示的 IBM 在三个不同时期所提出的不同胜任力模型可见一斑。

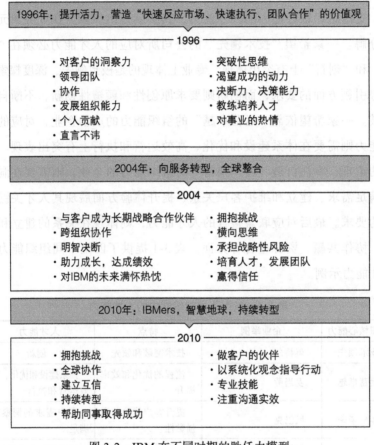

图 3-2　IBM 在不同时期的胜任力模型

二、适应性：企业在不同阶段构建人才标准的策略

企业构建人才标准之初，需要一并考虑到应用目的、业务特点和管理基础，采取务实可行、适合企业发展的方法，避免为了建标准而建

标准。

首先,企业需要思考建立人才标准的目的。诉求不同,得到的结果也可能有差别。当应用于人才盘点时,建立跨越职能体系的共性人才标准可能是首要考虑的问题。因为人才盘点的一大诉求就是为了盘活人才,使人才"显露"出来,并能在组织中形成流动,这就需要在盘点时岗位间和部门间具备一定的可比性,建立的人才标准要比较宽泛,然后取共性特征。试想一下,销售体系一套标准,技术体系一套标准,两套标准之间没有可比性和通用性,难道需要每个员工都基于所有标准体系被评估一次,才能得到"这个技术经理有可能成为专业性特别强的销售经理"这样的结论吗?因此,人才盘点时最常见的是以管理层级为对象梳理人才标准,对应进行人才梯队建设。再加上管理要求比较共性——许多企业坚持自己的问题和别人不一样,但就管理问题来讲,其实企业间差异不大,人才盘点非常适合直接采纳或者稍许修改的成熟的领导力标准。

其次,需要考虑到企业的业务阶段和特点,如果企业仍处于高速发展、跑马圈地的时期,一切管理动作都应该切中要害、直指问题,采取更为高效简洁的做法,在奔跑中持续优化。这时大可不必追求精细化的人才标准,直接采用或稍许修改一些成熟的人才标准应用于人才盘点是实践证明最为有效的做法。除此之外,如果企业所处的行业和市场环境很有 VUCA 的特征(不确定性较强),业务模式的创新和工作内容更迭速度快,或者企业某些业务正处于转型和探索阶段,组织结构、部门职责、工作内容都会随之发生变动,这时构建人才标准就要考虑这项工作的扩展性和灵活性,不要追求一步到位。因此,以成熟的胜任力词库为基础的卡片建模方式可能会更适合,因为模型的更新只是卡片的增减和替换而已。

最后,企业本来的管理基础也需要被纳入考虑范围。我们常常遇到的一种情况是，企业空降了新的人力资源总监，人力资源总监想要推行新的实践，如构建全新的人才标准，摇旗呐喊了很久最终未能落地。追根溯源，企业的管理基础不足以支撑变革是失败的原因之一。新生事物的接受和消化是需要时间的，当企业的人才管理工作还聚焦于基础工作时，更合适的方式是用一些简易的工具让工作先开展起来，相关人员逐渐熟悉了方法，掌握了应用，再不断深化和完善。让业务经理和企业高管一下子同时接受和学习太多新内容，有时是一场惨剧。如果当前的重点在人才盘点，那如何借助有效的工具，使业务经理和企业高管具备人才盘点的理念，掌握和实践人才盘点的工作才是关键，不应在人才标准的"描述准确、措辞精美"上消耗太多业务经理和企业高管的精力和学习资源。

表3-2是一个简单的评估清单，企业可据此检视一下自身的情况，选择合适的建立人才标准的策略。

表3-2 不同阶段企业人才标准的建立策略

人才标准建立的策略	应用需求	业务特点	管理基础
拿来主义 直接采用成型和通用的标准	聚焦人才管理的某一具体应用：重点在人才识别或发展的具体动作	快速增长，业务模式还在探索，尚未固化成形；部门和岗位变动大，内容重叠、交叉多	缺少体系，尚未完成岗位职责说明、绩效指标设定等工作。业务经理缺少人才管理的意识
半定制 成熟标准中选择适合企业的标准		发展趋于稳健，部门和岗位的职责和分工趋于清晰，但所处行业变化快，需要灵活调整、迭代更新	基础工作都已有雏形和简单内容，但并不完善。业务经理投入到一些人才管理工作中，但能力有待提升
全定制 完全根据企业情况编制企业的标准	体系搭建：以人才标准为基础搭建和优化人才的选、育、用、留体系	业务发展相对稳定，业务模式、部门和岗位的工作职责相对清晰	体系比较健全，业务经理具备基本的人才管理能力

三、完整性：企业人才标准全貌

完整诠释人才的要求应该包含知识/技能、历练、胜任力和心理特质这四部分内容，如图3-3所示。

知识/技能和经验是比较显性的特征，对工作结果见效迅速、直接。举个例子，我曾为一家房地产开发企业提供咨询服务，这家企业在杭州区域市场招聘营销总监时，特别期望从

图3-3 人才标准全貌

企业规模和业务模式相似的同行里挖人，尤其偏好本地人，最好在当地市场有多年经验和客户资源的积累。因为这家企业处于快速扩张阶段，杭州市场竞争激烈，需要熟手上岗即用，这就要求这位营销总监候选人特别熟悉本地市场的客户，能用娴熟的方法和丰富的经验搞定本地客户。已经具备的知识/技能和经验对工作的价值在于：工作中要解决的问题是已经见识过、经历过，知道怎么解决、有方法解决且成功解决过相似的问题。这个过程是不需要再迁移、转化或提炼的，能直接发挥作用。

如果没有合适的本地候选人，这家企业应该如何完成营销总监招募的任务呢？退而求其次的选择，是考虑在其他市场寻找营销总监。这时我们就需要仔细辨别候选人是否具备市场和客户分析、影响客户和建立关系的能力，并且需要让他在杭州市场工作一段时间，通过实际跟市场和客户的接触，理解当地客户的特点，摸索和总结出一些行之有效的方法，最终才会转化为令人满意的工作表现和业绩。我们从中可以将人才能力抽取如下一些能力：

- 信息的收集与分析能力；
- 客户需求的洞察能力；

- 建立和维护人际关系的能力；
- 影响他人的能力；
- 商业敏感性。

在寻找候选人的过程中，我们关心的是知识/技能和经验背后更深层次的能力和素质，这些能力和素质需要迁移、试练和转化的过程，才会在工作表现和业绩结果上有所反映。

这一转化的过程相对需要一些时间，但更有持续性和延展性，因为知识技能会过时，新的未经历过的问题会出现，或者不再能沿用之前的办法或复制过去的成功经验。这也是我们在人才盘点时更关心胜任力和心理特质的原因，并且因为其特征比较内隐，也需要额外投入去定义和梳理这些要求。因此，接下来我们谈人才标准，主要聚焦在胜任力模型的构建上。

四、层次逻辑：胜任力与心理特质的关系

在本书中，我们将胜任力定义为：能将工作中绩效卓越者与普通者区分开来的个人的深层次特征。本质上这是一系列关键的深层次心理特征的集合，并且因为具备某项胜任力的个人会在工作上有明显区别于绩效普通者的行为表现，可以通过这些差异性的有效关键行为来诠释和描绘胜任力。让我们通过图3-4理解其中的关系。

行为可被观察，因此会采用有效的关键行为诠释胜任能力，描绘胜任力的内涵，让胜任力可以被理解和运用。例如"确保执行"这一胜任力，通过对关键行为的阐述，我们能够理解这一人才要求的实质内涵，具体需要有什么表现，我们就可以通过日常工作表现判断某个人是否具备这一能力，如图3-5所示。

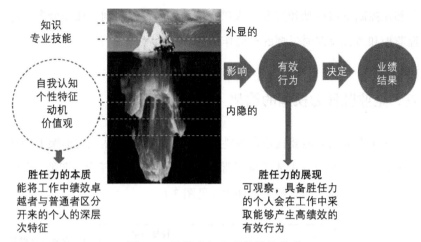

图 3-4 胜任力与心理特质的关系

```
                                    高效执行 > 推动执行 > 确保执行    确
                                                                    保
   确保执行                                                          工
                                                                    作
   ·指明方向                                                         结
     将目标及考核标准分解到各个团队及岗位，责任到人；不              果
     断提升标准和要求，激发员工达成更高的目标；将团队目
     标及规划与员工的职业发展路径相结合                              执
                                                                    行
   ·宏观把控
     善于运用运营、财务关键指标及相关数据判断和管理执行
     情况；深入一线，注重从一线了解执行情况的一手信息；
     预测可能的风险，及时调整策略，指导工作顺利推进                L4

   ·支持保障
     合理配置资源，确保任务开展；具备必要的资源支持，当
     工作出现多种可能性或不确定性时，帮助团队判断和决策

   ·复盘总结                                                        L5
     阶段性评价和回顾任务的执行情况，指导改进和总结经验
```

图 3-5 确保执行的胜任力示例

资料来源：北森 GENE 基因胜任力卡片。

构成某个人具备"确保执行"这个胜任力的心理特质包括：动机层面更在乎结果和成就；个性层面更倾向于行动和执行，更喜欢事情有节

奏和在控制下被推动和实现，认知自身角色需要在规划、任务分配、过程监控和考核反馈时发挥的相应作用等。

五、企业胜任力模型的构架

一个企业到底需要构建多少胜任力模型？我们先从大的框架上回答这个问题。企业建立人才标准通常涉及三类：核心胜任力、职能/岗位序列相关的胜任力、管理类胜任力（见图3-6）。

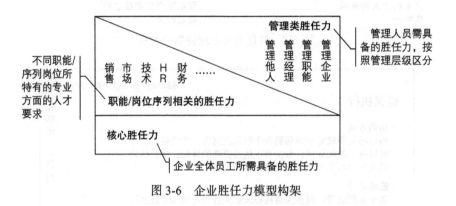

图3-6　企业胜任力模型构架

核心胜任力：通常是企业核心文化价值观的反映，是企业推崇和期待所有员工行事、沟通、合作的一套行为准则。例如路易威登集团（LVMH），作为大型奢侈品产销集团，旗下拥有 LV、Dior、Givenchy 等多个奢侈品品牌。虽然收购了很多品牌，但路易威登仍非常强调保留品牌的独特个性和文化，强调多元文化之间的合作，因此其全球核心胜任力就包含"尊重多样性"的要求。华为在一般民众的印象中是一家类军事化管理，强调组织高度协同、统一作战的企业，其胜任力要求中会强调"组织承诺"，包括：为公司利益做出牺牲；认同并传播公司核心价值观，做出实际的选择以支持公司；推广公司的形象；主动融入组织。

职能/岗位序列相关的胜任力：通常采用两种做法，一种是通常按照企业的岗位序列来划分，注意，这里不是一个职能/专业部门建立一套胜任力，而是岗位序列。例如，在银行等金融机构，通常按照"前台、中台、后台"三类进行区分；在研、产、销一体的企业，则按照营销、制造、研发、职能支持等序列进行区分。这时一个序列里有一套胜任力标准，根据细分的岗位类别（例如，营销区分市场和销售，前台按业务性质区分对公、对私业务等），在同属的一套胜任力标准里做区分，如表3-3所示。对整个营销体系建立一套胜任力标准，包括关系的建立与维护、商业洞察、营销说服、结果导向，在销售和市场两个子序列做一些个性要求的细分。

表 3-3 同一套岗位序列下胜任力标准细分举例

大岗位序列	营销条线	
子岗位序列	销售	市场
个性要求	关系的建立与维护	商业洞察
共性要求	营销说服、客户导向、结果导向	

另一种做法是选择一些关键岗位，直接对某些关键岗位建立标准。这种做法适用于企业的关键岗位种类不多，或者企业建模后将开展的工作主要集中在这些关键岗位上的情况。例如，建筑类公司的"项目总监/经理"，研究所或纯研发技术类公司的"研发总监/经理/技术人员"，营销为主体的公司的"区域总监/城市总监/店长/主管/销售"等。

管理类胜任力：区分管理层级，注意，这里并不是企业的管理职级，管理层级的划分方法可参考表3-4。在不同的企业里，大部分管理岗位可能介于表3-4划分的层级之间，最常见的是一线主管，甚至一直到部门的副职能仍在承担一部分具体的业务，并非完全在做管理。但这并不影响管理层级的划分，对应不同的层级建立胜任力模型之后，介于两个层级之间的岗位，胜任力模型的要求只在两个层级间选择一些侧重点即可。

表 3-4 管理层级的划分

管理层级		主要职责	工作价值
L1	管理自我	管理自己，对自己的工作结果负责，不带人	达成结果 • 发挥自己的专业技能，在期望的时间内交付预期的结果
L2	管理他人	管理一个团队（由个人贡献者组成），对团队的工作结果负责，并对团队成员有直接的人事决策权（或者至少能影响团队成员的人事决策过程）	使众人行 • 让正确的人在正确的位置，用正确的方式，按时按质做对的事
L3	管理管理者	重要职责是管理多个一线经理（偶有部分个人贡献者），确保一线人员的执行与企业战略方向一致	中枢联结 • 联结企业高层管理与一线执行人员，确保一线保持高效生产力，并按照企业的目标、重点和推进节奏做出相应的贡献
L4	管理职能/事业部	管理某个职能部门，对所辖职能部门的各项事务有直接决策权。其主要职责是确保职能部门有效运作，而且能够有效支持企业战略的实施	建立和发挥职能/事业部的竞争优势 • 塑造和发挥职能/事业部的优势，使之能帮助企业建立差异化的竞争优势，领先于竞争者，支撑企业持续发展
L5	管理组织	管理整个企业，对企业的整体运营与发展负责，主要职责是确保企业基业长青	领导企业成功 • 建立高绩效组织，使企业的管理与运营有效支持战略目标的达成，并把握商机，与时俱进，持续发展

人才盘点通常关心两类人群：一是管理梯队上的核心绩效贡献者和高潜人才；二是专业序列上的技术/业务骨干和有潜力成长为专家的技术尖子/专业精英。不过对于专业人才的盘点，其实更为重要的是鉴别出有机会向管理岗位发展的资深个人贡献者是否具备管理潜力，如果明确其可能更适合走专业路线，在专业路线上的盘点则应聚焦于专业技术

能力和业绩表现，由专业技术专家组成的技术管理委员会鉴定评级。因此，其实在人才盘点里最关心的胜任力模型的构建，更多是针对分层级的管理胜任力。

六、胜任力模型构建的四大原则

绝大多数企业计划建立胜任力模型时都有明确的目的，但在操作过程中可能会因为专注于模型本身而忽略了建立人才标准的基本原则。我们在这里将最有用的四项原则罗列出来。一旦有偏离最初建立人才标准目标的迹象，就重新回顾一下四大原则，确保你的工作步入正轨。

原则一：平衡当前任务与战略发展的要求

胜任力需要从组织能力中分解，而组织能力既包括企业已经具备且正在支撑企业达成当前目标的能力，也包括因为战略发展的需求，从长远角度考虑组织重塑、新生的能力。因此，在胜任力模型中有部分能力维度应该是现有员工已经表现出来的能力，也有部分能力维度是支撑企业持续发展和转型所需的能力，不一定能在现有绩优的员工身上观察到。简单来讲，你所需要的是面向未来还是面向当前的胜任力模型？这一原则主要应用于诸如"我们现在的经理/总监都达不到你的胜任力模型所要求的水平，所以你认为这个模型真的是可以用的吗？那我们所有的人都不合格了吗"这样的问题。没有绝对正确的答案，平衡好组织需要即可。

原则二：能够区分卓越绩效者与普遍绩效者

胜任力是影响绩效达成的关键能力，应该能够区分出卓越绩效与普通绩效者，因此胜任力应该是最为关键的能力，有很多"具备也挺好"

的胜任力，但如果既不直接影响绩效达成，也不指向战略的需求，则应该果断舍弃，胜任力建模并不应该追求面面俱到。

原则三：胜任力维度的个数为 5~9 个

胜任力模型本质是企业对员工的要求，也是对工作或管理重点的指引，这就必须强调聚焦和重点突出，当超出 9 个要求以后，员工连全部记住都有困难，一些要求也就形同虚设了。更现实的问题是，你要求的越多，完全满足要求的人才数量就越少，当绝大部分人都只能满足一部分要求时，仍然很难找出最符合的那一个，那么胜任力模型也就失去意义了。

原则四：紧扣建模的应用目标

所有工作以终为始，基于不同的应用目标，对模型的要求也不同。前面谈到，一个胜任力模型的构成包括一些与战略相关、指向未来的能力，目前在岗绩优的员工也未必具备；同时包括一些现在绩优员工身上特别突出、区别于普通绩效者的胜任力。那么这两类能力在一个模型中的占比就与应用目标有关。当模型建立是企业处于规模化扩张、大量补充人员的时期，模型就应该更多反映达成当前目标的要求，是对过去成功模式的诠释和复制；如果模型的建立是因为企业面临战略转型或业务模式升级，需要识别和发掘能引领和支撑业务转型或升级的人才，则胜任力模型应该体现更多战略发展的需要。

七、选择适合的方法：让胜任力模型快速完成

过去胜任力模型的构建比较多地依赖顾问公司，也有企业的 COE

（专家中心，大多数有咨询工作背景）部门自行建立的。当然，还有企业创始人、高管提出了大致框架，由人力资源部门细化落实的。但无论是由谁来负责胜任力模型的构建工作，自胜任力概念提出到现在已有半个多世纪，各家咨询公司在胜任力的基础研究上已做了多轮的更新和优化，各类企业也有了大量的应用实践。现在，胜任力模型的构建已经无须从零开始，一点点地从访谈中进行行为编码整理，完全可以在已有的"胜任力词库或字典"的基础上展开。因此，建模方法首先可以区分如下几种方式（见表3-5），根据组织的状况和建模的目的选择合适的方式，可以让人才标准构建工作事半功倍。

表3-5 三种胜任力建模方式

建模方式	适用条件	操作方式
不建模	• 岗位比较常规 • 不急于投入应用	• 直接沿用经过研究梳理的标准模型
简易建模	• 能力要求已大致明晰 • 关注应用，可在应用中持续迭代修改	• 在成形的胜任力词库或字典中进行挑选： – 顾问引导卡片建模工作坊操作 – HR接受建模认证培训自行操作
常规建模	• 有比较多个性化要求 • 人才要求不太明确 • 允许在时间、精力和预算上有更多投入	• 资料分析、调研、访谈 • 从成形的胜任力词库或字典中挑选胜任力词条，形成初稿 • 关键行为的修订、补充 • 工作坊/研讨会确定终稿 • 定稿完善

图3-7以常规建模为例，介绍建模的流程和常用的工具和手段。

图3-7 常规胜任力模型流程

在这个建模流程里，可以看到几乎所有胜任力建模的工具和手段。使用什么工具和手段，或者应该应用在哪个环节，都取决于其所服务的目的，可以根据建模的需求灵活设计。表 3-6 展示了常见的建模工具和手段对比。

表 3-6　常见的建模工具和手段对比

建模工具或手段	服务目的	常见应用
资料分析	总体了解企业的战略规划、商业模式、文化特点、目标建模岗位的工作内容、绩效要求等信息	建模的第一个环节，建立关于目标建模岗位模型的最初步假设
问卷调查	两类目的： 1. 在资料分析的基础上，进一步收集关于企业和岗位的信息 2. 就已经形成的胜任力模型进行专家评定，验证模型	1. 如果以资料收集为目的，通常是因为已有资料极为匮乏，会安排在资料收集之后展开 2. 作为专家评定验证模型，通常在完成访谈、已经形成胜任力模型初稿之后
建模访谈	根据访谈对象区分： 1. 高管：了解战略规划、商业模式和企业文化；了解对目标建模岗位的要求和期待 2. 目标建模岗位的直线上级和在岗绩优人员：了解工作挑战，以及达成绩效的关键成功要素和行为	验证和修订通过资料分析或问卷调查形成的初步假设，形成胜任力模型的框架（包含的胜任力维度），以及抽取和编写对应的关键行为
建模工作坊	两类目的： 1. 参与人员是目标建模岗位的在岗员工：引导参与自主建模 2. 参与人员是企业高管：最终模型的定稿决策	1. 让目标建模岗位的在岗员工参与的工作坊，是为了提前让员工参与决策，便于模型的理解和推广。通常安排在建模访谈完成、形成了模型初稿之后 2. 以高管为主要对象的建模工作坊，目的是群体决策，安排在所有工作已完成、需要最终模型定稿的阶段
数据分析	用于模型的验证，有两类数据源： 1. 问卷调研的专家评定结果 2. 目标建模岗位在岗员工的直接评估	有两个时间点开展这一工作： 1. 建模过程中，形成初步假设之后与最终定稿之前的任何一个阶段 2. 建模完成后的持续应用过程中，用于模型的修订

(续)

建模工具或手段	服务目的	常见应用
美化宣导	美化和设计模型，让模型易于记忆和传播；理解胜任力模型每个词条的内涵和应用	模型的美化和设计： 1. 美化设计出定稿，通过培训方式宣导 2. 工作坊形式，让员工参与美化设计，内部比稿投票 模型的理解： 1. 印刷成册 2. 培训宣讲 3. 配套落地应用的相关工作的制度、流程和工具方法更新，以及对应的培训（招聘、培训、人才盘点等）

八、两种典型的胜任力模型的应用：等级模型和关键行为模型

胜任力模型有两种最主流的呈现方式：一类是等级模型（bars model），用于区分某项胜任力不同等级下的关键行为；另一类是关键行为模型（key behaviors model），用于展示关键要点和行为，不区分等级。这两种典型的模型如表 3-7 和表 3-8 所示。

表 3-7　等级模型：区分行为等级的胜任力

团队协作
尊重他人、真诚合作，扮演好在合作中承担的角色，完成职责赋予的工作，努力实现团队目标

编号	等级名称	关键行为举例
L1	不合格	• 只负责自己分内的工作，拒绝帮助他人 • 根据私人关系决定合作的配合程度 • 遇到问题就推卸责任 • 牺牲团队利益以实现个人利益
L2	基础级	• 在团队成员有需要时，提供与工作相关的信息或资源 • 当团队成员询问建议时，表达自己的观点 • 配合团队成员完成团队任务或项目

(续)

编号	等级名称	关键行为举例
L3	中级	• 在有余力的情况下,给予团队成员力所能及的帮助 • 合作中遇到困难时,主动承担责任,与团队成员共同解决问题 • 主动分享知识、信息、资源和经验等,以促进团队成员共同提高
L4	高级	• 把公司、团队、项目的目标或利益放在首位,不计较个人得失 • 付出额外的努力(如主动加班、承担困难任务等),以确保团队达成目标 • 当团队成员之间发生矛盾或冲突时,协调或安抚冲突双方 • 当团队面临困难时,通过各种途经获取人脉、物质等资源,以帮助团队渡过难关
L5	专家级	• 在团队中营造健康的合作氛围,提升士气 • 通过榜样示范影响团队其他成员,以团队的目标和利益为大前提,愿意付出额外的努力 • 建立跨部门合作的配套机制,避免部门间的权责不明、互相推诿等 • 将公司目标作为达成合作共识及建立合作关系的依据,以建立长期的双赢合作关系

表 3-8 关键行为模型:不区分行为等级的胜任力

团队协作
融入团队 • 主动与团队其他成员沟通,交流工作中的问题 • 以开放心态对待团队其他成员,欣赏和信任他人 **积极互助** • 及时响应别人的要求,尽力提供帮助 • 主动分享经验或提供资源,帮助他人解决问题 **承担团队责任** • 将团队目标置于个人目标之上 **共担团队成败** • 与团队成员分享成功的喜悦,共担失败的压力

等级模型乍一看是更完善的,我们似乎可以直接对照模型,非常直观地评定一个人的胜任力水平,行为表现属于哪个等级就做出对应等级

的评分，也很量化。

但是现实情况并非如此。这类模型实践的难点在于：现实工作情景中的行为表现，不会刚好就是模型中描述的关键行为，它是一个行为故事。评分过程需要做几项工作：首先需要提取出行为事例中的关键行为，然后进行所属胜任能力维度的分类，之后才开始评分。所以在测评师的训练中，存在"观察—记录—分类—评分"四步评分训练。在这个过程中，比较要命的问题是：第一，你需要从行为事例中抽取关键行为；第二，抽取的关键行为，在胜任力模型手册中未必有；第三，你在评分时会发现，一些行为好像属于第二个等级，一些行为又属于第三个等级，如何打分难以取舍。每个关卡都有技术难点，我们还没有讨论如何收集到足够有效的行为事例的问题。

真实情况的应用是，即使有一个等级模型参考，我们在评分时还是会先提取胜任力的关键要点，判断是否具备这些胜任力。首先分析实际工作行为是否体现出这些关键要点，对应这些关键要点去收集、记录和整理对应的关键行为。胜任力水平的高低，其实遵循一定的规律，这与我们在编写等级行为时拆分等级的原则是一致的。行为更复杂、难度更高、辐射和影响范围更大，表现出预测和前瞻性，通过体系推动、影响他人推动等，属于更高级的行为，胜任力水平也相应更高。

因此，我不太推荐应用等级模型，这样容易把简单的事情复杂化，这也是这类模型常常在企业中应用却被批评很难落地的原因。关键行为提取和所属能力项分析，是建模技术和依据行为进行胜任力评价的关键技术难点，需要长期训练。一个顾问需要完全掌握的学习周期大致是3年，因此企业也不太可能向所有业务经理普及这项技术，最好是直接采取一些测评工具评估胜任力，降低这一技术门槛。而要对接测评工具，本质是对接胜任力维度和测评指标，是对于能力要求的内涵对接，并不需要如此复杂的行为等级描述。

九、连续性：胜任力模型需要持续优化

关于模型构建完成后的持续优化，其实我们都知道特别重要，但市场上却很少看到如何系统性开展优化工作的介绍。这部分工作又是个长期过程，如果不分阶段有意识地去推动，就很容易被忽略而不了了之。

模型优化的本质是模型效果的检验，梳理出的胜任力维度有没有充分诠释战略的需要，有没有鉴别绩效卓越者和普通者的差异，以及是否有贴合企业文化价值观的内涵，再通过检验反馈所发现的改善要点进行相应完善。模型检验可以在四个节点开展。

第一个节点：模型构建完成时。通常在与企业高管最终敲定模型的研讨会上进行，其实就是一个通过专家把关的过程。如果这个环节可以系统性地引导高管发挥"专家"作用，对胜任力维度的重要性以及与战略、卓越绩效、文化价值观的相关度进行正确评价，这就可以被视为一个系统化检验的过程。

第二个节点：模型第一轮投入应用获得评估结果时。例如，在人才盘点中，参照模型对在岗人员进行盘点获得评估结果后，可以分析在胜任力评价中得分更高的员工是不是公认的工作表现和结果也更突出的员工，并进一步分析在哪些胜任力维度上得分高的员工工作表现更突出，就可以聚焦于对绩效影响作用更大的关键胜任力。

第三个节点：模型投入使用的1~2年中。持续收集一些行为案例和应用中的反馈，例如，在周期性考评或推荐晋升人员时，让员工自己和直线经理提供所要求胜任力的成功案例或失败案例，请 HRBP 有针对性地了解提供的胜任力标准是否充分体现了直线经理在考察员工能力时的关键点，收集这些反馈，集中评估和商讨是否要修订胜任力模型。

第四个节点：模型投入使用2年以后。重点分析战略和业务上是否有新动向和需求，是否相应地对组织能力和人员能力提出了新要求。这

时需要与高管一起探讨：如果运用当前的胜任力模型，是否能参照这一用人要求，识别出具备相应能力支撑战略和业务转型或升级的关键人才，以此评估确认模型是否需要调整。

任何胜任力模型的构建都不是一劳永逸的事情，不断在使用中调整，找到更多依据佐证它的作用才是最佳实践。把握好上述四个节点，将胜任力模型当作工具，调试到最合适的状态让它发挥最大效用，这是需要 HR 专家大胆又谨慎去面对的问题。

十、能力模型的新趋势：大数据的应用

数据在改变着我们的生活，当然也包括我们的工作。一个非常生动的案例是谷歌的"氧气计划"，研究者首先通过访谈列出了一系列优秀管理者的行为（见表 3-9），然后通过大量的数据和信息（包括业绩评估、离职调研结果、Googlegeist 员工意见反馈、公司管理者大奖候选人的数据和信息等）交叉分析，识别出优秀管理者的八个特质，作为管理者的行为标准。其实这个分析原理很简单，就是在本文中提到的模型检验的思路，目的是找到能够影响工作表现、留任情况、提拔晋升等的关键行为。

表 3-9　谷歌优秀管理者的八个特质[一]

1. 是一名好的教练
2. 充分授权于团队，避免微管理
3. 关注并关心团队成员的成功和个人福祉
4. 工作富有成效且以结果为导向
5. 是一名很好的沟通者，善于倾听并分享信息
6. 帮助团队成员进行职业规划和发展
7. 对团队愿景及战略有清晰的规划
8. 拥有关键的技术能力来帮助员工解决问题

[一] 戴维·加文. 谷歌如何管理工程师 [J]. 哈佛商业评论（中文版），2013（12）.

这种方法的创新性在于,真正运用大量实证数据去验证确实影响了工作表现和结果的有效行为。相比这个方法而言,目前企业内进行的建模工作都只能是一个有待验证的假设,从主观理解、经验和逻辑分析上来看,我们比较相信目前提取出来的胜任力和关键行为是确保达成卓越绩效的关键要点,但仍然有待确凿的数据分析验证。

这类方法对未来人才标准建模工作的展望是:首先是建立所有可能有效的关键行为库,这个工作把目前所有咨询公司的胜任力词库整合优化后应该就足够了。然后是建模的具体工作,其实就是各家企业积累和提供所有有价值的分析数据——业绩评价、满意度/敬业度、离职调研、奖励晋升的评价和推荐等,通过多变量交叉的数据分析,确认影响工作表现和结果的关键行为,这就是企业的胜任力模型。这么看来,未来这个工作也完全有可能被 AI 取代。让我们拭目以待。

| 第四章 |

评估技术在人才盘点中的应用

在人才盘点项目中用何种方式来评估人的能力和潜力往往在项目筹备阶段就会被反复讨论和斟酌。一方面,人才数据的收集需要员工的参与,包括盘点对象和其他相关者,如何能高效地收集数据,对参与者的解释说明的合理性都会考量在内;另一方面,经常被讨论的是,评估方法的选用是否恰当,是否需要运用多种方法,以及多种方法获得的结果如何整合在一起发挥作用——其中既有公平性的问题,也有性价比的问题。本章着重介绍人才盘点中常用的评估工具组合和应用方式,并就常常被询问的问题给出直接的解答。

一、评估技术:数据化人才能力

相比于构建能力模型时种类繁多的方法和步骤,在人才盘点中常用的评估技术种类并不那么丰富。尽管近些年各家咨询公司纷纷推出带有自家产品和技术路线特色的人才盘点方案,例如,心理测评公司可能会强调潜力的重要性;情商培训公司会强调情商的重要性;主打管理者个人领导力培训的公司可能会强调评估可发展的能力要素;走高端路线的咨询公司可能会强调顾问的能力和线下评价中心的定制化。

以终为始来看，采用何种评估技术的决定因素是企业所认同的看人的思路。

我们用图4-1来举例，这是一份中层管理者的、被用于人才校准会的人才档案，人才信息丰富。我们把其中的信息拆解来看，主要包括以下几方面的核心信息：

（1）在九宫格中的位置。

（2）领导特质：管理个性测评和管理技能测评的结果（分数或排名）。

（3）领导行为：360度行为评估结果（分数和排名）。

（4）领导效能：所管理团队的敬业度结果（分数和排名）。

（5）绩效产出：连续绩效评估综合等级。

（6）个人特点描述：优势和不足。

（7）后续管理策略。

你可能已经注意到，为了获得全面的人才数据，这份报告采用了至少三种评估手段：心理测评、360度行为评估以及员工敬业度调查。我们没有把业绩考核算在内，因为这是企业日常管理就可以获得的信息，并不是人才盘点项目专门设计和采集的。个人的优势和不足也可能采取了面谈的方法进一步收集数据。比起探讨这几种评估技术的选择，更重要的是这份人才档案展现出的看人思路：潜力—能力—结果。对应到图4-1使用的词汇就是"领导特质—领导行为—领导效能"（绩效产出也可以纳入这部分）。

（一）看人的层次

简单来讲，任何类型的项目中人才评估技术的选择，都是由该项目所体现的看人的方法所决定的。但通常来说，看人的层次一般有三个关键维度：潜力、能力和结果（见表4-1）。

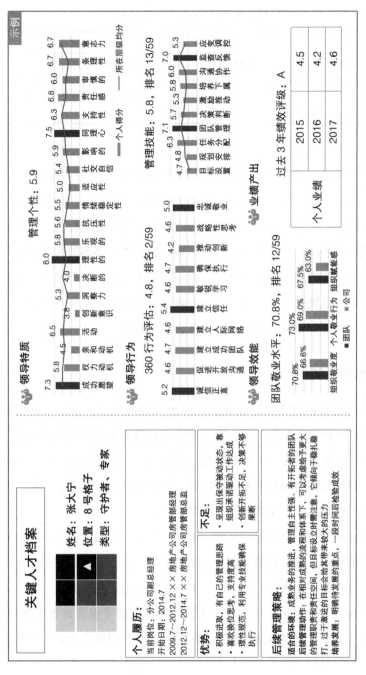

图 4-1 关键人才档案示例

表 4-1　看人的三个关键维度

潜　力	能　力	结　果
• 着眼于未来 • 强调组织和员工双方的需求 • 未来有可能发展成行为	• 着眼于现在 • 强调有助于达成结果的行为 • 未来有可能会指向结果	• 着眼于过去 • 强调员工个体所达成的业绩 • 有结果不代表有潜力或行为

这三个维度，顾名思义，即人才已经表现出来的、正在展现出来的以及未来可能会表现的部分，在时间轴上也对应着过去、现在和未来。越来越多的企业开始关注人才在未来的可能性，而不仅仅是根据过去的表现做评估。这种动态看人的视角非常重要，环境是变化的，人也在变化，现在只能满足团队要求的人才，换一个位置未必不能大放异彩。同样地，当前工作成绩出色的员工，也不一定永远出色。同时关注实际表现和潜能，兼顾过去和未来，也为企业的人才通道打开了一扇窗——人岗匹配做得好，企业中能涌现的人才会越来越多。

（二）评价矩阵

人才盘点项目常会涉及企业中多个层级的人员。由于不同层级的人员所遇到的工作挑战不同，他们所需要具备的能力和潜力也不同，必然会带来评价工具需要有针对性地设计的问题。需要注意的是，即使不同层级评估的能力项有差异，使用的工具也可能是一样的，例如，采用360度评估反馈法评价不同层级的能力模型。

有经验的HR会先勾画出评价矩阵，从看人的层次出发，分解成可以评价的要素，然后再落实到评价手段上。不会一开始就先把用什么评价工具放在第一位考虑，更不会一股脑把能用的工具堆叠在一起。即使当期只盘点一个层级或序列的人才，也不妨提前考虑评价矩阵的问题，这会促使HR更全局性地考虑看人的层次，甚至归纳出企业自己的看人哲学。

表 4-2 是一个应用的示例，展示了评价矩阵的三个层次。

表 4-2　人才盘点中应用的评价矩阵示例

评估内容		L1：基层员工	L3：经理	L5：事业部副总裁
结果	工作结果	绩效评价	绩效评价	绩效评价
	团队绩效	—	敬业度调查	敬业度调查
能力	工作行为	360度行为反馈	360度行为反馈/访谈	360度行为反馈/访谈
潜力	能不能做	专业考试 一般认知能力测评	管理技能测评 一般认知能力测评	线上/线下评价中心
	适不适合做	一般个性测评	管理个性测评	领导力测评

第一层：结果、能力和潜力。对于结果的评价，有极为注重结果导向的公司只采用绩效一项评价的情况。但是对于中高层级的管理者来说，其所辖团队的敬业度表现也是越来越多企业评估管理者结果的方式之一。对于能力评估，很多企业一般会在绩效考评中嵌入人才的价值观或领导行为表现的行为评价。例如，销售体系的业绩考核通常围绕数字结果，但是业绩完成好的销售人员可能未必是企业推崇的人才典范，可能存在合作不良、不愿帮助他人，甚至违规操作等问题。因此，在业绩数字之外加上工作行为考核是常见的方式。这也是能力独特于结果的重要原因之一。可能部分人才目前未能达成好的业绩，但是其具备相应的能力也是值得被推崇和关注的。对于潜能的评价层次，需要特别说明的是，有时候人才盘点在看待潜能时，只着重评价"适合不适合"。例如，盘点对象是尚未走上管理岗位的一线员工，大部分人也不具备管理知识的储备。这时，想要评估他们是否有"成为优秀的管理者的潜力"，会首先关注"适合不适合做管理"的特征，再次会考虑"能不能做"，也就是学习能力的部分。

第二层：第一层的看人层次还略微抽象，第二层就需要提供具体的解释了——到底看人的哪些方面。大部分时候，考虑到评价效率和受测者被评价的体验，第一层和第二层是对应的。第二层也可能会有 1~3 个方面去诠释，例如，工作结果对应绩效和管辖部门的敬业度分数/排名，或者"能不能做"对应认知能力和专业知识水平。

第三层：工具层。人才盘点常用的工具种类不多，基本上一次盘点会就可以都涉及。绩效的评价通常由连续绩效等级的结果转换而来；行为评价通常由 360 度评估反馈法提供，有时候也会增加 BEI 访谈（面谈）的内容作为补充；潜能的部分，最经济的方式是采用各类心理测评工具，也可以通过线上或线下的评价中心开发有针对性的场景和题目来分析潜力。近几年，也有咨询公司把团队的敬业度结果作为评价管理者结果的一种视角，本章也会为大家进行介绍。

二、人才盘点中常用的评估技术

表 4-3 中展示了人才盘点中常用的一些评估技术，不同的技术对工具的依赖程度和投入成本会有所不同，它们都有自己的优势与不足。

表 4-3 人才盘点中常用的评估技术对比

评估技术	主要应用场景	优势	不足
心理测评	主要用于评估盘点对象的潜质、行为风格，对于其是否有持续优秀的表现做出预测。常用的心理测评有： • 认知能力测评/商业推理能力测评 • 个性测评/动机测评 • 管理潜质测评 • 职业价值观测评 • 管理风格测评 • 管理技能测评	• 成本优势，评价一位中层管理者采用心理测评的成本在 500~1500 元 • 效率高，完成一套心理测评在半小时至三小时之间，根据选取工具略有不同 • 数据之间可以直接比较，不存在人为干扰因素	• 人是复杂的，环境的影响可能会改变人的实际表现，让测评的预测参考性下降 • 评估方式主要采用自我报告，受测者体验比较单一 • 获得的数据虽然可以量化，但是丰富度不够，缺乏实际表现

（续）

评估技术	主要应用场景	优势	不足
360度评估反馈	主要用于行为评估，又叫"多源反馈"，通过收集评价对象的自评、上级、下级、同事等角色的反馈，全面了解评价对象的情况。经常用于根据胜任力模型的行为要求评价行为的有效性，也被用于评价行为与企业文化和价值观的符合程度。多数时候采用360度评估，极少数时候采用90度评估（只有上级评估）	• 成本优势，评价一位中层管理者采用360度评估反馈的成本在200~600元 • 可以完全支持能力模型，全部采用企业自有的行为描述和发展建议，做到完全定制 • 获得的数据比心理测评结果更丰富，提供更多看人的视角，通常还有文本题提供行为描述和建议	• 操作略复杂，评价关系的选择和设定是360度评估的核心，这部分需要花费一定时间收集、整理和设置，需要IT系统支持 • 结果接纳程度呈两极化，有的受测者不太愿意接受360度评估结果，总认为主观成分较多 • 评价标准难以完全统一，即使评价问卷标注的再详细，每位评价者也会根据自己的评价体系打分
访谈技术	国有企业的干部考核常常会采用民主评议与访谈相结合的方式。访谈技术通常用于获取行为事例，用于补充量化的评价方式，提供更加鲜活和立体的信息。访谈对象大多为与盘点对象相关的人士，也有人才盘点项目会专门访谈盘点对象本人。访谈技术这里主要指行为事件访谈	• 信息丰富度高，尤其对心理测评和360度评估的结果进行补充时，可以更加立体呈现人才情况，可以对心理测评结果进行解释 • 摆事实，列依据，让盘点报告更加具有说服力	• 有一定的成本，不仅是时间成本，也包括选择访谈对象的成本 • 对访谈者有技术要求，需要访谈者对能力模型或人才标准理解得更为深刻
情景模拟技术	情景模拟技术在人才盘点中应用有限，其主要用于特定场景或角色下，对盘点对象潜力的评估。最常用于管理潜力/领导潜力的评估。随着技术的更新，也出现了线上情景模拟评估的方式，它比传统的线	• 定制化程度高，题目设计精良的话可以完整呈现未来的工作挑战，对人才潜力做出合理的评估 • 信息丰富，评价中心不仅能够提供受测者个人对场景的反馈，采用小组讨论/	• 费用昂贵，采用完整的线下评价中心的单人次的评价费用在8000~20000 • 实施成本高，单人次评价所需时间可能在3~6个小时，而且不算顾问整理资料和撰写报告的时间

（续）

评估技术	主要应用场景	优势	不足
情景模拟技术	下情景模拟成本低很多，可以同时进行多人次的评估，但是评估方式的多样性和深入程度都稍逊一些	合作等技术，还可以观察到人际方面的潜力和领导力，直接且有效 • 受测者体验好，评价中心更像真实的工作环境，不容易伪装，又时刻充满挑战甚至趣味性	• 标准化不足，仰赖题目的设计和顾问的专业技术
敬业度调查	员工敬业度调查作为组织诊断的工具，近些年来也被引入人才盘点中，作为管理者工作/管理效能的证明。通常会直接采用该管理者下属整个团队的敬业度结果或排名，也有变式，只采用管理者直接下级的敬业度结果作为评价依据。由于敬业度调查通常反馈员工的状态，因此被认为是团队可持续发展的重要标志	• 成本优势，应用在线调查工具进行敬业度调查的成本不高，绝大部分企业都可以轻松接受 • 一箭双雕，在人才盘点中采用敬业度调查结果被认为是"一箭双雕"的举措：一方面敬业度调查本身是独立项目，并没有企业为了做人才盘点专门做一次敬业度调查；另一方面由管理者来承担结果，似乎为敬业度的改善提供了更好的保障	• 有效性还待检验，员工敬业度调查结果的影响因素较多，除了管理者本人的管理行为之外，组织氛围、企业所在行业的发展等都可能会影响。因此，敬业度的结果是否可以作为盘点的一项信息来源，不同企业的实践也存在争议

三、在盘点中采用心理测评技术

　　心理测评在中国企业的应用规模在最近五年发展迅猛，一方面得益于企业快速增长的人才管理的需求，另一方面得益于供应商在商业化方面的努力。心理测评工具大多基于经典的人格模型或认知能力模型所开发，理论研究进展缓慢，工具本身也是比较稳定的状态。但是伴随着企业的大规模使用，心理测评在应用方面逐步找到了一条以更加解决问题为导向的发展之路。

企业对开展人才盘点项目的热情，一部分也得益于心理测评的使用便利性。"有时企业也确实需要一个更加标准化、看起来更加公平的评估方法，去破除人为因素的干扰"，有 HR 对于在盘点中用心理测评做出这样的评价。心理测评在盘点项目中有两种应用方式：一种是用于落地能力模型或潜力模型，为九宫格落地提供具体的依据；另一种是广泛地摸底，各个方面都评估，全面对人才有个把握。当然，从效率上来讲，心理测评工具很多，维度很多，结果不好整合，反而失去了摸底的意义。因此，不是泛泛地摆出动机测验的结果、个性测验的结果，几十个维度不知道怎么解释，有针对性地选择测评工具才是最重要的。

（一）选择合适的心理测评工具

心理测评，是一种有着百年历史的基于心理学测量的评价技术，通过回答特定的问题，根据预设好的算法和逻辑，将受测者自我报告的结果与常规模型相对比，得到受测者在各维度上的相对位置。心理测评的基本逻辑如图 4-2 所示。

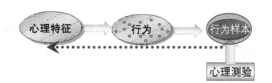

图 4-2　心理测评的基本逻辑

在人才盘点中使用的测评工具通常有两种用途：一种用于量化评估受测者的潜力；另一种用于补充信息，丰富对受测者的认识。当然，这两种用途对于有的测评工具来讲是同时起作用的。

北森在为中高层管理人员设计心理测评工具时采用的测评框架，如

图 4-3 所示。中高层管理人员是企业的中坚力量，他们不仅要对业务目标的达成负责，也肩负着带领团队、培养下属、连接组织和员工的责任，因此对他们的素质要求就比较复合了。我们经过对各类领导力研究的元分析、企业管理人员访谈和案例分析，提炼了七方面来对中高层管理人员做全面的评估。这七个方面是：商业综合推理能力、管理技能、管理风格、管理个性、偏离因素、职业锚、组织忠诚度。

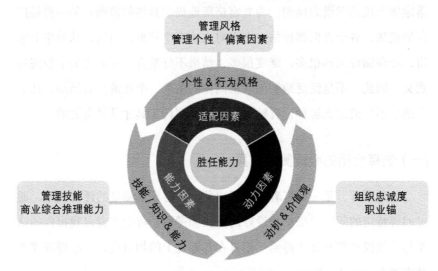

图 4-3 北森锐途管理人员测评的看人方法

想要评估的内容过多，如何将结果整合好，便于理解、比较，是个令人头疼的问题。最开始，我们采用冰山模型来解决这个问题。冰山模型将人的心理特征划分为不同的层次，最靠下的部分对人的行为影响最大也最难以改变。对应好之后，发现还是很难让阅读者一下子形成对于评价对象的印象，于是做了进一步的归纳。当我们开始采用三因素——能力因素、动力因素和适配因素（分别对应有没有能力做、有没有意愿做、适合不适合做），去整合测评结果，去分析人的整体情况时，局面豁然开朗。企业乐于找到有能力做、也愿意做、还适合做的人才，但是遇到这种人才时，快速激发对方的工作动力可能是接下来的要点。能力因素、动力因素和人格因素的三因素结构，已经成为北森人才管理研究院看人框架的基础。

在具体应用中，由于心理测评结果在高潜人才盘点的九宫格中被作为其中一个坐标轴——潜力的主要数据来源，因此在图4-3中，管理个性测评被作为其中最常用的工具，这是一个人格特质测评工具，它会从多项维度上提供人的心理特征的描述和分析，强调人与人之间的具体差异，而不是泛化地归类成几种，并且会提供针对不同维度的可能的行为表现和发展策略。管理个性测评中包含五大方面20个维度，较为全面地从个性和动机的角度对管理人员的潜在能力进行考察（见表4-4）。

表4-4 管理个性测评维度表

方　面	维　度	特　点
动机能量	成功愿望	朝向高标准，设置具有挑战性的工作目标，希望获得优秀业绩的愿望
	权力动机	寻求领导、管理和激励他人的机会或权力
	亲和动机	渴望与他人建立友好亲密的人际关系，并获得社会归属感的动机
	活力	精力充沛，喜欢参与很多事情，并保持忙碌
思维决策	创新意识	喜欢从新的角度去认识、组织事物和信息，形成新的观点和方法
	洞察力	习惯透过现象分析事物的本质，避免浮于表面
	决断的	迅速估计情况，快速做出决定
	理性的	基于对客观事实的分析、思考做出理性判断，重视逻辑、公正和公平
情感成熟度	乐观的	认为事情会转好，对事物发展持积极、正向的态度
	抗压性	个体对压力的忍耐度
	情绪稳定性	情绪波动、起伏较小，能够控制自己的情绪反应，很少公开表达情绪
	适应性	愿意改变行为去适应各种情境，对不同的人采用不同的方式

(续)

方面	维度	特点
人际互动	社交自信	人际交往时感到轻松、自在，能轻松应对正式社交场合
	影响的	喜欢推销自己的观点，愿意对他人施加影响，用令人信服的观点说服他人
	同理心	理解他人的情绪和感受，习惯站在对方的立场思考和处理问题
	支持性	倾向于合作，愿意主动提供帮助，支持他人解决困难
任务执行	责任感	主动承担个人责任，尽职尽责地完成分内分外工作
	审慎的	行动前深思熟虑，考虑周全，三思而后行
	条理性	希望按程序或规则工作，喜欢整齐和秩序、有条不紊
	意志力	克服困难、障碍持续工作，坚持不懈地实现既定目标

除此之外，商业推理能力也会与管理个性测评结果结合起来搭配使用，作为预测受测者未来商业认知和学习能力的重要参考，未来是复杂的，只有具备了商业能力的人才才能面对更大的挑战。管理技能测评则是通过多个迷你的管理案例来考察受测者的管理知识，从而知道与实际能做存在的差距，因此管理技能测评的结果也会被纳入潜力评估的方面，作为管理准备度的一部分，而不是作为管理结果被使用。

（二）识别高潜人才的 FAST 模型

近几年来，中国企业正在经历产业发展、经济结构调整、互联网和新技术快速渗透，甚至商业模式的改造。一方面，互联网孵化下的新兴行业面临人才的获取和培养完全跟不上业务发展的问题；另一方面，传统业务遭受冲击导致人才流失严重，前景、待遇、雇主品牌等问题都会造成核心领导者向新兴行业出走。信息更加对等带来人才在市场上流动速度的加快，企业员工的服务周期缩短，组织大量资源培养的未来人才等不到被委以重任就离开。在这样的大环境下，企业的平均生命周期变短，关键人才流失严重，领导力来不及发展，组织发展专家遇到了前所未有的挑战。其中毫无疑问的终极难题是：什么样的人才未来能引领组织的发展？这是企业能够基业长青的基石。毕竟，任何流程的设计、战略的制定、氛围的营造、员工动力的激发是否能够成功，都仰赖于领导人的决定。关于经典领导力模型的研究进行了几十年，在产业界被接纳的程度很高，但新兴的理论框架经过完整的数据研究和验证的很少。

中国企业近几年被行业和产业推进发展的速度惊人，基于西方企业实践和管理思维的理论也有不适用的情况出现。例如，人才盘点项目迅速火热起来，大量企业希望通过流程和机制持续发现高潜人才。而对高潜人才的定义似乎并不是任何的动机测验、个性测验甚至认知能力测验的组合，而应该是经过研究、有特色的、完整的模型。北森在2016年依托十多年专业心理测评的积累和对3万名中国企业中高层管理者的测评数据，研发了A-FAST高潜人才模型，可以直接用心理测评工具进行评估。

通过对大量优秀领导人的共同特质进行分析归纳，北森认为未来领导人是具备担任企业高级别领导者潜质且对组织有同盟感的人才。其中潜质主要包含四个方面：践行抱负（fulfilling aspiration）、敏锐学习（agile learning）、人际通达（social influence）、跨界思考（thinking beyond boundary）。除此之外，即便是最优秀的人才，能在一个组织内成功的基础和关键在于认同组织的发展方向，愿意和组织一起共同发展，从心理和行动两方面达成同盟。对同盟感的测量评估可以帮助组织回答"是不是你的人"的问题。因此，A-FAST高潜人才模型应运而生，如图4-4和表4-5所示。

图 4-4 北森 A-FAST 高潜人才模型

表 4-5 北森 A-FAST 高潜人才模型维度表

维度名称	维度定义
践行抱负	渴望承担更大的责任、追求更多的职业发展空间，并且愿意投入时间和精力去实现
敏锐学习	有好奇心，愿意学习新知识，持续应用和总结
人际通达	洞察他人需求，用令人信服的方式施加影响，激发他人潜能
跨界思考	多角度、跨领域思考并解决问题
同盟感	愿景认同：认同组织的发展战略，看好发展前景 价值关联：相信能在组织中实现自己的价值，认可组织提供的个人发展机会 乐于宣传：乐于宣传组织的利好消息，愿意推荐优秀人才 组织为先：站在组织利益角度投入工作，不只考虑个人得失

在北森完成的一项基于 A-FAST 高潜人才模型的领导人与组织发展的研究中（见图 4-5），我们发现在参与研究的 114 家中国上市公司中，未来领导人储备人数——使用 A-FAST 模型识别出的高潜人才，占组织员工 20% 以上的企业，年度净资产增长率同比增幅平均值是 37%。这一数字无论是比对企业内未来领导人占比 15%～20% 或是 15% 以下的组织都更为亮眼，甚至也好于当年度中国内地上市公司的平均表现。当

公众的目光聚焦于当前的领导人是带着企业走向更大的辉煌还是深渊时，也许组织发展专家应该把注意力转向潜在的人才：提升高质量人才的比例，寻访和发展未来领导人，实现人才质量升级。

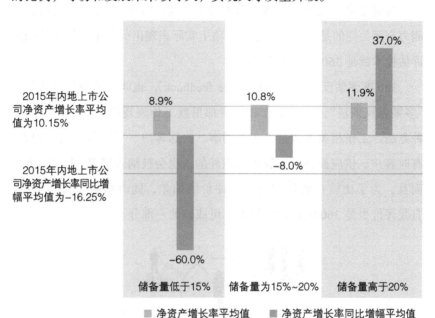

图 4-5　高潜人才储备量与组织的成长速度⊖

在人才盘点项目中，使用高潜九宫格的企业越来越多。识别高潜管理者最大的困难就是到底根据哪些方面来判断一个人是否是高潜管理者。虽然几乎每家企业都会强调自体的特殊性，以及对高潜人才的见解，但是在我们的经验中，从管理者面对的工作挑战出发，高潜管理者是有共同特质的。因此，在人才盘点中直接采用 A-FAST 高潜人才模型可以较为全面地探索人才潜力，作答时间也比做多个测评要节约很多。

⊖　北森人才管理研究院. 寻找未来领导人 [EB/OL]. 2016.

四、在盘点中采用 360 度评估反馈法

企业做人才盘点，除了关注潜力，人岗匹配的状况也是另一大关注点。这时常采用经典九宫格，即能力 - 业绩九宫格。在经典九宫格中，能力方面关注的是员工在特定能力项上实际表现出的水平，最常使用的评估技术就是 360 度评估反馈法。

360 度评估反馈法（360 degree feedback），也叫"多源反馈法"或"多渠道反馈法"，是从工作相关者那里就工作表现收集反馈信息的一种方法。工作相关者包括上级、同事、内部客户、下属等组织内的人，有时客户、供应商甚至家属等组织外的人也会被纳入进来（见图 4-6）。而且，为了比较自我认知与他人评价的偏差，同时增强个人参与感，自我评价也是 360 度评估反馈中不可或缺的一部分。

图 4-6　360 度评估反馈法常见的评价者角色

通过提升管理者的自我意识，360 度评估反馈法为改善绩效、改进与不同角色的人的沟通协作提供了新的契机。从 20 世纪 70 年代进入管理实践到今天，360 度评估反馈法的影响力越来越大。由于这一方法对组织和个人的意义巨大，很多人把它看作 20 世纪末最伟大的管理创新。

企业常规的考评方法是：员工的领导、管理者评价下属的能力，360 度评估相对更为准确，这是因为：

- 多人评价比单人评价更能接近真实；

- 多角度评价能提供更为全面的信息；
- 匿名评估确保结果更可信、更可靠。

在人才盘点项目中，360 度评估主要用于评价人的那些已经表现出来且可以被人观察到的行为。这也是为什么需要多角色从不同视角提供评价意见的原因。360 度评估通常基于胜任力模型展开评价，但绝对不是为胜任力项目打分，而是针对每条胜任力下一条一条的行为描述进行打分。这从很大程度上避免了凭感觉打分，让评估结果更可信。360 度评估指标和评价等级可参考表 4-6～表 4-8 的样例。

表 4-6　L3（管理管理者）经理的 360 度评估指标参考

复合指标	基础指标
建构思维模式	系统化思考 / 推动创新 / 决策判断 / 客户导向 / 经营意识 / 传递战略
确保工作结果	推动执行 / 授权 / 持续改善 / 方法沉淀 / 专业引领
促进人际协同	经营人际网络 / 协同增效 / 影响说服
带领团队成功	承担管理责任 / 招揽英才 / 发展他人 / 激励人心 / 建立高效团队
发挥个人效能	积极主动 / 追求卓越 / 敏锐学习 / 开放包容 / 灵活适应 / 坚韧 / 诚信可靠 / 责任感 / 乐观阳光 / 善用数据 / 主人翁精神

资料来源：北森 GENE 胜任力模型。

表 4-7　系统化思考下属行为描述示例

基础指标	行　为	计　分				
系统化思考	把问题的相关因素考虑全面，避免以偏概全	1	2	3	4	5
	抓住局部与整体的关系，通盘考虑问题	1	2	3	4	5
	结合当下和未来，以长远和发展的眼光考虑问题	1	2	3	4	5
	运用思维框架快速梳理出脉络，形成分析思路	1	2	3	4	5
	从实践中提炼出一套办法，能用于处理同类问题	1	2	3	4	5

资料来源：北森 GENE 胜任力模型。

表 4-8　360 度评估常用的评价等级示例

选　　项	分　　值	选项内涵
非常不符合	1	被评估者完全没有展示出该行为
不符合	2	被评估者不太经常展示出该行为
中等符合	3	被评估者偶尔展示出该行为
符合	4	被评估者经常展示出该行为
非常符合	5	被评估者一贯展示出该行为
无法评价	—	不确定／不了解

从人才发展角度来看，360 度评估反馈法的价值大过于心理测评技术。一方面，360 度评估所用的行为描述，本身就是改进的指导；另一方面，本次的评估结果就是下一次评估的起点，在两个时间点之间的努力是可以被衡量的。成人的发展大多数时候不是缺乏动力，而是缺乏具体的发展策略，360 度评估正好提供了这一方向。

无论是否有过实施 360 度评估反馈项目的经验，相信所有考虑过采用 360 度评估反馈项目的人力资源从业者都会对于这一项目实施的流程有些畏惧。毕竟这是一场涉及公司核心人员和大部分员工的活动，因此所有准备启动 360 度评估反馈项目的企业，都需要在实施之前拟定一个详细的实施流程。图 4-7 是一般进行 360 度评估反馈项目的总体思路。

在每一个步骤的准备环节中，都有一些关键问题需要思考清楚。我们还罗列出了每一步骤所涉及的工作，在项目开始之前，务必心中有数。在完成相应阶段后，也不妨再回头检查一下是否有遗漏的工作没有做。

虽然价值很大，并不是所有企业都乐于在人才盘点时组织 360 度评估，尤其是针对全员的大规模评估，主要的难点和解决方案可以参考表 4-9。

常有企业询问是不是可以同时用心理测评和 360 度行为评估对人才的能力进行评价。这两种方式同时使用的时候是各有侧重的，我们可以通过表 4-10 来了解。

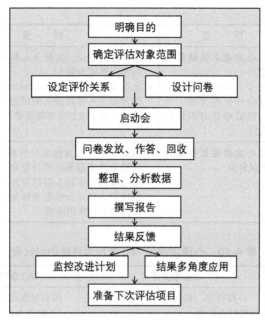

图 4-7　360 度评估反馈实施流程⊖

表 4-9　360 度评估反馈法实施的难点和对策

难　点	项　目	对　策
难点一	**确定评价关系复杂** 360 度评估的价值主要来自不同角色提供的视角，因此每个角色的代表者的选取变得敏感而谨慎	• 由 HRBP 收集和上报评价关系，项目负责人汇总 • HRBP 根据汇报和协作关系，初步设置评价关系，请评价对象的上级确认 • 通过软件系统设置条件随机选取，再请评价对象的上级确认
难点二	**评价关系复杂，发通知的时候很混乱**	• 采用专门的 360 度评估系统来解决，只要提前设置好评价关系，一键式发送通知和催促
难点三	**担心完成率低、结果不可靠** 由于 360 度评估也采用匿名评价的方式，当作答完成率低时不知如何催促	• 首先开好启动会，帮助参与者理解价值，当次的评价者以后可能也会被评价，为别人提供反馈是礼物 • 采用专门的 360 度评估系统单独催促未完成人员

⊖　北森人才管理研究院 . Do 360 Right：360 度评估反馈法 [M]. 北京：中国经济出版社 . 2014.

(续)

难点	项目	对策
难点三	担心完成率低结果不可靠 由于360度评估也采用匿名评价的方式,当作答完成率低时不知如何催促	• 按照部门催促,大部分人都不愿意看到自己的团队落后于别人 • 重点催促直接上级,在360度评估中直接上级实质上不存在匿名的可能性,但是该角色的评价对生成总分非常重要
难点四	担心大家相互打高分没有区分度	• 相比测评转换为标准分的操作,360度评估的结果确实容易出现分数集中的情况,这时可以将结果根据人群的百分比画线,或者转换成排名或百分位数来解决,也可以添加对标线来提供参照标准

表4-10 心理测评与360度行为评估的对比表

关注点	心理测评	360度行为评估
评价内容	心理特质,相对稳定,不太容易在短时间内改变	可被观察到的行为 "不同角色眼中的我"
评估方式	受测者自我报告 可能会受到受测者自我认知偏差的影响(尽管测验中有识别作答有效性的设计,但仍有可能受到影响)	自评和多角色他人的评价,360度评估整体结果一般不包含自评
评价模型来源	使用测验本身的评价模型的较多 例如高潜人才模型,较少企业会自己开发,通常愿意使用有研究基础的第三方模型	大部分企业愿意使用自己的胜任力模型作为评价标准,少部分选用第三方提供的模型并做简单修订
反馈视角	由于心理特质相对稳定,对受测者的反馈侧重于自我悦纳,在工作中发挥优势,有意识地自我约束或激发	行为的改变相对容易,对受测者的反馈偏重于制订具体的发展计划

在人才盘点项目的运作中,同时使用360度行为评估和心理测评是较为常见的情况。它大体分为两种处理方式:第一种,心理测评作为潜力评估的主要部分呈现,360度行为评估与绩效结果整合在一起形成"新的绩效结果",共同生成九宫格的位置。在这种情况下,360度行为评估的结果对绩效是一种补充,考察了评价对象的行为有效性和行为过

程。第二种不太常见,但也确实存在,是心理测评作为潜力评估的主要部分呈现,360度行为评估的结果替代绩效,直接与心理测评结果形成九宫格。这种操作主要是由于企业对绩效的认同程度,例如,组织中不同体系存在着不同的绩效体系,差异很大,不好整合,所以索性不用;或者是认为现行的绩效考核问题比较大,可参考性不高,所以用360度行为评估替代工作效果/效能评估的部分。

五、在盘点中采用访谈技术

在人才盘点中采用访谈技术获取数据和信息也是较为常见的。通常会配合心理测评或360度行为评估一起使用,形成评价矩阵,如表4-11所示。一方面多种手段相互印证,另一方面使用不同的技术以发现不同的能力特点。

表4-11 多种评价手段的评估矩阵示例

	模糊决策	驱动变革	卓越执行	促进组织优化	确保结果可见	商业洞察	以客户为中心	高质量决策	人才管理	愿景领导	倡导无边界	建立信任	敏锐学习
高管领导力测评	√	√	√										
360度行为评估				√	√	√	√	√	√	√	√	√	√
线下FBEI访谈					√	√			√	√			

注:1.高管领导力测评:了解高管的领导力倾向、领导风格和特质。
  2.360度行为评估:了解高管的日常工作行为和多方反馈建议。
  3.线下FBEI访谈:了解高管在管理工作情景下实际处理问题的能力。

通常会在三种场景下使用访谈技术,不用场景下采用的访谈技术各有侧重:

- 定向行为事件访谈（FBEI）：对盘点对象进行访谈，使用 BEI 行为事件访谈法对其在已经发生过的工作实践中所展现的胜任能力特征进行探索。
- 360 度行为事件访谈（BEI）：对盘点对象周围的人进行访谈，通常针对一位评价对象的访谈参与者至少要包括一位上级、一位下属、一位同事。访谈方式也是通过行为事件访谈来收集和探索盘点对象的胜任能力特征。
- 情景模拟式访谈：在探索评价对象的潜力时，有时会创造一个新的情境，观察其思维方式和应对方式，来分析其潜力。这时，可能会由面试官提供几个模拟场景或模拟工作事件的问题，让评价对象来回答。采用这种方式的时候，题目/场景需要提前设计，确保对潜力的探索是有针对性的，这也是考察评价对象的准备度的一种方式。

定向行为事件访谈（focus behavior event interview，FBEI），来源于行为事件访谈（behavior event interview，BEI）的目的和意义，在于通过面谈者对其过去职业生涯中某些关键事件的详尽描述，挖掘当事人的素质，用以对当事人未来的行为及其绩效产生预期，并且发挥指导作用。FBEI 是根据已有的能力素质要求判断被访者所具备的水平。表 4-12 展示了 FBEI 常用题目。

表 4-12　FBEI 访谈题目示例

人才管理
定义：为组织定义面向未来的人才结构，发现、发展、保留和激励内部人才，并持续监控组织人才管理状态，保证组织内部人才良性供给和高效使用
参考问题 您所管辖的团队成员能力分布如何？您在团队成员的培养和发展方面有哪些举措？日常工作中您是如何指导他们工作的？ 请回忆一个您亲自参与营造团队氛围的事例。 追问 1：之前营造团队氛围遇到什么困难和挑战？您是如何应对的？

（续）

追问 2：事情的结果是怎么样的？您收到了什么样的下属反馈？ 追问 3：您认为做得成功的原因是什么？从这件事中总结出什么经验？ 您做了哪些事情来保证向您直接汇报的下属能够把工作做得更好？ 追问：具体情境如何？您做了哪些工作？结果如何？您是如何评价他们的发展需求的？您为他们的发展做了哪些工作？ 根据您的经验，如果您的团队中员工信心不足，不愿意接受有挑战性的工作，工作上相互推诿，作为团队负责人，您如何改善这种情况？ 追问：您采取了哪些具体的激励措施？您认为哪种方法效果最好？为什么？

FBEI 主要涉及四个步骤：

（1）确定评价维度：根据岗位胜任力标准明确评价维度。

（2）设计问题：设计对应个体素质的有针对性的开放式问题。

（3）面谈与记录：聚焦于特定的测评素质，一般一小时左右，记录受测者原话。

（4）评分打分：根据每项素质，对应到具体的行为事件进行评价打分。

无论是 FBEI 还是 360 度 BEI，都会进行完整的转录并进行行为事件的编码。编码的过程有时会采用双盲法，即两位训练有素的顾问各自独立编码，再进行合并校正；也可能会由一位主顾问进行编码，另外一位顾问复核的方式，来保证编码的客观性。编码的主要目的是根据陈述者所描绘的行为事件提炼胜任能力。编码过程中会根据能力项出现的频次，对受测者的能力水平深度和广度进行分析，并用具体的事件勾勒出更立体的人。

360 度 BEI 使用的略少，主要是由于成本较高，但是在国有企业的干部考核中比较常见。360 度 BEI 实施访谈中需要特别留意的是被不同角色都提及的行为事件，通过不同人的表述去印证其中细节的真实性。

六、在盘点中采用情景模拟技术

除了采用心理测评技术预测潜力，情景模拟技术也经常被使用。一组情景模拟技术的组合常被称为评价中心。情景模拟技术在人才盘点中的应用，并不是去创造一个和现在的工作环境一样的场景，让受测者表现其日常处理问题的方式，而是根据受测者未来有可能遇到的工作挑战和典型场景创造一个提前展现能力的机会。换句话说，只有当情景模拟技术被用于模拟未来的时候，这项技术的使用才有价值。

在人才盘点中常用的情景模拟技术主要有公文筐测验、角色扮演、案例分析和小组讨论。

公文筐测验和案例分析通常是创造评价对象独自解决问题的场景，角色扮演通常会由训练有素的顾问根据剧本来扮演某一角色与被评价者进行互动，小组讨论有时是由多位顾问参与互动或者是同一批评价对象来进行讨论。

由于情景模拟技术实施成本较高，从前期的资料收集、题本开发和验证、演员训练、现场实施，甚至现场布置和设备安排，一次情景模拟技术的项目单人评价成本往往在万元以上，甚至数万元。表 4-13 展示了一次线下评价中心项目的时间安排。这就决定了企业通常只会有很少的人才被情景模拟技术所评价，一般不会超过几十人。人才盘点中往往只有较高级别的管理者，或者有较为明确的继任发展项目要开展时，才会采用此项技术。

表 4-13　采用情景模拟技术的线下评价中心项目示例

任务模块和时长	具体内容和时长	参与者
文件/邮件 （60 分钟）	邮件 1（公文筐）：15 分钟	候选人
	邮件 2（公文筐）：15 分钟	候选人
	邮件 3（公文筐）：15 分钟	候选人
	邮件 4（公文筐）：15 分钟	候选人

(续)

任务模块和时长	具体内容和时长	参与者
案例分析 （100 分钟）	工作平台任务 1（案例分析）：25 分钟	候选人
	工作平台任务 2（案例分析）：25 分钟	候选人
	工作平台任务 3（案例分析）：25 分钟	候选人
	工作平台任务 4（案例分析）：25 分钟	候选人
视频通信处理 （80 分钟）	视频通信 1（演讲及陈述）：20 分钟	候选人
	视频通信 2（演讲及陈述）：20 分钟	候选人
	视频通信 3（演讲及陈述）：40 分钟	候选人
电话沟通 （40 分钟）	电话沟通 1（远程角色扮演）：20 分钟	候选人、评鉴师
	电话沟通 2（远程角色扮演）：20 分钟	候选人、评鉴师
评鉴总时长：5 小时左右　候选人需要完成的任务：4 组任务		

随着信息技术的进步，评价中心也开始出现了在线化的趋势（见图 4-8）。在线情景模拟的实现极大地提高了评价的效率。让我们来看看线下评价中心和线上评价中心的对比（见表 4-14）。

线下案例分析、角色扮演、公文筐、评鉴中心

a)

图 4-8　常见的情景模拟技术评估界面示例

线上情境模拟 iLeader（也可定制）
b)

图 4-8 （续）

表 4-14 线上线下评价中心对比

项　目	线下情景模拟	在线情景模拟
题本	• 可定制开发	• 可定制开发
常用技术	• 案例分析 • 角色扮演 • 公文筐测验 • 小组讨论	• 公文筐测验 • 案例分析 • 角色扮演
题目形式	• 灵活性较大，各种形式均可 • 需要互动的场合通常由训练好的工作人员扮演	• 个人完成类的任务支持较好 • 需要互动的场合通过提前录制，或者工作人员现场致电来完成 • 不支持小组讨论 • AI 技术未来可能会补足互动场景不足的问题
实施过程	• 需专门的场地和工作人员 • 安排在特定的时间	• 随时随地通过联网设备完成
评分	• 实施结束后评价师撰写报告	• 实施结束后评鉴师撰写报告 • AI 技术未来可能会实现部分自动评分
受测者体验	• 好	• 还不错
资料留存	• 受测者现场完成的作答（纸版） • 现场录像	• 所有作答在线存档，可随时查看 • 有视频和音频资料保存

无论使用线下还是线上的情景模拟技术，都需要它针对特定角色/岗位来设计。它能确保讨论单个盘点对象的未来发展时有的放矢。

七、在盘点中应用敬业度调查的结果

在绩效考核中有时会同时考核个人绩效和组织绩效。一位管理者可能同时拥有个人绩效指标，也需要承担部门绩效考核的结果。在人才盘点中，项目的组织者也没有停止去探索如何衡量评价对象的工作成效这一问题。当组织发展到一定的规模时，不同的职能体系和板块之间会各自发展出绩效考核系统，考核结果不能横向比较的情况并不少见，这时有专家建议也关注组织层面的另一指标——员工敬业度。

杰克·韦尔奇说过，"衡量一个公司稳健性有三个指标，分别是现金流、客户忠诚度和员工敬业度"。敬业是一种与工作相关的积极、饱满的情绪和认知状态，它反映了员工在工作中的投入程度。敬业度高的员工在工作中乐于努力和创造，并且对组织有较高的认可感。近些年来，各行各业的头部企业在业务稳定发展、业绩快速增长、员工的基本需要被满足以后，开始关注员工的工作状态和内在需要。为什么了解员工敬业度如此重要？图 4-9 做了简要说明。

员工
· 享受工作所带来的乐趣
· 在工作中体会到成就感
· 展现更多亲社会行为、积极友善
· 心理状况更健康

管理者
· 了解团队工作状态
· 在管理工作中有的放矢
· 提供更多有效的支持、获得信任
· 团队绩效更理想

组织
· 更低的离职率
· 更少的工作事故
· 更优的创新技术、生产率
· 更好的经营效能、业绩表现

图 4-9　为什么了解员工敬业度如此重要

最早提出"员工敬业度"概念的是美国的盖洛普咨询公司。盖洛普通过收集员工的反馈，经过统计分析，力图证明员工的工作状态与企业重要的经营指标存在关联。随着社会的发展、员工和组织的关系的变化，员工的声音越来越被企业视为重要的信息来源，很多企业都在努力改变单向沟通的模式，以便为员工创造发挥更大价值的机会。

　　大部分进行员工敬业度调查的组织，每年会完成一次调查。调查结果通常会按照不同地区和部门进行分析和比较，并提供给区域或部门的负责人阅读。近些年来，越来越多的声音呼吁将改善员工敬业度的责任由 HR 部门转给业务部门负责人。换句话说，业务部门负责人应该为部门员工的敬业度负责，也对它的改变负责。缺乏有效的改善举措，会让员工敬业度调查流于形式，逐步在组织中失去意义。而改变的责任落实到业务负责人时，就不难理解为什么会有企业在人才盘点中将这一项结果视为业务负责人的管理成效的指标。表 4-15 展示了北森敏捷敬业度调查的部分题目。

表 4-15　北森敏捷敬业度调查题目示例

维度	题目	评定方式					
		非常不符合	比较不符合	略有不符合	略有符合	比较符合	非常符合
工作环境	公司提供了良好的办公环境	1	2	3	4	5	6
工作资源	我能及时获取到工作所需的必要资源	1	2	3	4	5	6
人岗匹配	目前的工作能充分发挥我的能力和技术	1	2	3	4	5	6
薪酬福利	相对于我的付出，公司的薪酬福利水平是合理的	1	2	3	4	5	6
绩效管理	公司的绩效制度能帮助我有效完成工作目标	1	2	3	4	5	6

(续)

维度	题目	评定方式					
		非常不符合	比较不符合	略有不符合	略有符合	比较符合	非常符合
培训学习	公司能针对不同类型的员工设计差异化的培训内容	1	2	3	4	5	6
自主性	公司倡导让员工参与到工作决策中	1	2	3	4	5	6
挑战性	我有充足的机会获得有挑战性的任务	1	2	3	4	5	6
职业发展	公司有完善的职业发展体系或通道	1	2	3	4	5	6
直接上级	我的直接上级能与我清晰沟通工作期望	1	2	3	4	5	6
高层领导	高层领导能激发员工的工作信心和热情	1	2	3	4	5	6
赞扬认可	在工作中，我能获得恰当的赞扬与认可	1	2	3	4	5	6

员工敬业度调查通常会采用一定的评估模型，包括组织关注的驱动因素或关键问题，员工采用程度评分来回答。图4-10展示了北森敏捷组织敬业度模型，主要采用两项结果指标：个人敬业行为和组织赋能感。其中个人敬业行为又可分解为留任、努力、挑战三个层次：

- 留任——员工乐于留在组织中发展；
- 努力——员工乐于付出努力以保障企业经营目标的实现；
- 挑战——员工乐于在工作中实现业务挑战和突破。

组织赋能感，是指员工所感受到的来自组织方面的支持度，当员工对组织方面的支持产生积极体验时，他们对组织本身也会有更正向的看法和信念。

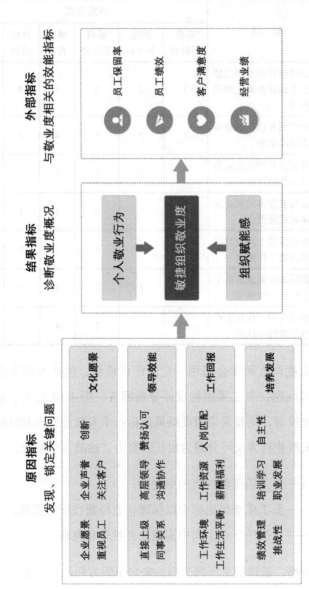

图 4-10 北森敏捷组织敬业度模型

敬业度除整体结果外，更加重要的是原因的分析，以便找到对组织当前真正重要或者影响巨大的因素，做出改善。例如，在北森敏捷组织敬业度模型中，通过个人敬业行为和组织赋能感两个方面来评估员工的敬业状态。在驱动因素模型中，通过文化愿景、领导效能、工作回报、培养发展四个大方面20个驱动因素对上述两个敬业度指标做出解读。由于员工敬业度调查近些年不断被用来预测员工保留率、员工绩效、客户满意度甚至企业的经营业绩，所以它被视为预测性指标，在一些企业中正在从一年做一次，逐渐提高频次，以便及时发现问题，做出改善。

尽管越来越多的企业开始从组织的角度关注员工敬业度调查数据在人才盘点中的应用，但是鲜有企业直接将其用于生成九宫格，大多是作为个人盘点报告的一部分信息呈现。这是由于，业务负责人所带领部门的敬业度，还没有能与领导者个人的领导行为建立起直接的分析模型，虽然很多项目试图在做这样的事情，因此，敬业度调查还只是盘点项目中一项信息来源而已。

八、数据有效期和持续获得数据

越来越多的企业开始将人才盘点作为组织管理的重要流程，盘点不再是某一时期的重点项目，而是每年有节奏开展的常规工作。这时面临的另外一个问题的就是：每年做人才盘点都需要重新收集一遍数据吗？数据的有效性应该由什么决定？

人才盘点项目不仅仅是为了理清企业当前的人才状况，同时也希望能够促进员工的自我认知和发展，毕竟只有员工的不断成长才能为企业创造更大的价值。所以，评估的周期会先考虑人发展的自然规律——改变的周期。例如，在使用360度评估反馈法促进员工的自我认知和发展的过程中，我们构建了SAFE模型（见图4-11）。我们发现，持久改变的发生往往不是经过一次评价就能够内化成自然而然的行为的，需要外部环境的持续支持。SAFE 评估发展模型除了倡导"正确地进行 360 度评估反馈"的理念，还关注组织如何能够恰如其分地提供这样的支持。

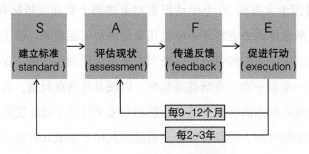

图 4-11　SAFE 评估发展模型应用周期

一般来讲，被反馈者从获得明确反馈结果、发现和意识到问题、理清发展目标形成发展计划，到别人能够明显地观察到他在工作中的行为改变，这个周期通常是 12～18 个月。因此，以能力发展为目的的 360 度评估每年进行一次是比较合理的。即使是为期两年的领导力发展项目，也可以在进行到一半时进行一次评估，以帮助个人发现发展障碍、强化进步，改善培养方式，避免到项目结束才发现问题。所以，距离上一次评估开展 12 个月以后，公司应该进行第二次评估。第二次评估的目的是检查上一个阶段评估与发展的效果，并作为下一轮发展计划的启动。另一方面，我们会考虑不同评估方法的数据有效性，参照表 4-16。

表 4-16　不同评价技术的数据有效性期限

评价技术	有效期说明
心理测评	由于心理测评评价的心理特质相对稳定，通常视为有效期 2 年，2 年之内不用反复测评

（续）

评价技术	有效期说明
面试评价	采集他人对盘点对象的评价作为补充时，需要每年更新内容
360度评价	由于行为具有可变性，360度评价的数据应该每年更新
绩效评价	连续绩效数据也需要每年重新计算

组织的人才标准也不是一劳永逸的，随着业务变化和市场环境的变化，组织对人才的能力要求可能会发生翻天覆地的变化。有的组织虽然对人才的能力要求比较确定，但是随着实践的推进，对人才的能力要求会有更加细致的界定和描述。企业的人才标准2~3年调整一次是比较合理的。一旦人才标准调整，人才盘点中所用的数据也需要随之更新。

| 第五章 |

九宫格与人才地图

人才盘点项目中最重要的工具是九宫格，它被用于评估和展示企业中的人才现状——个体在团队中的位置以及团队人才分布的情况。美国人力资源协会认为，人才九宫格是一个多功能的工具，协助管理者在某一团队或不同团队中，更多角度地对比自己的员工。在对人才进行分类后，企业一般会将盘点结果与后续的人才管理策略相结合。九宫格并不是人才管理中专用的工具，但它的使用渗透于我们人才管理的方方面面。本章将探讨的是人才九宫格在不同目标的人才盘点项目中的使用方式。

一、九宫格是一种思维方式

提起人才盘点项目中使用的九宫格，读者脑海里第一时间浮现出的图像很可能就是图5-1所展现的九宫格——横坐标为绩效结果、纵坐标为能力水平，通过能力和绩效的高、中、低强制划分为九个格子，每个格子对应的人才画像和管理策略各有不同，这是我们在人才管理过程中最常见的一种九宫格的呈现方式。在本章中，我们将这种类型的九宫格称作"经典九宫格"，它被广泛应用于各类人才盘点中，通过绩效和能力的结果数据的强制分布,将人才进行归类,以期为处在不同位置的人才配置不同的管理方案,从而确保人才发展与组织发展相匹配。

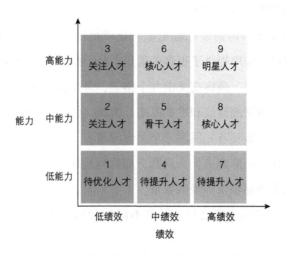

图 5-1　人才盘点中使用的经典九宫格(绩效 – 能力九宫格)

九宫格的本质是一个数学矩阵,是 M 乘以 N 个数排列的矩阵列阵,可以被看作一种思维框架和模式。我们在管理学工具中看到的用于分析业务的波士顿矩阵(BCG matrix)——包含市场占有率和市场增长率两个维度,用于分析战略的 GE 矩阵(GE matrix)——包含行业吸引力和企业竞争力两个维度,以及读者更为熟悉的用于确定策略和方法的 SWOT 矩阵,都采用了矩阵思维。这种思维方式的好处是直观、明确,可以一目了然地明确业务或人才的分布情况,进而确定不同的策略。

在人才盘点项目中使用的九宫格有多种变式。有一些企业在实践中为了更好地展示人才整体分布,将九宫格扩展为十六宫格或者缩小为四宫格,也有以九宫格的形式展示三维能力的情况。在九宫格的划分上也是灵活多变的,可以根据具体项目情况做出调整。

虽然在人才盘点的实践中,有较为常用的九宫格的形式和操作步骤，但在项目中能灵活使用也是很重要的。例如，当人才集中于某一个格子或某个一列，没有区分度的时候，如何去调整坐标轴的高、中、低等级，也是实践智慧的体现。

九宫格通常由两向坐标轴组成，这就提供了看人的两种维度，比单一对人才进行排序提供了更多的信息。每个维度被切分成三份，将人才的特点做了归类。最终交叉出九个格子，每个格子代表人才一定的特点，也有相应的管理建议和发展策略。因此，使用九宫格这样的矩阵思维解决问题时，需要首先回答三个关键问题：

（1）用这个矩阵解决什么问题，即目标是什么。

（2）确定坐标轴及等级的数量。

（3）数据结果出来之后，针对不同位置的结果，要采取的策略是什么。

二、人才九宫格案例

通用电气（GE）是人才管理领域的先锋实践者，在推动人才管理成熟的变革中，不遗余力地发展着。著名的 Session C 人才盘点，是 GE 一年一度战略规划与人才规划工作中的重要环节。GE 在培养和选拔管理人员时，希望人才能够德才兼备。在追求绩效结果和长期发展的导向中，绩效被选作衡量"才"的主要依据，代表了人才过去做到的结果。但是，只有过去做到的结果是不够的，要想给 GE 带来更长期稳定的增长，需要人才有增长型价值观，是衡量"德"的重要依据——主要包括"以外部为中心、清晰的思维、想象力和勇气、包容性、专业深度"五个方面。从伊梅尔特时期开始，GE 进一步发展了员工分类和定制化管理模式，从绩效和成长价值两个维度，开发了"GE 九宫格"（见图 5-2），将员工细分为九个区域、七种类型，并对每一区域的员工都进行差异化管理。伊梅尔特的"人才九宫格"对 GE 绩效管理的变革起到了至关重要的作用。在企业业务走向多元化时,人才九宫格对员工的差异化进行纵深分类,对差异化管理进行深化,促进了 GE 绩效变革的成功。

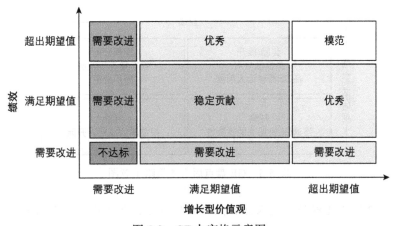

图 5-2　GE 九宫格示意图

这个九宫格充分体现了 GE 不仅强调业绩,更强调增长型价值观的文化特点。那些与价值观不符的员工,即使身处高位、有骄人的业绩,也会面临被淘汰的风险。杰克·韦尔奇在一次 GE 全球高级领导人参加的大会上讲道:"大家可能注意到有几个熟悉的人今年没有来,因为他们已经离开了公司。他们的业绩虽好,但价值观有问题,比如个人英雄主义、不愿团队合作等,虽然这些人能够在短期内给公司带来效益,可长期是有害的,最终还是决定让他们离开。"⊖

当业绩和价值观的数据出来之后,GE 对这些人员的使用和发展策略是简单而直接的(见图 5-3):对于业绩和价值观都低的人员,会坚决被淘汰;对于业绩不错但是触碰了价值观红线的人员,也会被坚决予

⊖ 佚名. GE "九宫格"里选高管人才 [EB/OL]. 百度文库, 2011. https://wenku.baidu.com/view/41a98988cc22bcd-126ff0c4f.html.

以淘汰；对于价值观符合程度比较高、业绩表现一般的人员，在内部会被提供更多的轮岗机会，以激发自身潜能，创造更多的可能性；那些业绩好、价值观符合的人员，则会被直接提拔，获得在更高岗位上历练的机会。

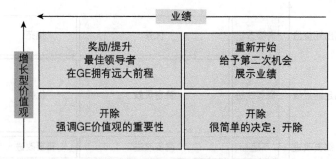

图 5-3　GE 盘点后人才策略示意图

阿里巴巴创始人谈人才盘点时曾经说过，阿里巴巴每年有两个最重要的会议：一个是人才盘点会议，另一个是战略会议。人才盘点会议是排在战略会议之前的，先有人，再有事。同样是选择了"业绩"和"价值观"这两个维度，阿里巴巴则使用了 2×2 矩阵，这是一个四宫格，其中"明星"是指业绩突出、个人能力强、目标和价值观认同度高的员工，这类员工在阿里巴巴会被塑造为典型，鼓励在明处；"狗"是指工作萎靡、价值观认同度低的员工，这类员工是毫不犹豫被清理的对象；"野狗"是指为了追求工作结果，而不顾组织利益和价值观的员工；"兔子"是指工作态度好、认同组织价值观，但是个人能力弱、业绩长期萎靡的员工。基于此分类，阿里巴巴的人才策略执行的是坚定的"消灭野狗，请走兔子"的人才管理策略（见图5-4）。阿里巴巴创始人曾经说过："小公司的成败在于你聘请什么样的人，大公司的成败在于你开除什么样的人。大公司里有很多老白兔，不干活，并且慢慢会传染更多的人。"

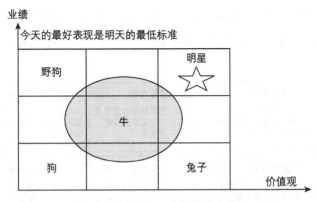

图 5-4　阿里巴巴人才地图示意图

另外，阿里巴巴会根据盘点后的结果以不同的方式及态度进行相应的培养。九宫格工具协助阿里巴巴带有温度地看人的本质。帮助管理者更加谨慎地去判断问题出在人的能力上，还是出在业务发展上。业务发展迅速时，很多团队和行业变化很快，要让人跟上业务发展，不能业务已经向前进了，而人还在原地。

京东对人才盘点，主要分为线上的整体盘点，以及在线下分别采用开门盘点和闭门盘点对管理者、高潜员工以及关键岗位的人员进行梳理。无论在开门盘点还是闭门盘点，九宫格都在盘点中起着举足轻重的作用。盘点中，人才九宫格协助企业规范人才分类的标准，以及相应的管理举措（见图 5-5）。盘点会议产生的高潜人才每年都会参与到公司精心设计的培养过程中，让他们的能力根据公司战略发展方向以及他们的发展意愿快速地成长。京东的高潜员工培养周期为一年，基本按照 ACS 模型提升能力：评估（assessment）——自我认知测评深度了解自我；挑战（challenge）——在最挑战的工作战场上实践和提升自我；支持（support）——借力公司内外部可支配资源，提升自我。

崇尚体育精神，倡导对运动的热爱和对企业文化的融入，是阿迪达斯一直非常看重的。图 5-6 是阿迪达斯的人才盘点九宫格，针对业绩好、潜力高、文化价值观一致的明星人才，阿迪达斯做了更细致的区分，分为明星和冠军，冠军直接获得晋升机会，明星是重点激励对象。

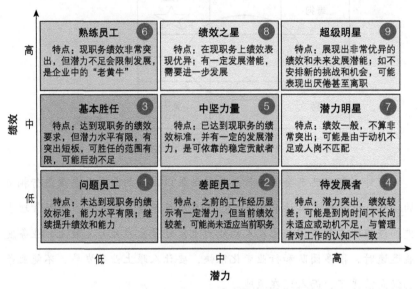

图 5-5　京东九宫格示意图

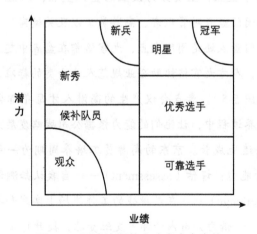

图 5-6　阿迪达斯的人才盘点九宫格

这种新颖的九宫格盘点方式，不仅体现了企业的文化特点，也明确了员工的未来发展路径，将晋升与培养紧密结合起来。阿迪达斯每年约有25%的员工会通过内部招聘获得升迁和转换部门的机会；同时集团的零售学院还通过互动课程、实战模拟等多种方式，将门店经理的培养周期从27个月缩短至18个月，不仅实现了经典九宫格的内化，同时在使用上也与内部的晋升培养体系联动起来。

究竟采用四宫格、九宫格，还是十六宫格甚至二十五宫格，取决于数据本身是否有区分度，是否适合做精准分布；同时也取决于我们是否有多样且有差异的应对策略。一般来讲，使用九宫格需要确保从数据的分布中能够找到高、中、低的人，并符合正态分布。同时从认知角度上讲，人的记忆广度是5~9个，过多分类不利于人员的区分，确定差异化策略；过少的分类不利于发现关键人才，这也是企业实施人才盘点项目时一般都使用九宫格的原因。

人才九宫格可以在很多人才管理举措中发挥作用。在GE的发展中，它辅助绩效管理的变革；在京东，九宫格标准的建立促进了企业中不同业绩水平以及不同潜力水平的员工管理策略的规划和发展；阿里巴巴的人才分类促使管理者意识到什么样的人可以跟着企业一起大步向前，跟得上业务。无论以什么样的原因促使企业对人才进行不同维度的区分和定义，人才九宫格都应该在人才盘点中进行尝试。

三、经典九宫格与高潜九宫格

九宫格在人才盘点的应用中，可以直观地让我们看到人才在九宫格中的位置及分布情况，所以也有人直接将九宫格称作"人才地图"。当然，所有能够直接标注人才所处的位置、直观呈现人才分布状况，并且能够确定人才使用和发展策略的工具，都可以称为人才地图，九宫格是人才地图中重要的一种应用形式。

(一)经典九宫格:绩效-能力九宫格

使用绩效和能力这两个维度的九宫格,是企业在进行人才盘点中常用的一种人才地图,即综合来看人才的过去和现在,推测人才的未来可能性,我们称这个九宫格为"经典九宫格"。经典九宫格比较常见,也容易操作,很多企业在业绩不理想或者人员整体胜任力不足的时候会选择经典九宫格,以快速盘点内部人员,确定下一步的行动计划。图5-1即为经典九宫格的示意图,绩效和能力被设置成为九宫格的横纵轴。在"经典九宫格"中,人才被分为了四个梯次。第一梯次,指高绩效且高能力的人,如果在企业业绩不理想的情况下,企业需用好这一梯次的人员,要根据他们的需求或发展动机,给予更高的职位,或者将他们培养成导师,或者给予更有挑战性的工作内容,以保证这一梯次的人员持续产生高质量的结果;第二梯次,指高绩效或高能力而另一项处于中等水平的人,这一梯次的核心关注点是根据绩效或能力短板制订有针对性的解决方案,发挥绩效或能力优势,从而走向第一梯次;第三梯次,指能力和绩效均处于中等水平的人,以及中绩效或高绩效但能力中等或偏下的人,在企业业绩不理想的情况下,他们既是中坚力量,又是沉默的大多数,这一梯次是培养发展的重点;第四梯次,指绩效和能力都较差的人,在企业业绩不好的情况下,需要适时进行淘汰或补充。

经典九宫格被广泛应用于各类人才盘点中,通过绩效和能力的结果数据的强制分布,将人才进行归类,以期为处在不同位置的人才配置不同的管理方案,从而保障人才发展与组织发展相匹配。

(二)高潜九宫格:绩效-潜力九宫格

在企业中另一种经常使用的九宫格是使用绩效和潜力这两个维度

的，它适用于企业的业绩比较稳定且人员的整体能力水平都不错的情况，盘点着眼于未来，目标是为了发现高潜人才。这种九宫格也被广泛使用，我们称为"高潜九宫格"。

图 5-7 为由绩效和潜力两个维度组成的九宫格示意图，绩效和潜力分别设置为矩阵的横纵坐标轴，纵坐标轴的潜力指未来的发展速度。与人岗匹配九宫格不同，高潜九宫格盘点的是高潜人才，特别适合基于未来的变化的人才盘点项目，用于了解未来的人才供应情况。

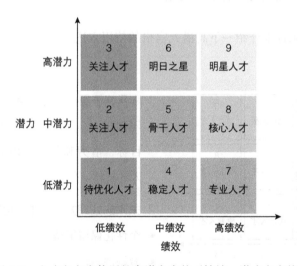

图 5-7　人才盘点中使用的高潜九宫格（绩效 – 潜力九宫格）

在高潜九宫格中，人才被分为四个梯次。第一梯次依然是明星人才，绩效和潜力都很高，是高潜力员工也是组织的重点培养对象，组织会有针对性地倾斜培养资源，加速其发展；第二梯次是高绩效 – 中潜力或高潜力 – 中绩效的人才，是组织重点关注的对象，可以根据他们集中的短板设计有针对性的培养计划，以期进一步提升他们的能力，使其走向第一梯次；第三梯次包括高绩效 – 低潜力、中绩效 – 中潜力或中绩效-低潜力的人才,针对这个梯次的人才,可以请高绩效的人做导师,或者对中绩效的人提高绩效要求;第四梯次是指潜力和绩效都比较低的人员,可以根据情况适时淘汰。

在日常管理中,高潜九宫格被企业大量应用,很多企业会根据自己的文化价值观特点进行二次创作,不仅统一了内部人才选拔的语言,也更有效地匹配上了培训资源。

四、高潜九宫格的使用策略

下面来详细介绍一下高潜九宫格的使用方法。

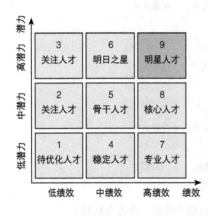

1. 9号格子里的人的特点
- 不超过5%。绩效表现持续超过绩效目标,潜力和行为表现都堪称其他人的榜样。

2. 未来的处理方式:重点培养发展
- 个性化保留策略;
- 激励倾斜;
- 近期可以提拔一两级;
- 需要尽快有提拔的动作。

3. 典型人群——干大事的人
- 智商高、情商高的业务骨干,未来可以承受更多压力,在各种岗位上的可塑性都很强。

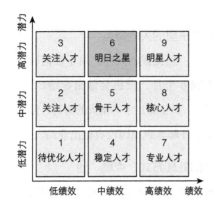

1. 6号格子里的人的特点
- 人员整体比例不超过10%。

2. 未来的处理方式：培养他
- 需要3个月~1年的培养周期，可以提拔到更高一层级；
- 设置业务挑战目标；
- 个性化保留策略。

3. 典型人群——受保护的冲锋者
- 有发展潜力的销售人员。

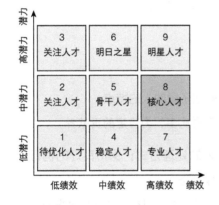

1. 8号格子里的人的特点
- 人员整体比例不超过10%。

2. 未来的处理方式：稳住，在当前岗位发光发热
- 需要3个月~1年的培养周期，可以提拔到更高一层级；
- 给予历练机会；
- 重点保留；
- 合理激励。

3. 典型人群——有闪光点也有短板的争议性"牛人"

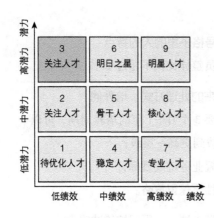

1. 3号格子里的人的特点
- 可能一：新提拔的人才，由于在岗时间不到6个月，没机会做出业绩。
- 可能二：员工做出了非常大的努力，但是由于外部客观原因没有做出业绩。

2. 未来的处理方式：点燃"他"
- 分析绩效差的原因：新提拔待考验、岗位不合适、对职业无兴趣；
- 设定观察期；
- 考虑调岗。

3. 典型人群——有个性的"新人"或不投入的"老人"

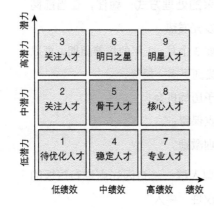

1. 5号格子里的人的特点
- 人数占比多，为稳定的贡献者。

2. 未来的处理方式：保持良好的例行工作状态
- 设置绩效挑战目标，让其在原来的岗位上获得更多进步；
- 培养、提升，以更胜任现在岗位；
- 重点保留。

3. 典型人群——企业的大部分骨干人员

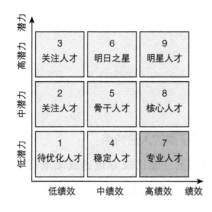

1. 7号格子里的人的特点
- 能够持续达成期望的绩效目标,但潜力一般。

2. 未来的处理方式:踏实做好当前工作
- 给予合理的激励方式;
- 导师角色;
- 重点保留。

3. 典型人群——技术专家或"有资源"的人

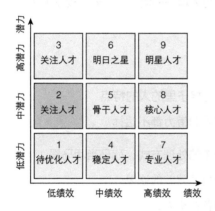

1. 2号格子里的人的特点
- 工作积极,态度认真,但可能由于专业能力的问题,导致绩效不达标。

2. 未来的处理方式:考察"他"
- 分析绩效差的原因;
- 要求绩效改善;
- 了解职业兴趣;
- 考虑调岗。

3. 典型人群——新人或"耍小聪明、执行力差"的人

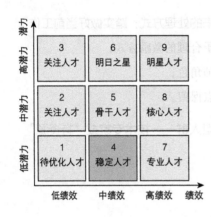

1. 4号格子里的人的特点
- 绩效不错,能比较好地达成绩效目标,但工作行为上存在不足。

2. 未来的处理方式:聚焦绩效管理
- 设置绩效挑战目标;
- 提升,以更胜任现在岗位。

3. 典型人群——混日子、安于现状的人

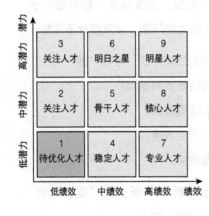

1. 1号格子里的人的特点
- 绩效和潜力都不达标。

2. 未来的处理方式:死马当活马医
- 分析绩效差的原因;
- 准备接班人;
- 降级或辞退。

3. 典型人群——问题员工

五、九宫格的划分

我们都知道九宫格是一个3×3的数据矩阵，在这个矩阵中有二至三维数据最为重要，这也是衍生九宫格的基础，因此数据的准备、处理、校准、归档是产生并优化九宫格的基础。数据如此重要，谁应该对这个数据负责呢？相信绝大多数人的第一反应应该是人力资源部。在业务规模比较大的、人力资源业务分工比较明确的组织，这个部分的工作重点可能会落到组织发展部。毫无疑问，从人才发展的角度上来说，人力资源或组织发展部门是人才数据的归口管理部门。但是这其中最重要的绩效数据、能力数据、潜力数据源自于多个途径，并不是人力资源部门一厢情愿就能够系统地收集，需要相关业务部门重视和支持。例如，绩效数据是业务部门在日常管理中对下级工作结果的直接评定，不管是目标的核定、过程的跟踪，还是结果的核实，都是业务部门在主导，他们需要对数据来源的真实性和有效性负责。又如，能力数据中很重要的一种评估方式来自日常的行为观察，业务部门是这类信息的第一来源，因此业务部门需要对数据的有效性和科学性负责。最后，从最终的使用结果上来看，只有数据准确，作为用人单位的业务部门所使用的管理和发展策略才能够更明确有效，因此业务部门必须对人才数据负责任，并从数据来源上保障数据的有效性。

(一) 九宫格的维度

九宫格中的维度实际上体现的是一家企业"看人"的角度，它通常会涉及人的知识、经验、技能、绩效、能力、价值观、个性、风格和意愿等多个方面。这些维度相互组合，都可以作为九宫格人才分类的依据。考虑到九宫格只能承载两三个维度的信息量，一般我们建议从以下三个维度来设计九宫格。

维度一：绩效。绩效反映了人才的过去，过去的绩效表现是人才知识、经验、技能和能力等方面综合作用的结果，也可以预测未来产生高绩效的可能性。一般在盘点过程中，我们会选择人才过去一年的绩效数据进行盘点：当人才的绩效处在"高"等级时，说明他的绩效表现持续超过绩效目标，处在比较高的水平，超出预期；当人才的绩效处在"中"等级时，说明他的绩效持续达到目标要求，符合预期；当人才的绩效处在"低"等级时，说明他的绩效没有达到预期目标要求，首要任务是提升绩效。

维度二：能力。能力反映了人才的现在，是人才知识、技能和经验等方面综合作用的结果，关注人才现在产生高绩效的可能性。但是能力本身并不容易被测量，一般会借助360度评估、评价中心等工具进行观察和评价。当人才的能力处在"高"等级时，说明他展现了出色的行为，即使在具有挑战和复杂的情境下，也能有持续超标准的表现，在组织中是优秀行为的典范；当人才的能力处在"中"等级时，说明他展现了理想的行为，能够持续达到部分标准的要求；当人才的能力处在"低"等级时，说明他的能力处在待提高状态，有时候展现了理想的行为，但是并没有完全达到标准，需要持续提升。

维度三：潜力。潜力反映了人才的未来，预测了未来人才能够被提拔一个层级或多个层级的可能性。《首席执行官》杂志的相关研究显示：80%的雇主发现，高潜员工的生产率是普通员工的1.5倍。一般情况下，潜力的预测与评估会通过潜质测验、辅助行为观察等来实现。

在人才盘点中，业务部门负责人可以清楚地通过绩效、能力和潜力这三个维度理清自己团队人才所处的位置，为下一步的人岗匹配、人事决策、培养发展等打下坚实的基础。

(二) 九宫格的分数线

当获得真实有效的测评或绩效结果数据之后，我们需要将数据进行高、中、低分布。实操中，有两种分数线的划分方法：绝对划分法和相对划分法。

绝对划分法，是指根据评估单维度分数的绝对值高低来作为画线的标准。例如，当一个坐标是通过测评获得潜力数据时，将等级根据分值划分为：潜力高，7~10分；潜力中等，4~7分；潜力有限，1~4分。由于人才测评的结果分数已经做了标准分转换，也就是说强制提高了人员的区分度水平，所以可以使用绝对划分法来划定分数线。同样，使用其他人才数据时，如数据本身有较为明确的划分标准，可以直接使用绝对划分法。该方法的好处是可以较为客观地看到人才的分布情况，也较为适合做外部对标的比较。例如，当组织中确实缺乏高潜人才时，潜力高的一列就会出现空白。如果这时采用强制分布，虽然潜力高的一列有人才进入，却反而会混淆了当前的情况，对形式估计过于乐观了。当九宫格要承载的人数比较少时也可以直接使用绝对划分法。绝对值划分法也可以参考一些数据对标来确定。可以作为基准线的数据有行业数据中分位值、过往数据的分位值、内部同一层级或序列的分位值等，都可以作为数据分布的基准线，而不一定要按照比例进行分布。

相对划分法，也就是根据数据的情况按比例画线。我们常在绩效管理中提及的强制分布，其实就是按比例画线的一种实践。这种方式主要适用于内部比较，当九宫格主要用于对一群人进行分类时，内部区分度越高越好。当评估数据较为集中，例如，有潜力的人才特别多时，可以再根据比例划分，将人才进一步分类。相对划分法还有三个具体的应用策略：等分法、正态分布法和实际分布法。

（1）等分法：将横坐标轴绩效得分和纵坐标轴胜任力得分分别按照分数从高到低将人群三等分，形成九宫格。

（2）正态分布法：将横轴绩效得分和纵轴 360 度能力评估得分分别按照分数从高到低，人数按 2:6:2 的比例划分，形成九宫格。根据 GE 的活力曲线形成的常用比例 2:7:1 强制分布，也可以归为这一类。其中，"高"指的是前 20%，"中"指的是中间的 70%，"低"指的是后 10%。

（3）实际分布法：根据实际分布情况进行划分，先看数据的分布趋势再做划分，如表 5-1 所示。

表 5-1　企业中九宫格维度的相对划分举例

九宫格维度	得分后 30%	得分前 30%
测评划分线	59%	80%
360 度划分线	3.59	3.96

这个九宫格的划分方法是通过团队内部相比较的结果，而非强制分布。此九宫格的横坐标的测评结果来自北森管理胜任力匹配度的得分，分界线的前后 30% 分别是基于本次测评的所有人的结果计算得来，而纵坐标的结果是基于 360 度评估的得分，分界线的前后 30% 也分别基于本次 360 度评估的所有人的结果计算来的。如果企业有人力资源战略规划的数据，即从战略和业务规划视角来考虑人才配置策略时，针对不同岗位、不同层级人员的供应数量和节奏反推人才比例，来分布人才数据，也是一种很好的思路。

相对划分法毕竟源于平均分布的思想，未必能够客观反映企业的人员分布情况，如果在实操过程中能够找到基准线做校准，那么强制分布比例便不在重要。

（三）连续绩效数据的画线方法

人才盘点中对人才的绩效评估常常是针对连续绩效（sustained performance）。例如，连续两三年的年度绩效考核结果，或者连续三四个季度的绩效考核结果。由于绩效考核的结果以等级居多，如何将一个人的多个等级转换为九宫格的坐标轴对应的等级，我们来看一个实际的案例。A 公司在人才盘点中采用了三年的绩效结果，由于下属单位较多，绩效结果略有不同。既有 ABCDE 五种等级的评定，也有 ABCD 四种等级的评定，还有优/良/中/及格/不及格的评定。所以，他们做的第一个动作是将年度绩效结果归类，产生了表 5-2。

表 5-2　年度绩效结果归类举例

绩效归类	年度绩效结果			
高于要求	A	优	A	A
达到要求	B	良	B	B
	C	中	C	
低于要求	D	及格	D	C
	E	不及格/待改进		

第二步要进行的是将三年绩效结果进行归类，操作方式如表 5-3 所示。

表 5-3　三年绩效结果归类举例

绩效归类	三年绩效结果
高于要求	三年中至少两年绩效"高于要求"，而且无"低于要求"
达到要求	三年绩效均"达到要求"；或者两年"达到要求"，一年"高于要求"
低于要求	三年绩效中有一年"低于要求"

注：如果下属单位绩效结果有缺失可相应减少表格中下画线的数字。

完成这两步就算是完成了连续绩效等级的转换，同时考虑到了不同单位/部门的绩效等级不同的情况，也兼容了采用绩效考核时间长短不同的情况。

另外，我们可以将绩效等级直接转换为分数再求平均数，例如，绩效 A 转换为 5 分，B 转换为 4 分，以此类推。举例就可以理解两种方式的差异（见表 5-4）。

表 5-4　分数转换法和等级对照表方法比较

考　核	员工 001	员工 002
2015 年	C	C
2016 年	D	C
2017 年	B	C
分数转换法	（3+2+4）/3 = 3	（3+3+3）/3 = 3
等级对照表	三年分别为：达到要求、达到要求、低于要求 总评：可为达到要求或低于要求	三年均达到要求 总评：达到要求

无论用哪种方式展示，量化的结果往往更有利于对比，也更便于管理者直观地理解等级之间的差异，而前提是提前对统计的方式达成一致。

（四）通过盘点会进行九宫格结果的校准

既然数据是强制分布的，那么数据之间细微的差别都可能影响到人才在九宫格中所处的位置，从而导致对应的人才管理策略的不同。那么对于那些因为数据强制分布到靠后的梯队里面，但是实际工作开展中表现不错的人来说，可能会受到不公平的对待。举个极端的例子来说，如果某位员工因为能力 0.1 分的差别，在九宫格中被强制分布到第四梯队，从而可能面临被淘汰的风险，但是他在推进工作任务的过程中，可能有更直接有效的行为被观察到了，说明他的能力还不错，比如持续突破自己敏锐学习，此时直接上级会据理力争，将他调整到能力中、绩效低的格子里，和他一起探讨绩效低的原因，一起制订改进计划，并在落实计划的过程中给予反馈、辅导和支持。结果第二年再盘点时，这名员工进入了中能力 - 中绩效的格子里，成为组织的中坚力量。以上的例子旨在说明，我们不能因为数据强制分布的特点就不给直接上级申诉的机会，导致组织埋没了人才，而直接上级据理力争的那个场景实际上是校准会的一个典型场景。当然，直接上级在这个过程中要举证切实可观察的行为证据或真实结果，这也是校准会的一个重要任务，关于校准会的详细内容，可以参考后续的章节。

六、人才地图

GE 坚持做人才的识别与人才地图，杰克·韦尔奇坚持逐个去和 5000 个人见面、聊天、做笔记。GE 有一项要求，就是在全世界那么多子公司里，任何一个 CEO 离职，都会在 24 小时之内宣布其继任人选，能做到这一点是因为它有足够多的牌，知道还有多少人随时可以用。由此可见，人才地图的作用不言而喻。公司可以通过内部的人才地图，确定员工任职水平、识别人岗差距、发掘员工潜能、明确新的岗位需求和变化，将人才地图的结果作为人力资源配置和发展的重要参考依据，并由此进行有针对性的调整和规划。同时，通过人才地图，发现高潜人才，结合组织需求和岗位特点，打造关键岗位的人才梯队，建立关键岗位人才储备库以及继任计划。当然，人才地图的结果不能仅仅是一堆带有数据的表格，而是要转化为具体、可操作的行动计划。具体可行的计划才会得到高层管理者的重视与认可，企业高层管理者的重视是决定人才地图是否有效的关键之一。行动计划只有进入人力资源的工作任务清单后才有可能落地，不会成为空洞的数据和形式主义。对管理者而言，它也可以帮助其找到理想人才，在人才招聘、管理、保留方面做出正确决策；对员工而言，从人才地图中可以得到有价值的反馈，并在此基础上主动规划个人的职业发展未来。因此，如果要建立有效的人才选拔与培养机制，人才地图应该是人才培养的发动机，帮助企业识别出最优质的人才。成功的人才地图可以助力人力资源决策，确保人力资源工作的产出和成果，成就企业成为人才驱动型组织。

（一）九宫格型人才地图

九宫格不只展示单个人才在组织中的位置，更适用于展示团队的整体情况，这是九宫格在人才地图上的应用，如图5-8和图5-9所示。

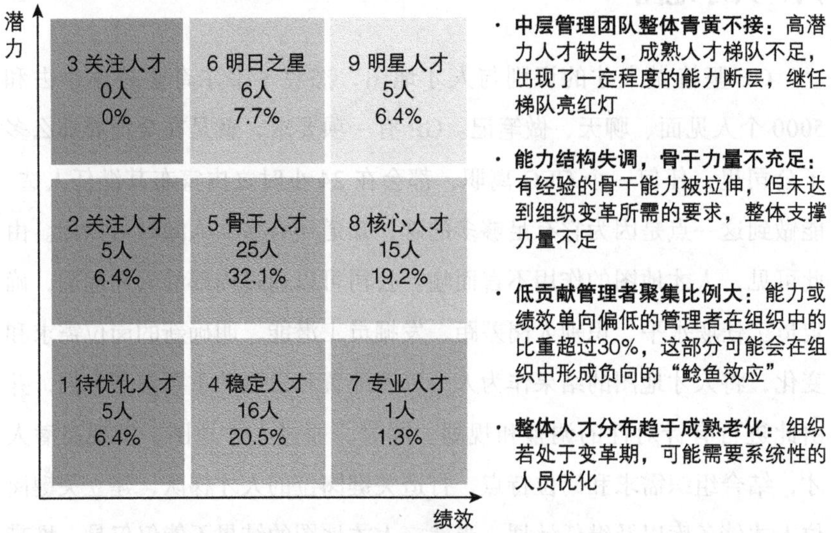

潜力 ↑			
	3 关注人才 0人 0%	6 明日之星 6人 7.7%	9 明星人才 5人 6.4%
	2 关注人才 5人 6.4%	5 骨干人才 25人 32.1%	8 核心人才 15人 19.2%
	1 待优化人才 5人 6.4%	4 稳定人才 16人 20.5%	7 专业人才 1人 1.3%

绩效 →

- **中层管理团队整体青黄不接**：高潜力人才缺失，成熟人才梯队不足，出现了一定程度的能力断层，继任梯队亮红灯
- **能力结构失调，骨干力量不充足**：有经验的骨干能力被拉伸，但未达到组织变革所需的要求，整体支撑力量不足
- **低贡献管理者聚集比例大**：能力或绩效单向偏低的管理者在组织中的比重超过30%，这部分可能会在组织中形成负向的"鲶鱼效应"
- **整体人才分布趋于成熟老化**：组织若处于变革期，可能需要系统性的人员优化

图5-8 用九宫格做人才地图

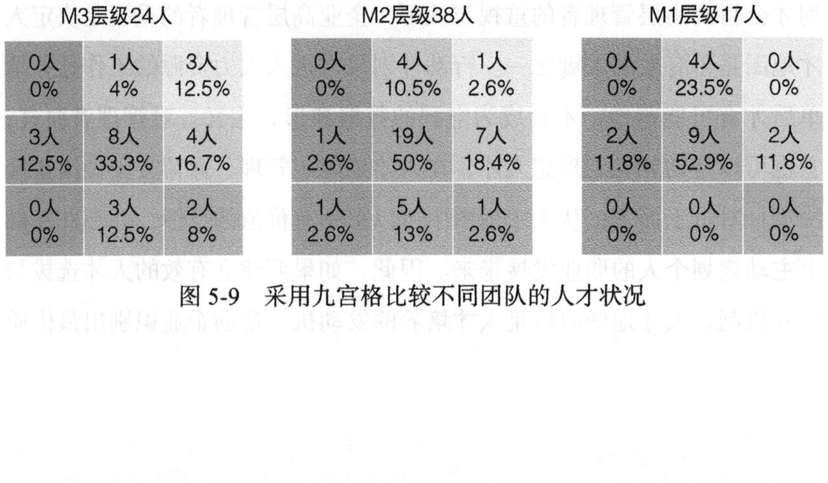

M3层级24人

0人 0%	1人 4%	3人 12.5%
3人 12.5%	8人 33.3%	4人 16.7%
0人 0%	3人 12.5%	2人 8%

M2层级38人

0人 0%	4人 10.5%	1人 2.6%
1人 2.6%	19人 50%	7人 18.4%
1人 2.6%	5人 13%	1人 2.6%

M1层级17人

0人 0%	4人 23.5%	0人 0%
2人 11.8%	9人 52.9%	2人 11.8%
0人 0%	0人 0%	0人 0%

图5-9 采用九宫格比较不同团队的人才状况

（二）复合型人才地图

除了在九宫格中明确人才位置，匹配相对应的策略之外，九宫格作为一种人才地图的形式，还可以有多种变体。当我们使用九宫格做多序列、多层级盘点时，可以结合各个层级、各个序列的九宫格盘点结果，放在组织层面上审视人才健康情况（见图5-10），进行团队健康度诊断。

我们在上文介绍经典九宫格的时候，提到在同一层级或序列的九宫格里面，人才被分为了四个梯次：第一梯次的是明星人才；第二梯次的是核心人才；第三梯次包含了骨干人才、关注人才、待提升人才；第四梯次是待优化人才。我们可以使用核心策略将这些梯次的人才区分开来，例如，第一次梯次的人员是"可晋升"（上）；第二梯次的人员是"可培养"；第三梯次的人员是"可继续"（使用）；第四题次的人员是"可淘汰"（下）。可以使用色彩编码系统，即用不同的颜色定义梯队健康情况。例如，红色意味着预警，即该梯队的人才供应状况有危机；绿色意味着健康，即该梯队的人才供应状况良好，人才培养节奏有序；黄色意味着不良，即该梯队的人才供应尚有差距，如果策略不当，可能会出现危机。以此来展示领导者及人力资源团队结构的健康程度。

如图5-10所示，在销售序列，有28.3%的人员处在潜力和绩效都一般的第四梯次，他们即将面临降级或淘汰，这意味着接下来销售序列人员的数量供应将是一个重要的问题，招聘的压力增大。同时，从整体人员结构布局上看，"可继续"和"可培养"的人员共占了35.9%，这意味着培养的压力也不轻。从梯次数量的分布来看，招聘和培养的重点都应该放在销售序列上，因为整个序列的健康状况最差。研发序列存在的问题是没有"可晋升"的人员，因此在"可培养"的人员里面，谁是高潜人才，该如何进行培养，则是这个序列人才管理工作的重中之重。

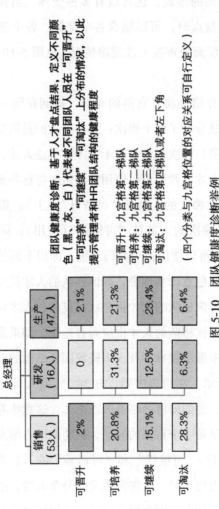

图 5-10 团队健康度诊断举例

(三）继任型人才地图

不管是人岗匹配九宫格，还是高潜九宫格的人才地图，都是基于一个层级或一个序列的人员群体来进行盘点。如果企业的组织结构相对稳定且绩效表现良好，盘点以组织的稳定和可持续发展为目标，同时兼顾人员的效能提升与能力发展，则可以在人岗匹配九宫格的基础上，结合组织结构进行呈现，直观展现梯队的准备和供应情况。如图 5-11 所示，将绩效、能力和潜力分别展示出来，其中颜色表示潜力，数字表示绩效，字母代表能力。这种人才地图的优势是可以站在组织发展角度来盘点人才的供应情况，直观展现人才梯队情况，从而更有效地展现人才梯队与业务之间的关系。但是这种人才地图的形式，不容易看到同一层级或序列的人员分布情况，分布比例也不容易计算，各个指标的数据不能很直观地呈现，因此针对个人的使用和发展策略的展示不是很明显，需要结合盘点目标进行设计。

（四）整合型人才地图

如果盘点的目标是更清晰地展现同一层级（或序列）不同岗位之间的供应情况，了解现有员工和岗位的匹配情况，甚至想了解现有员工未来可能的发展方向，那么我们可以使用整合型人才地图，标注出人才与岗位的匹配情况，显示人才调整和发展的方向，解决人与岗位的动态匹配问题。它不仅表明了岗位任职者的发展潜力，还给出了该岗位未来发展的方向（见图 5-11）。不过这个整合型人才地图要准备的内容比较多，需要同时梳理组织和人才，对于使用者的专业要求非常高。同时，与扩展型人才地图相似的是，整合型人才地图更偏向于从组织角度呈现人才状况，能力和绩效方面的表述不够直观，针对个人的使用和发展策略显单一。

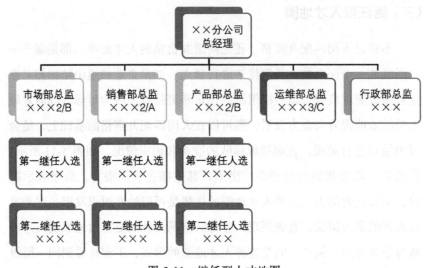

图 5-11　继任型人才地图

七、让九宫格动起来

随着人才盘点逐步走向科技化与数据化，我们从数据的不断更新中发现，同一个人在九宫格中的位置也会不断发生变化。当我们复盘这种变化之后会发现，人才成长的路径与速度是否符合组织发展和业务发展的需要。所以，九宫格不是一成不变的，而是不断变化的。即使是第一次使用九宫格进行人才盘点，如果能够结合潜力、个人发展意愿、离职风险等因素进行盘点，业务部门负责人至少会看到人才地图会发生什么变化，那些个人发展意愿强、动力足、潜力高的人员有可能会升到更高的梯次；那些潜力一般、动力不足、离职风险高的人，则极有可能主动或被动离职，不在九宫格中了。

持续做人才盘点的组织更能以发展的眼光看待问题。图 5-12 是花旗银行的九宫格地图，这个动态变化的九宫格的内涵和价值更丰富，不仅提供了盘点不同人才分布的视角，也为激励和保留员工提供了一种视角，直接与员工的发展路径相结合。

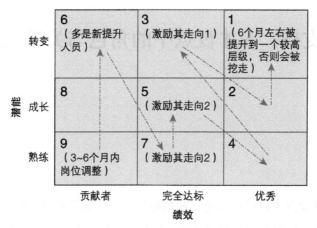

图 5-12　花旗银行使用的九宫格

从图中的跨越不同格子的路线可以看到设计的逻辑。首先，花旗银行认为员工是动态发展的，当岗位发生变化时，其绩效和潜能也处于变化之中。每年的盘点将员工置于不同的格子中，也就为其进行了定位，设置了下一阶段的挑战，例如，位于6号格子的新提升的人员，其目前绩效尚未达到标准，因此当下最重要的挑战是提升当前岗位的绩效直到达标。这个与员工在一个岗位角色上的三个阶段（适应—提升—转变）逻辑是保持一致的。直接将发展路径作为一个重要的策略设计到人才策略中，不仅有利于激励人才，还能直观地与业务的变化、人才的供应相结合，能够真正地实现人才对业务的有力支撑。

虽然九宫格是一种常用的人才盘点工具，但是用好这个工具，我们需要从数据的获取与处理出发，从盘点人才的重要维度出发，结合盘点的目标进行设计，最好以发展的眼光看待变化中的九宫格，根据人才分布情况匹配人才管理策略，从而进行动态的人岗匹配，真正实现人才管理撬动组织战略的目标。

| 第六章 |

获得支持：人才盘点中的角色与关键沟通

人才盘点项目往往需要多种角色的参与，如盘点对象的直接上级、公司高管、协同部门的管理者等。与各类参与者做好沟通协调，使他们成为项目的支持者，往往是后续项目成功的关键要素，也是 HR 的修炼之一。

一、人才盘点项目的发起者

人才盘点项目应该由谁来发起？大部分的人会回答是"HR"。除了 HR 从自身专业出发，企业负责人或高层管理者也可以是人才盘点项目的发起者。有时 HR 谈起自己的公司开展人才盘点项目的契机时会分享说，"老板就是听说别人都在做，所以要求我们做"；甚至还有人进一步猜测，"我也不知道老板为什么要做，可能是想优化掉一些员工吧？"我们或许可以先试着搞清楚，企业高管到底能从盘点中获得什么价值。

人才盘点对高层管理者最大的价值莫过于帮助他们全面系统地了解当前团队的状况，确认下一步的人才举措。就像企业定期盘点固定资产一样，定期对人员的储备状况进行盘点，了解当前团队有多少人，其中哪些满足目前的要求，哪些能和企业走得更远，哪些应该尽快替换，进而判断这样的人员状况是否健康良性，有没有充足的人才支撑未来的战略扩展、转型等的变化。

公司规模达到几百人时，高管已经很难认全所有员工，更别提规模数万人的公司了，如何把握公司的人才状况对任何高管来讲都是难题。解决这个问题最简单的方式是建立人才数据系统，通过数据化、可视化的方式量化人才，加上通过观察对人才形象的生动补充，实现对人才动态的把握。国内一家知名电商的创始人曾在专访中提到，他觉得公司可以上市的时刻，是因为具备了三个条件：团队准备好了；内部的系统流程准备好了；业绩处于比较稳定的状态。"我的恐惧只来源于内部团队，恐惧我们内部团队会管理不好，比如说企业文化断层，企业文化崩溃，价值观信仰没有。"因此，该公司花了七八个月的时间，对4.2万多名员工做了一次大型盘点，从基层员工到副总裁，全员都参与了这次360度评估。这既帮助公司对于人才状况有了更清晰的把握，也知道哪些人能和企业一起面对更长远的发展。

人才盘点的另一大价值是帮助高管发现隐藏的人才。当高管认为企业深陷人才危机、无人可用的时候，通常聚焦在已知的人才上，但有时只是潜伏的人才未能被发现。北森人才管理研究院在2016年发布的《寻找未来领导人》报告中显示，存在于基层员工中的高潜人才平均在30.4岁才被组织关注和考虑进入管理序列的可能性[一]。到底是企业内无人可用，还是我们识别、发现人才的动作太慢太晚了呢？

我们曾服务过一家地处三线城市的制药公司，是一家老国企，人才的吸引保留一直是让高管最为头疼的问题。他们连续多年面临重要岗位后继无人的窘境，尤其是中高层管理者，很多人应付不了技术更新换代后新的挑战，即将退休的老领导也不在少数。总经理非常迫切期望通过

[一] 北森人才管理研究院. 寻找未来领导人 [EB/OL]. 2016.

人才盘点项目帮助自己看到隔级下级和隔两级的下级中，有没有高潜人才，三五年后能不能有一批接任当前岗位的新晋管理者。了解到总经理的意图之后，我们在项目中做了两个重要的动作：第一步，咨询顾问与企业一起绘制了包含能力的组织架构图，清晰地展示出哪些业务线、哪些层级上管理者断层比较严重，哪些群体领导力差距比较大，团队有哪些管理能力的共性短板；第二步，对于九宫格中最优秀的人才，也就是潜力最高、绩效优秀的一群人，进行了详细的探讨和分析，为他们设计了后续的跟踪和发展计划，确保他们有机会快速崭露头角，以实现加速发展的目标。

我们服务过的一家全国性的教育集团，也是由高管发起人才盘点项目的代表。这家全国性的教育集团开展了全国所有分校的校长和核心管理层盘点之后，一所城市分校校长非常认同这种方式的科学性，当他回到自己管辖的区域也迅速启动了区域人才盘点项目。这位校长初衷就是想仿照集团的方式，盘点一下人才家底，看看当前团队有什么问题，后续可以采取什么管理措施。拿到盘点结果后发现，自己的中层团队在识别英才和培育人才方面存在共性的短板，正好解答了他在日常团队管理时隐隐觉察到的问题。于是在顾问的建议下，将后续的策略定为：一方面由人力资源部驱动当前中层团队领导力的提升，尤其是识别英才和培育人才的能力；另一方面，通过流程优化和特殊项目，满足企业对识别英才和培育人才的一部分需求。例如，设立管理潜力训练营，通过第二期聚焦高潜人才的盘点，从基层骨干中识别有潜力的人才，由校长亲自培养，避免中层团队能力不足导致的基层骨干流失和能力提升速度偏慢的问题。

人才盘点还会修正高管对一些关键人才的认知。曾经有一位高管分享到，自己时常在做出重大人事决策后夜不能寐，总会在心底怀疑自己，用这个人行不行，团队搭配、工作效能有没有风险。重大人事决策往往没有人能一起商量，这位高管也担心自己看问题片面。这种情况下，人才盘点是个很好的补充，盘点结果能进一步提供人才信息辅助高管做决策，有时也能直接提示用人风险。

由 HR 发起的人才盘点项目通常有两个出发点：其一是因为 HR 在组织内发现了一些问题，希望通过人才盘点来解决；其二是了解了人才盘点的理念和方法，希望在组织内尝试一下，同时提升自己的专业性。也有 HR 是希望通过这样的项目提升人力资源部在组织中的重要性和话语权。这其中最大的挑战来源于，HR 认为企业需要解决的问题是否与当前企业的经营战略重心或高管关注的问题一致。如果一致，HR 要说服高管看到这种关联；如果不一致，HR 需要自己反省到底为什么希望开展人才盘点项目，会不会落入"为了盘点而盘点"的怪圈。

二、人才盘点中的各种角色

人才盘点的参与者，由于角色的立场不同，对项目的期望和诉求不同，时间精力和工作职责决定了他们在此项目中的投入度。从项目成功的角度出发，各个角色在一次人才盘点中需要承担的职责、应该由这个角色关注并解决的问题、需要出席的场合等问题，都将在这一部分探讨。考虑到不同组织中的特色，人才盘点中各种角色的定位没有标准答案，但我们尽量展示一下不同企业的选择，以及它们做出这样的定位和选择的原因。

图 6-1 是一场人才盘点校准会上不同参与角色主要的职责目标。这里的角色主要是根据与盘点对象的关系来区分的。在校准会中不同的角色各司其职，共同完成盘点结果和后续计划。在本章的后半部分，我们将详细为大家阐述，如何抓住各类角色需求，让他们成为人才盘点中的支持者。

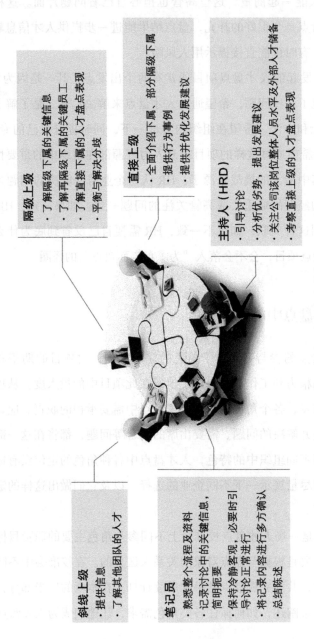

图 6-1 人才盘点中的角色

在过去的两年中，我们每年会主持超过400场人才盘点校准会。我们观察到盘点项目的参与者有着相似的情绪变化：观望—质疑—习惯—主动参与。

无论是参与项目的高管、业务主管，还是项目的主要策划者HR，都会大致经历这样的心路历程。第一阶段的情绪主要是观望，被动完成任务，偶尔消极抵抗。通常在开展第一次人才盘点会之前，情绪的产生主要来自意义和价值观的缺乏，以及亲身体验的缺乏。第二阶段的情绪大多是质疑，质疑流程、价值、公平性，是离开舒适区的质疑，时间通常是开展第一次人才盘点会期间。这个阶段重点在于站在业务部门的角度思考，为什么他们不愿意配合，并且接收质疑。业务部门面临的挑战是否是盘点可以帮助他们解决的，如果不能解决，为什么要做盘点，是出于战略或业务的需要，还是出于HR自己的需要。出于战略或业务需要的话，是否业务部门还没有理解或者建立关联，没有看到战略或业务对人才的需求；出于HR自己的需要，又是为什么要在此时此刻对于这个群体来做。说服重要性的同时，在要求业务部门做什么之前，先把服务做好，展现其价值。创造机会让他们参与进来。第三阶段的情绪是平稳的习惯，时间通常是在做过一两次盘点之后。强化盘点后结果的应用，养成盘点的习惯，实现固化流程的目标。最后一个阶段并不是所有的参与者都可以达到的，当人才盘点成为例行的工作，不需要再反复宣讲意义和价值，能够从中获益的管理者会成为最好的支持者，并将该工作推广下去。对于HR来讲，加强技能的培训，提升识别人才的能力，学会如何制订IDP，尤其是对于新晋管理者，帮助他们快速学会这一套盘点中的工作语言，着力关注这些部分的工作即可。

下面，我们将从企业高管、业务部门管理者、盘点对象本人、HRBP四类最有代表性的角色展开讨论。每位角色又将从以下四个方面进一步展开探讨（见表6-1）。

表 6-1　人才盘点中的角色四要素

主题	内容
角色定位	他们应该在人才盘点项目中扮演什么角色，并应期待自己在盘点项目中收获什么
角色职责	他们应该配合完成什么事情，出席什么场合
例外	如果他们不愿意参与并履行职责，如何应对？他们可能有什么顾虑
角色必要性	如果没有这个角色的参与，盘点项目能不能成功，操作中有什么不同

三、企业高层管理者

(一) 高管的角色定位：项目的支持者，往往也是需求方

随着越来越多的企业开展人才盘点项目，有关的经验、案例、分享活动也越来越多，现在几乎所有 HR 都很清楚高管支持对人才盘点项目的重要性，也理解为何有必要清晰地把握高管对人才盘点项目的诉求。高管在项目中期待获得的成果在上一部分已有探讨。不论项目是否由他们发起，如果能够获得关于企业内人才的全面信息，形成清晰的人才账本，从机制上保障能者上、无能者下，使组织有人用，有能人用，对于高管和组织，都有巨大价值。在服务某大型路桥集团时，我们曾与该公司的总经理深入探讨过人才盘点的价值，其中包括通过人才盘点的项目，可以获得包含能力的组织机构图，对人才分类管理的九宫格和人才名单，尤其是高潜人才名单。我们担心站在外部顾问的立场对产出描述的不够具象，正试图再提供一些解释。然而，总经理打断我表示，已经很清晰，如果能够获得这些数据，自己企业的人才管理水平至少能有一次巨大飞跃。

人才盘点项目对高管来说，通常有三个层面的价值。

第一层：组织内的人才可见。不论是高管，还是班子成员，首先对

组织内的人才心中有数，既有团队状况的整体摸底，又有对核心员工的深入把握。没有测量，就谈不上管理。

第二层：人岗匹配，让合适的人干合适的事。在了解了人才情况之后，下一个问题就是企业是否真的把合适的人放到了适合他们的岗位上？在某些岗位上绩效不好是由于能力不足，还是未能得到很好地发挥？很多高管都期望通过系统性的项目，形成有效机制，评估并提升各层级人员的匹配程度。

第三层：人才透明流动。这是更高、更难实现的目标，但是对企业的价值巨大。纵向层级之间上下贯通，让高管不仅能看到下级的能力水平，还能看到隔级下级甚至更初级的管理者和员工的总体状况。横向不同业务条线的管理者对跨体系的员工有所了解，注意观察，提升人才在内部的横向流动。最终实现人才在纵向和横向上都是透明的。

(二) 高管的角色职责：应该配合完成什么事情，出席什么场合

坦率来讲，高管需要配合的工作并没有一定之规，这与其对目的重视程度、时间精力分配都有关。我们所服务过的企业中，有的企业高管只在项目启动大会、关键层级的校准会等环节出席，也有的企业董事长全程参与每一场校准会。所以，接下来我们探讨的是在项目的每个环节，高管出席有什么好处，应该起到什么作用。企业可以按照自己的需求进行项目设计。

1. 出席启动会

在人才盘点项目的启动会上，高管出席非常重要。公司的董事长或总经理出席启动会，通常可以安排一次简短的讲话，为项目组说明企业经营战略的方向，以及人才管理方面面临的挑战，明确人才盘点项目对

企业的重要性和预期的结果产出等。如果是对战略转型、人员结构调整等有重要支撑作用的人才盘点，高管对战略的重申、强调当前人才盘点项目对战略的重要意义，并为项目组和参与人员提出期望，都是必要的内容。如果是人才发展类的盘点，那么高管也需要传达自己在人员能力提升方面加大投入的决心。总结起来就是：明确战略，提出要求，传递信心，表达决心。

2. 参与人才标准制定，主要是确认环节

人才盘点中有必要梳理确定公司的人才标准。在人才标准制定过程中，高管要明确提出自己的要求，例如符合何种特征的管理者可以达到标准等。能力/胜任力标准最终是为了评估和使用，所以既要仰望星空，又要脚踏实地，充分考虑到后续的应用。建议高管参与标准制定的几次重要沟通环节，如能力建模研讨会等。

特别提示：这里的人才标准最好尽量理性，在提出未来的能力要求时，也充分考虑当前人员的现状。我们在项目中也曾遇到这种情况，不足500人的小公司，老板希望管理层对标华为、阿里巴巴的能力模型，认为现有管理者能力素质都不高，全都不能满足自己的要求。这种状况下产出的人才标准，可能会与当前企业的发展阶段、能够吸引保留的人才不够匹配，存在比较大的盲目性。更合理的做法是，先针对当前企业面临的挑战和发展阶段，提出一个拔高一点的能力标准，后续随着企业的发展，逐年修订能力标准，逐步逼近最终的期望。

3. 出席人才校准会

高管出席校准会，把握人才的情况，提出自己的疑问也是非常重要的环节。关于人才校准会组织的详细过程以及不同角色在校准会上扮演的角色，将在后续章节中详细展开。

4. 使用人才盘点的结果和统一的标准语言讨论人才

我们曾经为一家大型国企的集团总部提供人才能力模型构建的咨询服务，协助客户构建了人才模型，并以此模型为基础实施了人才盘点项目。这次人才模型的构建对该企业的人才管理起到了关键的作用，大到重大人事调整，小到日常会议中评价某个管理者，董事长都使用模型中的能力标准和对能力描述的语言，班子成员和各级管理者也逐渐习惯使用盘点中的标准讨论人员情况，并参考盘点获得的信息进行人事调整。以人才盘点为契机，不仅各级管理者校准了自己对人才的评估结果，还统一了企业内部关于人员评估的工作语言，提升了未来协作的效率。

5. 引导企业内部的人才文化

水寒鱼不跃，林茂鸟频栖。高层在组织内关注人才管理，为人才的识别和培养创造一个良好的文化氛围，才能帮助组织的人才浮出水面，促进人才持续成功。例如，如果公司倡导高层级的管理者不仅要观察自己部门，还需要关注整个组织的人才，管理者也会更积极地获取斜线部门人员的情况。事实上，如果没有刻意的训练，管理者很容易忽视对本部门以外人员的观察。在一家IT公司的人才盘点中，CEO旁听了一个部门基层管理者的校准会。会上一位斜线上级反馈不了解这个员工日常的工作表现，CEO当场提出质疑：如果真的没有协作的工作关系，为什么HR邀请该斜线上级来参加校准会？如果有协作关系，为什么该同事无法提供该员工的工作情况信息？这位斜线上级争辩道：这位员工日常工作多是与自己的下属有互动和配合，自己只有些笼统的印象。CEO直接表态，如果下次不能在事先收集各种关于被盘点人员的信息，不能精确到具体行为，未来的所有盘点会都不用参加了。在这家企业后续的盘点会中，这位斜线上级有了非常大的转变，会专门花时间，对照名单确认每个人在配合中的工作表现。

🤝 例外
如果高管不愿参与人才盘点项目怎么办

实际开展工作的时候，常会遇到高管不支持或不表态的情况，甚至有些HR同行颇有些"皇上不急太监急"的心情。分析原因常常有以下几种。

最常得到的结论是，HR板块本身在组织里受重视程度不够，期待通过一两个项目就产生天翻地覆的变化不太现实。这时候，可以思考的问题是为什么HR板块没有得到足够的重视，是因为组织规模和发展阶段决定了企业当前有更重要的业务挑战，还是因为HR部门的工作并没有展现出对于战略的支撑？

最容易被误解的原因是，组织内对人才的重视程度不够，或者高管对人才识别发展的重要性认识不够。但正如我们前文提到过的，真正让高管夜不能寐的问题恰恰是人才问题，所以不可能或不应该忽视人才的重要性。每当出现这种情况，HR团队容易归因于高管的意识不够，但其实反过来想，是否也是由于HR团队没有站在高管的视角思考人才管理的问题，导致高管对于HR团队的业务能力缺乏信心呢？

我们还遇到过高层认为人才盘点是非常重大的项目，对公司内操盘此项目的HR团队信心不足。这时不妨先尝试小范围试点项目，做出一些成绩，体现价值和操盘能力。

还有些时候，需要仔细分析每位高管的态度和做法，而不是遇到困难就一概而论，说高管不支持自己的项目。到底是哪位高管不支持，为什么不支持，有没有支持此事的高管，详细分析后，逐个击破，也可以通过试点项目，充分利用支持者的影响力，后续逐步推动。

总而言之，人才盘点在组织内的重要性不必赘述，HR团队要真正去理解高层的战略重点和具体的顾虑，方能赢得高层的大力支持，让项目如虎添翼。

除了上述原因，有时还会出现的情况是下面两种，这些心态不仅高管有时会有，在业务部门的管理者身上也能看到。

（1）没空——"真麻烦"。可能是他本人或业务单元有更重要的事，暂时重心不在这里。那么就需要考虑重要性和优先级的问题。当然也可能是人才评估的文化尚未形成。高管日常的会议主要聚焦于业务挑战，那么是否有机会坐下来，不谈业务问题，只谈人员的情况与挑战？

（2）没必要——"我对人员清楚得很"或者"我看人很准"。当公司或管理范围内人数少的时候没毛病，随着公司越来越大，人员越来越多时，还能对每个人都了如指掌吗？时间精力很多时候其实都并不允许了。我们在360度评估项目中常常遇到这样的评估结果：上级评价高，同事或下级评价低；或者一个管理者评价高，另一个管理者评价低。这也是由于不同评价者心中标准的完整性、一致性不同，即使标准相同，也有可能在不同情境下、不同角色的眼中观察到不同的行为。

从上述这些角度对症下药，积极与高管沟通，一定可以赢得高管对项目的支持和参与。

（三）高管的角色必要性：高管可以不参与吗

如果没有高管介入，HR体系独自运作人才盘点项目，很可能体现不出人才盘点对组织的价值，并影响后续的结果应用。但如果高层不够支持，是否人才盘点在企业内就完全行不通了呢？

不用悲观，如果高层暂时介入度不高，也可以通过启动一两个小规模的试点项目，或者用高层痛点最突出的个别岗位，展现价值。我们在协助一家民企做人才盘点时，原本预计总经理只参与高管团队的校准会，开始之前就声明只有一个半小时供我们汇报沟通，后面还有重要会议。但是实际剖析人才优劣势的过程中，总经理投入度非常高，也非常认可这种形式带来的价值。一个半小时快到的时候，总经理主动把秘书喊来，直接把当天剩下的会议全部推掉，参加了所有管理者的校准会。

除此之外，HR 还可以用盘点结果指导人力资源相关工作，静待时机。当人力资源工作在量化的评估结果支撑下，变得越来越科学、系统，获得更多业务部门支持和认可的时候，高层也会另眼相待。

四、业务部门主管

（一）业务主管的角色定位：主动参与者

人才盘点项目应该是业务部门主管的主战场。如果他们暂时还看不到价值也不要紧，通过项目中的持续沟通，以及真正通过结果帮助他们进行人员管理和发展，可以逐年提升业务主管的投入度。

借人才盘点项目，业务主管可以更深入了解员工的长短板，在360度评估或校准会中我们常常发现，斜线上级往往能贡献一些直线上级之前没有看到的行为。有时高层或隔级上级会为后续的用人或发展提供一些建议，也可以帮助直线上级未来更好地管理，相当于一次领导力的辅导。

人才盘点项目后续的落地应用中往往包含培养发展的目标，由公司发起的统一项目能有效补充日常工作中对下属的反馈和发展。尤其是对于高潜员工或核心骨干员工，公司层面的资源投入会非常大，如能充分利用这些资源，可以帮助团队加速成长。盘点项目后对核心员工的一系列举措，也能协助直线上级更好地传递重视，善于利用公司提供的各种资源也能起到不错的激励保留的作用。

除了上述对于部门管理的价值，人才盘点项目对业务负责人本人，也是很有益处的。首先可以通过盘点项目，在分析团队人员能力的特点、长短板、发展意愿、晋升可能性、离职风险等话题时，在高层面前展现自己对部门定位、职责内容、人员要求等方面的理解，以及自己对人员评价的精准性、人才培养的能力。此外，人员分类分层后有针对性的使用和发展，通常都对团队业绩的达成有积极作用，并最终帮助管理者本人获得晋升。

简而言之，在人才盘点项目中，业务主管可以期待如下产出：对于自己所辖团队能力特征的宏观把握，高潜员工与核心骨干员工的能力长短板分析，绩效持续不佳员工的能力和潜力评估，后续安置和发展的思路，培养与激励的资源等。

（二）业务主管的角色职责：参与人才标准制定，提供标杆行为

如果是聚焦领导力的盘点项目，直线上级通常需要在制定标准的环节，结合当前岗位情况和未来岗位的前瞻性要求，提出对下属的能力要求。如果在人才盘点之后，需要开展培养发展类的项目，最好能给HR提供下属在这些能力上的标杆行为，或标杆人员名单。如果是包含关键岗位的专业技术能力评估的盘点项目，专业技术的具体要求需要直线上级深度参与，输出给人力资源部。

1. 参与人员评估

对领导力的评估，直线上级的意见非常重要，即使采用了人才测评、360度评估、面试、评价中心等手段，对于员工的能力和潜力的评估最好也有上级的参与。常见的做法有三种：采用多种工具评估，同时上级独立评价；上级参考工具评估结果评价；上级评价和工具评价合并计分。对专业能力的评估，几乎全部依赖直线上级和隔级上级的评估，尤其是在关键岗位的关键技能上，下属有多少能力达到什么程度。

2. 参与校准会

在校准会前，直线上级需要提前收集准备如下信息：①对员工能力优劣势和潜力的评估；②离职的风险和离职的影响；③晋升意愿和晋升可能性；④后续对员工的管理动作，如培养计划、岗位调整等。

3. 评估结果反馈

人才盘点中的结论、人才的优劣势、如何在后续工作中改善等内容，最好由直线上级反馈沟通，有些企业还会要求在反馈过程中加入后续发展计划的讨论。

反馈结果可以总结为三种做法：直线上级自己掌握反馈技术、了解盘点结果后，独立完成；直线上级和 HR 共同反馈，HR 结合盘点结果和数据，直线上级补充日常工作行为并提出要求；第三方顾问针对评估结果进行反馈，直线上级再结合工作表现约谈员工。这三种方式进行选择时的依据主要是直线上级的反馈能力和经验。

4. 与员工共同制订 IDP

基于人才盘点的结果，与员工共同制订个人发展计划（IDP），并跟进执行的情况。最好 IDP 与工作内容相关。由于直线上级掌管具体工作任务的分配和日常绩效的沟通反馈，可以达成远比 HR 更好的效果。例如，下属需要提升沟通协调的能力，可以安排一些跨部门协同的工作任务，比听一场沟通协调的培训更加实战。

🤝 例外

如果他们不愿意参与并履行职责，如何应对？他们可能有什么顾虑

由于工作职责不同，业务部门可能天然就对所谓的"人才盘点"没有那么感兴趣，这不是靠 HR 组织一场培训就能解决的。可是人才盘点的成果又确实可能与业务部门密切相关，如何发动业务部门的参与？从他们不愿履行职责的原因入手分析，才能对症下药鼓励业务部门参与人才盘点项目。

（1）没空——真麻烦。业务挑战那么大，每天被业绩压力逼迫，作为管理者还有很多事情要忙，人力资源部又搞事情，我没时间参加。与前面提到的与高管沟通的情况相似，此时还是需要帮助管理者区分问题的重要性和优先级，从价值和对他个人、对他业务的帮助角度看待问题。当前的业务面临挑战，主要原因是外部市场，还是内部团队能力？如果没有"能人"，业务是否会持续遇到挑战？

（2）没必要——我的人我清楚得很。这个问题也与高管沟通部分提到的问题相似，需要关注直线上级看人的角度是否全面，不同角色看到的更多信息能否有效补充他对人的判断。我们曾经在秦皇岛的一家企业遇到过类似的问题。业务部门连续几年提名一位候选人作为高潜人才参与公司的潜力管理者评估，年年分数都很差，配合部门评价极低，但直线上级评价非常高，以致HR想尽办法调整规则，不允许前一年未入选的人员第二年再次申报。但矛盾的根源在于，大家对这名员工的观察来源于不同的角度，甚至对高潜人才的能力标准都还未达成共识。

（3）护犊子——公司要动我的人，没门。在一家汽车企业做人才梯队建设的培训时，一位子公司的管理者找我说，公司每次盘点完，有些人晋升，提拔到总部或者别的公司，我的业务就没人做了，我这里简直就是"黄埔军校"。语气中除了一点点骄傲，更多的是焦虑，颇有种替他人做嫁衣的无奈感。

盘点中的一个重要理念是：人才是组织的，要实现人才在组织里的透明流动。即使现在捂着不让盘点，不让HR插手，但员工的发展诉求是真实的——希望有发展机会，他们最终还是会跳槽，根本捂不住。为了员工本人好，也应该展示更多机会。

（4）吃饱徒弟饿死师父。有时候，管理者不愿意培养接班人，担心威胁到自己的位置；还有的时候，管理者会顾虑老板是不是想对我的人做什么，甚至是想对我做什么。但这种情况在我们观察到的盘点中渐渐变少了，快速扩张的企业更多是人才成长速度赶不上企业规模扩张速度，现在的管理者的观念也进步了，只要企业的人才识别培养的环境相对良性，就不用太过担心这种状况。

（三）业务主管角色必要性：如果没有他们的参与，盘点项目能否成功，操作中有何不同

如果没有业务主管的参与，人才盘点能否开展？所谓"闭门盘点"常常就是指这种情况，只有高管和HR团队一起盘点人才，而直线上级并不参与人才的评估和校准会。这样做的好处是企业内动静小，不那么敏感；缺点是后续的人才策略落地可能遇到困难。所以最好还是有业务部门管理者的参与。如果盘点目标是高管想了解一下团队情况或是对岗位调整前的摸底，可以采用这种方式；如果盘点目标是培养发展，有直线上级的参与对后续工作的推进帮助巨大。

五、员工本人

（一）员工角色定位：盘点项目的被动参与者，发展项目的主动参与者

作为人才盘点的主体，员工常常被忽略，造成人才盘点是HR在暗箱操作的印象。实际上，通过合理安排，员工在人才盘点项目中也可以有很大的收益。员工通常需要完成各种能力与潜力的自我评估，并获得结果的反馈和解析。这一步是了解自我、更好规划职业生涯的绝佳机会。再进一步，员工还有机会获得更针对性的培养，加速能力提升。在盘点时，员工有可能看到更多、更合适的职业发展路径，并主动规划。

（二）员工角色职责：应该配合完成什么事情，出席什么场合

（1）项目启动宣讲。出席了解项目的意义、目标、价值，明确自己需要参与的环节和完成的任务。

（2）参与评估环节。完成必要的能力评估环节。

（3）评估结果反馈。参与结果反馈，找到自己能力的长短板。

（4）制订 IDP 并执行。员工需要为自己的能力提升负责，盘点后的能力提升和发展项目需要激发能动性。

（5）参与培训和发展计划。按照发展计划参与培训和发展计划。

❖ 例外

如果他们不愿意参与并履行职责，如何应对？他们可能有什么顾虑

此种情形要分析，是否正确地宣导了项目的价值和意义，参与者是否担心占用太多时间。我们曾经在人才发展的启动会上遇到被发展人问"能否在项目中途退出"。所以，和员工进行沟通，并设定合理的退出机制，也非常重要。关于退出机制，我们将在盘点结果应用一章展开讨论。

（三）员工角色必要性：如果没有他们的参与，盘点项目能否成功，操作中有何不同

人才盘点的开展如果仅仅来自高管想要清晰了解团队状况，最极端的情况下可以没有员工本人参与。评估结果由直线上级主观评价获得，数据也仅供 HR 部门绘制人才地图。但是大多数企业，开展盘点项目的重要诉求之一，就是加快培养发展的进程，那么员工本人的参与就无法被替代。毕竟人才发展的主体是员工本人，如果意愿和投入度不足，未来很难获得理想的结果。

六、斜线部门的管理者

(一) 斜线上级的角色定位：被动参与者

斜线部门的管理者可以为其他部门人员提供不同角度的观察和评价，所谓"我为人人，人人为我"。盘点会上，对跨体系、跨部门的员工进行观察和评估，是一个很好的机会，向高层展现自己对人员的关注、识别英才的能力。这并不是一个单方面投入的过程，在日常的观察和评估时，可以借机发现一些人才，我们不止一次遇到斜线上级跨团队点名挖人的情况。

(二) 斜线上级的角色职责：应该配合完成什么事情，出席什么场合

出席人才校准会；作为斜线上级提供关于被盘点人的行为和长短板的补充信息；在参会之前需要提前观察，准备信息。

🤝 **例外**

如果他们不愿意参与并履行职责，如何应对？他们可能有什么顾虑

(1) 日常观察太少，无法评价，不能提供有价值的信息。这当然与企业内的人才文化相关。企业是否倡导管理者观察了解跨部门人员的情况，是否训练了比较全面的评估人员的技能，高管对项目的重视度等，都会对此有影响。从 HR 操作的角度来看，观察的习惯和技能都是慢慢养成的，所以在初期开展人才盘点时，要明确斜线部门需要提供哪种类型的信息，才能让他们的负担最小，同时又能获得对项目有价值的必要信息。此时比较忌讳的是，为了信息的完整性，下发超长表格要求各部门填写，既劳民伤财，又未必真正聚焦于最有价值的信息。所以，

最好在项目规划时就思考设计好，到底想用盘点结果做什么，反推需要的信息，再明确信息获取的途径。

（2）与自己实际工作没关系，浪费时间。这个想法无可厚非，因为在绝大多数情况下确实如此。因此，我们应该对斜线部门所有人员的参与抱有感激之情，不论组织内的人才文化如何，毕竟会占用他们非常多的时间和精力，也确实与他们的本职工作关联度不大。建议 HR 发挥自己私下的影响力，从向高管展现能力和借机发现人才的角度来吸引斜线部门管理者的支持，实在不行就不要勉强。

(三) 斜线上级的角色必要性：如果没有他们的参与，盘点项目能否成功，操作中有何不同

不参加也可，HR 自己补充信息，需要提前做好收集、访谈的准备。

七、HRBP

(一) HRBP 的角色定位：辅助、支持、提供信息、完成劳动，如做会议记录、报告撰写等

(二) HRBP 的角色职责：应该配合完成什么事情，出席什么场合

HRBP 的角色职责有：

- 启动会、关键会议或沟通的通知和召集；
- 建模收集资料，提供关于岗位和人员的信息；
- 校准会协助收集资料，召集人员；

- 人才档案的绘制；
- 沟通反馈和 IDP 环节的记录，跟踪提醒，确认盘点效果。

🤝 例外

如果他们不愿意参与并履行职责，如何应对？他们可能有什么顾虑

常见的顾虑是工作量太大，而且常常是紧急突发且在常规工作之外的任务。

但是，盘点类项目对 HRBP 未来更好地开展工作有两个很重要的帮助，可以作为吸引他们参与的角度：一是可以让他们的专业性快速提升，尤其是在评估技术、发展技术方面，以及亲身参与大型项目，提升 HR 业务能力；二是有助于 HRBP 和业务部门的管理者建立良好关系，更理解业务部门的需求和对人才的看法，未来能更顺利地与管理者达成共识。

(三) HRBP 的角色必要性：如果没有他们的参与，盘点项目能不能成功，操作中有什么不同

有些企业没有 HRBP 的角色，是由 HR 部门所有同事共同分担工作量，或者雇用专人负责人才盘点和后续的推动计划。

八、谁为人才盘点负责

业务部门负责人需要为人才盘点负责，同时也只有业务部门负责人才真正能够为人才盘点负责。毕竟人才的识别、发挥效能、发展能力正是他们的职责所在，盘点的结果也是为了服务业务取得更大进步而积聚人才力量。因此，这个过程必须强化业务部门的介入，HR 团队要警惕

为了盘点而盘点，抛开业务部门独自唱戏的情况。

盘点项目组人员的选定需要非常慎重，通常要考虑级别、专业度，以保证盘点结果的权威性。我们遇到的最不可思议的情况是：一家公司准备开展人才盘点项目前，组建了一个项目组，未来由项目组成员进行人才标准梳理和评估的工作。令人不解的是项目组的成员是几位 L3 层级管理者（中层管理者），而未来的盘点对象是 L3 和 L4 层级的人员。相当于这些项目组成员要为自己和自己的上级制定标准并评估。可以预见到，这样的项目很难取得成功。

| 第七章 |

人才校准会：技术与运营

人才校准会（talent calibration），也会被称作人才盘点会（talent review meeting），是企业人才盘点中重要的业务流程，通过人才会议的形式对于人才各个方面进行深度沟通与讨论，对于未来人才的能力发展、职业规划、企业用人、人才数量、质量规划方面提供科学、客观、量化的人才数据与依据，并形成共识。人才校准会是否是人才盘点的必需步骤？应该如何开展？这些将是本章将讨论的重点问题。

一、一定要开人才校准会吗

由于人才校准会需要投入大量的人员和时间，因此 HR 在规划人才盘点工作时常常会思考：是否一定要开人才校准会？要回答这个问题，我们先来看看企业在"看人"方面展现的几种状态。

（一）第一种状态："我的下属我还能不清楚"

很多业务管理者认为，自己与下属朝夕相处，对他们的所有工作表现都看在眼里，他不可能不了解自己的下属，或者至少应该比公司其他人，尤其是比外聘的咨询顾问更了解自己的下属。实际情况真是这样吗？暂且不论业务管理者是否能关注到每个下属，单一的看人视角和完全主观的判断是否常常有"看走眼"的时候？对于人才的精准认知从来都不是一件简单、感性的事情，业务管理者在"看人"时其实需要更多的信息补充。

（二）第二种状态："绩效为王"的光环效应

工作结果在任何时候都是评价员工的一个最强有力指标，也是最容易掌握和判断的指标。业务管理者用工作结果来判断员工的能力甚至潜力，这是一个务实高效的管理思路，但他们也常常会陷入"绩效"光环中，难免看人会以偏概全。即使在人才评价与盘点过程中，绩效也是一个非常重要的维度，但是并不能用绩效数字来代替对一个人的整体综合评价。

（三）第三种状态："老黄牛"与"老功勋"过去成就的延展

企业发展到一定阶段，会有一些"老功勋"和"老黄牛"，这些员工的特点是：他们把职业生涯的大部分时间都贡献给了企业，伴随企业一同成长，勤勤恳恳、兢兢业业。在评价这类员工时，过往的贡献往往会影响对员工当下和未来的价值判断，但高潜人才是否等于"老黄牛"或"老功勋"？我们如何更好地帮助业务管理者理解高潜人才的定义？

（四）第四种状态：HR 与业务部门的"频道"不同

HR 往往更关注员工综合的能力，包括一般认知能力、基于岗位的胜任力、领导力、管理个性、管理风格、职业价值观、组织忠诚度等；业务管理者更关注员工的专业能力、工作态度和状态、实际的工作表现和工作结果。由于看人视角不同，HR 与业务部门在很多情况下无法迅速达成共识。

开展人才校准会的目的，就是期望通过圆桌会议的形式，使多方角色共同参与，提供不同视角的人才信息，还原更立体的人才情况，避免以偏概全，并让HR与业务部门充分交流和探讨，以便对人才的理解达成共识。人才校准会对于企业的价值，可以归纳为以下三点，这也是校准会成为人才盘点不可或缺的关键步骤的原因。

- 价值一：构建人力资源部门与业务部门人才沟通的桥梁。
- 价值二：打破人才评价的主观认知局限与差异化的理解。
- 价值三：通过人才校准会实现人才数据科学、客观、量化，助力人才数据一体化。

二、什么时间开校准会最合适

在哪个阶段和时间点切入人才校准会最合适？我们来看两种常见的校准会安排。

如图7-1所示，A公司在开展人才盘点工作时，项目主要分为四个阶段。其中人才校准会在第三个阶段。

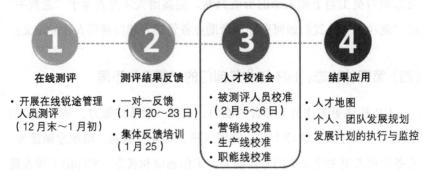

图7-1　A公司人才盘点项目计划

A 公司希望通过人才盘点的形式了解管理团队现状，同时通过盘点校准会、反馈、培训等工作更好地帮助管理团队提升综合素质，以支撑企业下个阶段业务发展。A 公司把人才校准会安排在评估反馈之后，是希望通过一对一反馈了解到更多被测评管理人员（被校准者）的想法和发展意愿，再将这些信息作为人才校准会的修正信息输入，从而在人才校准会中可以更充分地讨论员工的发展目标和计划时能更为充分。

如图 7-2 所示，与 A 公司的安排不同，B 公司在开展人才盘点时，人才校准会安排在两轮测评后直接开展，也就是先召开人才校准会，再进行结果反馈。B 公司开展该项目，选人的目的重于发展的目的，因此希望在人才校准会时看到客观评价的数据，关闭反馈过程中可能采集到的测评场外信息。因此，先安排校准会，再进行反馈工作也就不难理解了。

将人才校准会安排在哪个阶段，主要取决于盘点的目的。如果希望校准会的信息内容既包括客观测评数据，也包含被评价者自身的认知，校准会的时间安排在测评反馈后更加合适。相反，如果企业高管团队、HR 团队希望排除掉内部信息的干扰，只呈现最原始的量化数据，那可以将校准会的安排放在测评评价之后，测评反馈阶段之前。

三、开门校准会与闭门校准会

校准会的开放程度同样取决于人才盘点的目的，如果盘点结果与直接利益相关措施（如人员晋升、岗位调整、业务适配性、薪酬激励等），企业往往会选择更加私密的校准会形式。但如果校准会本身更注重对人员的发展以及未来职业路径的讨论，形式就会更加开放，更注重意见的交换而不是信息的保密。典型常用的校准会一般分为两种形式：开门校准会和闭门校准会。

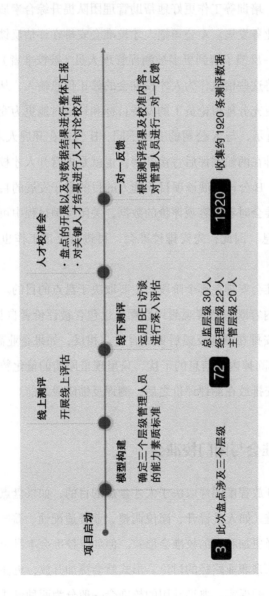

图 7-2　B 公司人才盘点项目计划

(一) 开门校准会

开门校准会的目的主要是从人才优劣势的精准讨论、人才发展、人才规划的角度入手,以开放、包容、共享为宗旨,通过人才信息的沟通与汇总,实现对人才的综合、全面的评估,并共同探讨人才整体发展的建议与方法。这种形式强调信息一致性,后续也会将校准会上达成共识的信息反馈给被校准员工/管理者。开门校准会的主要特点如图7-3所示。

图 7-3 开门校准会

开门校准会在企业应用场景中适合以下几个方面:第一,重点回溯人才的个人优势与劣势,全方位分析其综合能力;第二,聚焦下一个阶段人才发展与提升计划的设计与落地(IDP);第三,帮助人才在组织中进行中长期职业规划。

开门校准会的参与人可适当拓宽范围,参与对象除了公司高层、校准对象的直接/间接上级,还可邀请平行与上下游部门的领导/同事、HR,一起对人才信息做交流与互动。具体每个角色在校准会中的作用会在后续段落中详细介绍。

（二）闭门校准会

闭门校准会注重基于人才信息充分的讨论与沟通，对分享的信息有一定的限制，对参与者也有一定的选择。闭门校准会的目的主要是更多地从组织长、中、短期的发展、人才晋升或调整、敏感人员等角度入手，在参与的人员中仍以开放、包容、共享为宗旨，但是对外仍需要保持着神秘的面纱和信息的隐秘性。闭门校准会的主要特点如图 7-4 所示。

闭门校准会

从组织长、中、短期的发展调整，人才晋升或调整、敏感人员方面与角度入手，在参与范围内的人群中仍以开放、包容、共享为宗旨，但是对外仍需要保持着神秘的面纱和信息的隐秘性

参与有门槛
被校准人才的平行同事、下属员工及跨条线上下游部门领导不做邀请

信息有限制
校准会的保密性高，在校准前期、中期、后期保持全流程的私密

图 7-4　闭门校准会

闭门校准会的保密性、限制性是由其结果应用的敏感性所决定的。企业组织的闭门校准会，通常在结果的应用上非常敏感。例如，涉及长期或短期的组织调整或人员调动，涉及人员晋升或退出，或者与人员的激励与绩效相挂钩。除了在结果应用方面的敏感性以外，被校准对象本身较为敏感也可能是选择闭门校准会的原因之一。例如，校准的对象为公司的高层管理者（CXO、VP、区域总经理）、组织内部有争议的特殊人才等。在此种场景中的人才校准，会对校准会的保密性有更高要求，需谨慎确定参与人员，并在校准会前期、中期和后期保持全流程的私密。

闭门校准会的参与对象包括公司高层、校准对象的上级领导、

HRVP、HRD 和外部专家。校准对象评级同事、下属员工以及跨条线上下游部门的领导不会收到参与邀请。

四、人才校准会的准备工作

（一）校准会前的准备

首先，确定校准会的调性形式、人员组织、日程安排、流程设计、资料准备等。设定校准会的调性（校准会的目的）将直接影响校准会的成败，这包括决定校准会讨论的方向（用作发展还是用作人事决策）与尺度（谁能参与、讨论的纵深度、信息的保密性）。

其次，需要确定盘点对象、人数、层级，确定参与人员、校准讨论流程，并提前将设定好的流程安排、项目背景告知参与人员，确保参与人员提前知悉相应的流程与规则，做好日程安排。在安排时需要考虑实施的细则，例如，是分层级，还是分区域或分条线开展校准会？怎样安排更合适和更高效是项目负责人经验的体现，校准会的流程举例和会议议程安排举例如图7-5和表7-1所示。

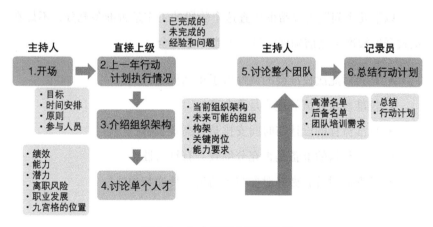

图7-5 人才校准会流程示例

表 7-1　人才校准会议程安排示例

时间	议题
15 分钟	• 主持人介绍会议目标、时间安排、必须遵循的原则
15~30 分钟	• 高管介绍业务目标、组织架构现状及调整、人才标准和胜任力模型
2.5 小时	• 盘点对象 1：6 名经理 • 盘点对象 2：4 名后备干部 • 盘点内容：绩效、潜力、职业兴趣、离职风险、职业发展目标、晋升准备度、优劣势、发展建议
1 小时	• 讨论并确定经理级的潜力人才名单、关键岗位后备人选
15 分钟	• 总结：如何利用信息以及后续工作安排

最后，校准人才信息与报告的准备需要在评估结束后尽快完成，保证人才信息的热度。为保证校准讨论高效与聚焦，需要提前将准备好的校准报告发给参与人员。校准需要准备的材料可参看表 7-2。

表 7-2　人才校准会需要准备的资料示例

（1）企业当前的组织架构信息	（5）高潜人才列表
（2）未来 6~12 月的组织架构信息	（6）继任计划树图
（3）各团队的九宫格	（7）未来 6~12 个月的行动计划
（4）个人的人才盘点表	

以下几个问题可以帮助核查这个阶段的工作是否准备充分，不妨在正式开展校准会之前确保已经尽可能考虑周全：

- 是否对此次校准会的调性做了正确界定？
- 校准参与人员的选取是否合理？
- 校准流程的设计与时间安排是否高效缜密？
- 校准材料的准备是否充分细致、有针对性？
- 校准前对否有做好对参与者的信息传递与预热？

(二）校准会过程中的准备

进入正式的人才校准会现场，需要在正式讨论之前说明盘点的目的、流程和规则，安排好参与人员的分工。不要忽略掉说明和宣导的过程，这确保了参与者可以基于同样的目标，在同样的节奏下展开交流，保证会议的高效进行，出现分歧时也更容易基于共同目标达成共识，避免每个人站在自己的立场上自说自话。

以下问题帮助核查这个阶段的准备工作：

- 校准会中大家清楚各自的角色与定位吗？
- 如何较好地把控校准会的节奏与讨论中的风险？
- 如何确保校准会所讨论的信息得到妥善留存？

校准会的主持人，无论是 HR 还是外部专家，都需要提前思考如何推进校准会顺利进行。可以参考以下提问的方式（见表 7-3），多角度促进与会者的意见表达。

表 7-3 人才校准会推进的关键问题示例

主持人提问关键要点	样例问题
用具体行为和事例描述能力	对于"协调能力低"这一点，主要体现在哪些行为上？有具体的事例吗
判断行为背后的影响	"协调能力低"是否会影响到团队的绩效、发展及处理问题的能力
澄清问题	如果××的沟通能力不足，是否意味着他需要发展倾听、积极反馈、表达等方面的技能
找出评价背后的真实原因	你为什么认为××的离职风险低
如何让优秀的能力实现最大化	你认为××的高质量决策能力特别强，你认为他如何使用这种能力在团队中能发挥最大价值
探讨个人培养发展的目标和个人兴趣	××对这种调动有什么反应？他是否能适应
为与会人员提供新的观点，拓展思路	××已经在此岗位上工作两年，表现良好，你是否考虑给予他更多的管理职责
探索评价之外的关键信息	如果运营管理岗上的工作人员离职会有什么影响

(三) 校准会后的收尾工作

校准会谈论结束后，需要做好相关的收尾工作。一方面，要及时对校准讨论的内容做整理，对个人与团队报告做调整更新，并及时对相应的业务管理者做出反馈；另一方面，对校准会现场未达成一致或后续要跟进确认的信息，需要有专人持续跟进。

核查该阶段准备工作的几个问题（见表7-4）：

- 人才信息是否根据校准情况做出调整与更新？
- 是否对所有的人才讨论做到了闭环？
- 是否对校准结果有后续的跟进动作？

表 7-4 人才校准会准备事项清单

	人	事	料	注意事项
校准会前期	• 与HR、公司高管做好对校准调性与形式的沟通 • 确定参与的人员，并提前做好校准会安排、校准材料的传达	• 规划好校准会流程 • 做好校准会的日程安排	• 校准会流程与安排介绍材料 • 团队人才地图 • 个人校准报告	• 是否对此次校准会的调性与形式做了正确界定 • 校准会参与人员的选取是否合理 • 校准会流程的设计与时间安排是否高效缜密 • 校准材料的准备是否充分、细致、有针对性 • 校准会前对否有做好对参与者的信息传递与预热
校准会中期	• 明确与传递参会人员的角色与职责 • 做好校准会讨论的引导与掌控	• 提前预判校准后可能的风险与矛盾点	• 校准会角色与规则材料 • 校准会讨论记录模板 • 记录工具（录音笔、电脑等）	• 校准会中大家都清楚各自的角色和定位吗 • 如何较好地把控校准会的节奏与讨论中的风险 • 如何确保校准会的讨论信息得到妥善留存

(续)

	人	事	料	注意事项
校准会后期	• 做好本次校准成果的反馈沟通	• 跟进未定事项、事项闭环 • 存档个人材料，跟进与落地相关培养与管理动作	• 团队人才地图（更新后） • 个人校准报告（更新后） • 校准会讨论记录 • 待办事项跟进表	• 人才信息是否有根据校准情况做调整与更新 • 是否对所有的人才讨论做到了闭环 • 是否对校准结果有后续的跟进动作

> **小知识**
>
> ### 人才校准会的六条"军规"
>
> 1.**客观**：以数据与事实为依据进行评价，而不是主观臆断。客观是校准会的宗旨，参与者无论是HR、业务领导、直线上级、高管，还是外部专家，都需要确保讨论的内容是客观的、数据化的，以事实为依据。
>
> 2.**开放**：直接、真实地表达自己的意见和看法。开放、直接、真实的意见表达更有利于校准会工作的进行。
>
> 3.**倾听**：认真倾听他人的观点，尤其是那些你不熟悉的。有效倾听可以促进对他人观点内容的提取，帮助参与者更多维度地获取信息。
>
> 4.**多数**：多数原则，以多数人的意见为决策依据。校准会是有时效性的，为了让会议更加高效，校准会将多数人的意见作为核心决策依据。
>
> 5.**保密**：会议的内容和结果是严格保密的。保密性也是非常重要的，无论外部专家给予的点评、高管的观点，还是直接上级的想法，都仅限于在校准会现场交流。

> **6. 聚焦**：确保在最关键的个案上花费足够的时间。校准会的过程中建议在关键个案上花费更多的时间进行研讨，而非在每个人身上都花费过多的时间。

五、谁需要参加人才校准会

(一) HRVP/HRD

HRVP/HRD 通常会在人才校准会中扮演两个角色。首先是主持人、引导者和人才顾问，他们需要引导整个会议流程和讨论，营造公开、客观的氛围，提供人才评价的专业意见，引导讨论，确保达成会议目的。另外一个角色是制度、机制的解释者，需要对校准会的规则、盘点的关键概念、人才相关制度做出清晰的说明和解释。有时候，企业也会请外部的咨询顾问与 HR 配合，共同承担这部分工作。

(二) 直接上级

校准对象的直接上级是校准会中必不可少的参与者。直接上级的缺失会使得人才信息不完善和不充分，也会对后续人才盘点的落地工作不利。直接上级在校准会中的任务是：负责介绍被盘点人日常工作中的业绩、能力、潜力、保留和发展等各个方面的情况，并且能够开放地倾听其他参与者的信息，做出对下属的判断和行动策略的信息补充，形成完整的信息，充分达成意见共识。

(三) 斜线上级

校准对象的斜线上级可能不止一人，通常会倾向于选择与被盘点人业务交叉较多部门的领导，因为他们可以提供很多直接上级观察不到的被盘点人与其他部门协同的信息，对综合判断员工表现和能力非常重要。同时，斜线上级相互参与对下级的讨论，也有利于公司将人才放到一个共享平台上，促进人才在全公司范围的调动和配置。

（四）高层管理者（CEO、CXO、总裁）

公司高层管理者是否参加校准会也经常会被讨论。现实情况是大多数企业的高层管理者日常工作非常忙碌，很难拿出一两个整天甚至更多的时间来参与会议。不过，近一两年随着企业对人才战略、人才管理的重视程度不断升温，企业的高层管理者亲自参与具体人才管理的项目也会经常发生。

高管参与人才校准会更多是了解企业各个职能板块、条线、层级团队现状的情况。有高管参与的校准会在企业内部也更容易产生更大的影响力，对于 HR 未来人才盘点工作的开展来讲是一个积极的信号。

（五）外部专家/第三方专家

外部专家/第三方专家在企业人才盘点工作中也常常扮演着重要的角色，代表着客观、公平、公正、专业。在外部专家/第三方专家参与的校准会中，专家更多代替 HRD 扮演主持人、引导者的角色，让整个会议目标清晰、流程严谨。更重要的是，外部第三方的视角可以帮助企业在多个角色讨论的过程中从不同角度看问题、解决问题，有利于整个校准会目标及效果的达成。尤其是在企业刚刚开展人才盘点工作的阶段，外部专家/第三方专家的角色不可或缺。

前文着重提到开门校准会与闭门校准会两种形式，谁应该参与这两种校准会，表 7-5 做了简单概括。

表 7-5　开门校准会与闭门校准会参与者一览

校准会形式	应用场景	参与对象			
		高层管理者	校准对象的直接/间接上级	平行与上下游部门的领导/同事	HR与外部专家
开门校准会	• 重点回溯人才的优劣势与综合特征 • 聚焦下一个阶段的人才发展与提升计划 • 帮助人才做中长期的职业生涯规划	√	√	√	√
闭门校准会	• 结果应用非常敏感 • 被校准对象本身较为敏感	√	√	×	√

六、校准会谈些什么

人才校准会通常是一项结构化的会议，有明确的讨论内容和结构，不会像座谈会那样由参与者随意发言。人才校准会通常会首先明确业务和岗位的需求和规划，然后基于需求逐一讨论每个盘点对象，讨论其优势、短板、人才关键特征、可能的发展方向、准备状态、风险等。具体来讲会包括以下几个部分。

（一）讨论业务和岗位的需求和规划

较为严谨的人才校准会会从组织的视角出发：首先进行体系的组织盘点，从组织盘点中输出业务和岗位的需求和规划。企业发展的阶段不同，如果暂时没有进行系统性的组织盘点，则可以在人才校准会中先简单讨论部门或区域的业务重点和岗位的需求，重点聚焦于对人才的定位和需求。

> **实践案例**
> **正式在校准会中探讨基于业务特点的"人岗匹配"情况**
>
> 随着行业新进入者的增加，C 公司所处行业的竞争日趋白热化，稳健的业务增长模式已经不适合当前业务的整体发展，为保持公司的行业领先地位，需要加大市场拓展力度。在此背景下，C 公司决定开展针对全国 80 多名区域经理的盘点摸底，希望锚定可以派出拉动新的市场份额增长的人才名单。在人才校准的过程中，对其中两名人才的落位做了非常有意思的讨论。
>
> 员工甲，伴随公司一路走过来的老员工，销售经验丰富，在公司内部掌握有很好的人脉资源，在当地累积了丰富的市场资源，所带领团队业绩表现稳健，一直处于中上水平，带领团队过程中展现了一定的管理章法。但欠缺创新思考，同时随着年限增长，个人工作精力的投入度也相对下滑。结合能力测评数据与落位规则，该员工落在高潜人才上。
>
> 员工乙，进入公司三年的年轻业务骨干，工作有激情，思维活跃，乐于挑战，用两年的时间从基层业务人员晋升为区域经理，并在一年前主动请缨负责新产品的销售与新区业务的管理。在现岗的一年中，提出了很多业务创新方案，并带领团队在新区市场中试水推广，经过团队努力，在该区市场中获得一定的份额。但新区业绩与老区业绩相比还存在较大差距，其近一年的绩效考核并不理想。结合能力测评数据与落位规则，该员工落在骨干人才上。
>
> 若按照当前落位，员工甲将以高潜人才的定位，作为新区市场外派的首选。经过现场内外部专家的讨论，大家一致认为，员工甲更适合"守城固疆"，员工乙则在"攻城夺地"上展现出更高的潜质，结合人才落位与业务拓展的配型，最终将员工乙调整为高

> 潜人才，将员工甲调整为骨干人才。关键原因还在于，对人才的分析是基于业务的定位和需求，如果反过来，我们在讨论传统业务的规模性增长时，员工甲则更可能会被定位为"高潜人才"。

（二）人才分析

人才校准会会逐一谈论每个盘点对象，再将人才放在团队中看看整体情况和人才分布。下面提供一些内容样例供 HR 参考。

1. 人才的关键特征概述

个人简评

×××财务部财务经理：

- 总体特征：沉稳柔和、谨慎细致，倾向标准化规则制度流程。
- 业务能力：计划组织过于关注细节，应变调控不足。
- 团队能力：关心下属，有基础团队培养意识，任务指导，培养系统性不足。

在人才的关键特征内容的阐述环节，HR/外部专家会先将刻画校准对象的整体特征，如上面的示例，从总体特征、业务能力、团队能力三个主要维度勾勒这位财务经理的主要特征。通过关键特征的抓取快速还原一个人才的原貌，当然这些关键特征的凝练也源于测评数据（线上和线下）。

2. 人才能力优势与劣势

优势

授权管理、目标设置：

- 具有授权的意识，也能控制好授权后可能出现的问题，促进团队整体资源的有效利用。

- 目标感强，追求成功的动机也很高，能结合企业目标为下属设定有可行性的目标。

在刻画出一个人才的关键特征后，会议的参与者就会针对被校准者能力的优劣势进行深度的交流。首先由 HR/外部专家描述其优势，结合测评过程中（线上数据、线下面试数据）的信息；然后可以直接进入其能力劣势/关注点部分，阐述在测评过程中哪些地方需要被关注；在两个部分阐述完后进入参与者发言，相互交流。

关注点

监察反馈、绩效管理：

- 个性上审慎性不高，对团队工作可能出现的问题考虑不周全，对下属任务执行过程中的控制能力不足。
- 欠缺帮助员工订立绩效发展目标，以及对绩效进行考核的能力。

在讨论个人优劣势部分的过程中需要结合业务场景来陈述和探讨，HR 不能仅仅依据能力数据来谈能力现状，而忽略真实工作场景的支撑。在开始陈述校准对象的优劣势时，优势和劣势各自不要超过三条，优劣势太多了不足够聚焦，不利于整体讨论会议的进程。

3. 团队的状况

除了个人特征、优劣势、综合素质，人才校准会也不能忽略从整体角度看待人才状况——对多人进行综合比较，调整他们在九宫格中的位置。可能还会确定高潜人才名单、继任者名单，以及在后续工作中可能会重点投入资源的人才类别或名单。相比于"讨论个人情况"的环节，将多人的情况放在一起整体来看，这部分讨论会更激烈。此部分可以引入"事实比较"以及"树标杆"的方法，帮助讨论热烈开展又不至于偏离目标。

事实比较：比起"漫谈"或者"谈谈我个人观察到的信息"，用事实说话的方式更有说服力。用事实比较是围绕人才在九宫格的位置，针对九宫格的坐标，如"绩效－能力－潜力"等指标进行探讨，并以事实支撑。树标杆：先找到一个参与者都比较熟悉的校准对象进行讨论，确定其在九宫格的位置，后续以他为标杆，将其他人与其进行比较，再放入相应位置。这两种讨论方法的使用能够帮助参与者聚焦主要话题，提高讨论的效率，确保结果可衡量。

七、很有必要进行的职业发展讨论

在对人才的特征进行深度探讨后，业务管理者最应该关注的是人才未来的发展和使用。除了对人才本身综合素质、潜质特点的校准讨论外，对人才的职业发展也应该是校准会包括的内容。

（一）从能力发展视角，探讨个人能力提升计划

从个体能力发展来看，在综合多方面信息，对其能力有了全面、深入的认知后，接下来对人才的探讨更应聚焦于待发展能力的锚定上。在个人能力提升的聚焦点确定上，需综合考虑能力短板项对当前工作的影响度、能力提升的难易度，以及相关环境/资源的支持度，可以从其当前岗位特性（哪些是达成工作目标最为重要的）、团队整体情况（能力短板项是否在团队内部有较好的互补）、上级支持环境（是否有一个优秀的上级引领）、个性因素对能力影响（能力改善是否需要个性的修饰与调节）等方面做讨论。

1. 能力提升聚焦

聚焦工作最不可或缺的能力短板。在人才校准个人发展的讨论中，要合理引导业务管理者不要太过求全，应该聚焦对工作来讲最不可或缺

的能力短板。聚焦团队整体缺失的短板能力，团队成员之间应"各有所长、各有所短"，若能在能力上进行互补，就能更好发挥出团队效能，最大程度弱化个人短板能力的影响。故而在讨论个体人才的短板能力时，也可将其放在所处的团队中，了解核心能力在团队中的分布情况。

聚焦上级能给予更多支持的短板能力。在团队工作中，上级对下级的"能力补助"也很重要。我们发现，直接上级的个人能力会显著影响团队效能，优秀的直接上级能对下属缺失的能力进行以身带教的辅导，下属能力也能在这样的领导带领下得到更快提升。

聚焦对短板能力影响最大的个性因素。在工作中我们也会发现一些能力强、个性异常突出的员工，这类人才经常被我们在盘点校准时归为"特殊人才"。对此类人才的发展，一方面是考虑职业定位，是否能够在工作安排上规避个性因素的影响；另一方面则需要通过恰当的反馈，帮助辨别出其认知个性风险与不良影响，通过情绪调节和个性风险的控制，更好地将其能力素质转化为工作业绩。

2. 能力发展帮扶

（1）及时反馈。能力提升的第一步源于自识与对自身优劣势的客观认知，将校准讨论中的能力优劣势与综合特征分析及时反馈给下属，与下属充分讨论可能的原因与影响，达成认知共识，能对下属的能力提升有很好的促进作用。

（2）帮助制订个人能力提升计划。基于能力短板项，与下属一起沟通制订可行的提升改进计划，明确能力提升的路径、方法、时间规划与效果衡量标尺。

（3）持续跟进并提供支持。基于个人发展计划，需在能力提升过程中保持持续关注，帮助下属阶段性地复盘，并在过程中及时给予相应的支持与纠偏，实现能力提升的闭环。

(二) 从职业生涯视角，探讨个人职业发展规划

在个体人才的职业发展上，结合其个人发展意愿、能力素质与专业经验，校准会中还就其中长期的职业发展规划进行讨论，包括"更适合走技术线还是管理线""还需要多长时间的储备和历练才能更上一个台阶"。

八、校准会中观点不一致如何解决

在校准会讨论中，业务领导、公司高管与外部专家难免会出现对人才洞察的不同意见。大部分情况下这是由视角不一、对标准理解不一、出发点不一所导致，而非真正在人才评价上有根本性差异。如何识别观点不一致的真正原因？如何有针对性地解决、快速推动达成共识？接下来结合具体的企业盘点校准案例，希望能够为大家提供一些参考。

> ☕ **实践案例**
>
> A公司某区域人才的校准中，邀请了该区域的现任领导（刚调任）、原任领导（刚调离）、公司高管、HR领导一起参与对该区域中层骨干人才的盘点。校准会讨论过程中，大家对人才的能力特质很快达成了共识，但对于几名人才在九宫格落在什么位置出现了较大分歧。一方面，该区域原领导强调绩效考评的失真，认为落在绩效低分段的好几位员工，在过往工作中都做出了很好业绩，绩效数据不应该那么低；另一方面，对某一特殊人才的讨论上，外部专家、现任领导和同事一致认为该员工虽然绩效表现较好，在综合能力上还有很多不足，只能归类到低能力-高绩效这类，但原领导却坚持认为能实实在在地做事，为公司带来业绩的人才应该放在高潜人才类别。

经过深度交流以后 HR 了解到，原领导是认可校准会中展现的人才的评价的，但对高潜人才的标准持不同的看法。他认为高潜人才就是能够踏踏实实做事、努力把事做好的人，而非在各方面表现都优秀的人，进而不希望因在这样标准下的人才落位影响到下属团队的个人发展和平台。了解到其最终的顾虑与出发点后，项目组再次强调说明了本次校准与人才落位的发展性目的，明确落位结果在于更好地帮助人才提升，而非直接决定其未来的发展与任用，同时对人才标准整体的构建逻辑做了细致说明。另外也强调了初期确定的校准规则，人才落位以现任领导的决策为最终确认。

> **小知识**
>
> ### 如何管理好业务部门
>
> 作为人才校准会的重要参与者、意见输出者与结果使用者，业务部门积极参与、认可校准会价值并有良好的触动和收获显得尤为重要。如何协同业务部门领导，做好对他们在校准会整个过程中的管理，也是校准会的组织者需要考量的内容。
>
> 1. 管理好业务部门对校准会的预期
>
> （1）明确校准目的：在校准会开始前，可由 HR 就项目背景、校准会目的与业务部门进行沟通，同时收集他们对校准会的期望与建议，收拢与界定本次校准会的调性。
>
> （2）提升重视度：可通过一系列"仪式感"的动作，提升业务部门对校准会的重视。例如，在重要的高管会议上做宣导，有公司高管出席内部启动会，温馨邮件与短信提醒等。
>
> 2. 管理好业务部门的参与积极性
>
> （1）传递价值与同盟感。

(2) 做好事前的信息传递。

(3) 讨论中充分尊重业务领导的意见与评判视角。

3. 管理好业务领导/经理的结果应用，让校准会真正发挥价值

(1) 校准会的反馈沟通。

(2) 校准会后的任务跟进。

九、人才校准会实践案例：某商业地产集团中高层管理人才盘点

D集团商业地产板块业务发展迅猛，为更好地在商业地产业务蓄力，集团计划将商业地产与住宅地产进行拆分，实现商业实体化拆分、运作与未来独立上市。D集团基于上市目标着手重新梳理商业地产业务板块的发展战略与组织架构。战略落地与组织架构支撑，需要足够充足与成熟的人才，因此集团高管意识到在战略与架构梳理的同时，需要同步对集团现有商业核心管理人才进行全面摸底，了解当前人才现状，为新架构下人才的落位提供决策参考。

由于是初次开展人才盘点项目，D集团邀请了第三方咨询顾问公司策划和执行该项目。第三方顾问公司在商业管理人才能力素质模型构建、全国各大区核心管理人才综合盘点测评、人才校准会、集体报告解读与反馈、团队整体数据深度分析与研讨方面提供专业支持。由于本次盘点的结果需配合未来组织新架构的变化而进行人才设计与人才落位，同时更好履行集团未来战略的落地，所以人才校准会成为本次项目中非常重要的一个环节。各个方面的领导都非常重视对于人才的评价以及评价的精准性，以及对于后续人才落位与人才业务匹配方面的建议。

本次盘点属于D集团内第一次大规模的盘点活动，外部专家为其

精心设计了执行环节。第一阶段，外部专家帮助 D 集团将商业管理人才能力素质模型进行重构和优化，形成两个层级管理者的人才标准；第二阶段，针对全国各大区核心管理人才开展盘点测评（包含线上测评和线下专家访谈）；第三阶段，基于全面的人才数据，外部专家与 D 集团开展了 6 天的人才校准会，覆盖全国管理团队；第四阶段，针对管理团队开展集体报告解读与反馈工作；第五阶段，结合团队整体数据深度分析向 D 集团高管团队提供数据洞察，对项目整体进行汇报。过程中重要的是人才盘点中对于人的数据化、专业化的把握。所以，人才校准会是整个 D 集团盘点中的核心环节。

人才校准会在盘点工作中的亮点与价值。①提供了非常好的内部人才交流平台。通过校准，区域新任高层领导通过上任领导与外部专家，对人才综合能力、潜力、绩效情况与未来管理使用重点有了非常清晰的了解；通过校准中的开放讨论，参与领导从不同视角对人才全面、综合的维度理解更为立体和丰富。一位业务管理者会后说："通过这次校准会，让我更加客观、系统地了解了我的下属，同时也能听到和学习到很多领导、外部专家对于人才的理解。"②内外部人才专家相互碰撞，达成对人才的全面共识。在测评数据与人才落位划分规则的初版人才地图基础上，综合外部专家的评鉴洞见及业务项目理解、业务领导者对人才综合评判与深度背景的补充还原，从当前人才现状及组织未来发展要求的角度，对人才特征与九宫格落位做了精细的探讨与调整。③结合共识结果，输出人才未来管理与发展建议。在人才特征与落位高度共识的基础上，对人才未来的发展与任用，从优势/潜能发挥、风险管控的角度，共同探讨输出针对性、个性化的人才管理与发展建议。④助力 D 集团 HR 团队提升内部影响力。外部专家与 HR 项目组细致规划校准流程、了解参会领导风格与关注点、预控相关风险、轻重有序地探讨推进，实现校准的高效组织。D 集团分管人力资源部高层在会议后说道：

"本次人才校准工作的价值是对于人才的精准讨论,但是三天下来,我认为我们的讨论高于人才校准本身的范畴,你们的建议超出校准会本身的价值。"

(一)校准会准备

校准会方式确定。在与 HR 项目组沟通后,了解到 D 集团更适合于闭门校准会。因组织近期变动,校准参与人员既有原区域、原团队的业务高层领导,也需要有外部专家做主持以及研讨控场。

1. 校准会规划

校准参与人员与时间规划:在校准会整体时间与人员规划方面,盘点校准管理人员来自全国,分布在不同区域、层级、条线,这给校准会的规划安排带来了一定的挑战与困难。最终经过仔细编排,校准会以区域、层级校准相关领导阶段性进入的方式进行,如表 7-6 所示。

表 7-6 人才盘点日程安排示例 1

××公司人才校准会详细安排

序号	姓名	部门	职务层级	时间	客户方参与领导		
					分管领导	部门领导	HR
1	×××	部门1	总监级	9:30~14:00	公司高管1		HRD HR 经理
2	×××	部门1	总监级				
3	×××	部门1	总监级				
4	×××	部门1	总监级				
5	×××	部门1	总监级				
6	×××	部门2	经理级	14:00~15:00	公司高管1 分属领导1	部门2总监	HRD HR 经理
7	×××	部门2	经理级				
8	×××	部门2	经理级				
9	×××	部门2	经理级				

(续)

序号	姓名	部门	职务层级	时间	客户方参与领导		
					分管领导	部门领导	HR
10	×××	部门3	经理级	15:00～16:00	公司高管1 分属领导1	部门3总监	HRD HR经理
11	×××	部门3	经理级				
12	×××	部门3	经理级				
13	×××	部门3	经理级				
14	×××	部门4	经理级	16:00～17:00	公司高管1 分属领导1	部门4总监	HRD HR经理
15	×××	部门4	经理级				
16	×××	部门4	经理级				
17	×××	部门4	经理级				
18	×××	部门5	经理级	17:00～18:00	公司高管1 分属领导1	部门5总监	HRD HR经理
19	×××	部门5	经理级				
20	×××	部门5	经理级				
21	×××	部门5	经理级				

2. 校准流程规划

整体校准会流程的规划分为几个部分：首先，集团内部HR项目负责人会介绍出席会议的领导、整体项目的背景以及会议配合方式；其次，由外部专家介绍本次会议的目标、原则、流程和测评工具（见表7-7）。讲解结束后，进入校准单个人才的环节，控制在一个人15～20分钟。

表7-7 人才盘点日程安排示例2

校准时间 （××月××日）	校准人数	特别邀请 参加领导	全程参加 领导、顾问	会务协同
9:30～14:00	部门1：24人	×××	参加领导： 参加顾问：	记录员：
14:00～15:00	部门2：4人	×××		
15:00～16:00	部门3：5人	×××		
16:00～17:00	部门4：4人	×××		
17:00～18:00	部门5：5人	×××		
18:00～19:00	部门6：5人	×××		

3. 校准会材料准备

校准会流程与测评工具介绍材料，包括校准会的目标、整体流程、原则、测评工具与方法论。校准人才的初步盘点报告（见图 7-6 和图 7-7），内容包括：

- 个人典型特征。结合外部专家对人才典型特征、优势待发展方面做提取和提炼，以此作为人才综合评价的整体洞见。
- 初步人才落位。以能力和绩效作为人才九宫格划分的双轴，根据人才所在的团队与落位规则，呈现初步的人才落位。
- 个人工作年限、工作经验及个人发展意愿。
- 测评数据与关注点标识。具体展示各类盘点工具所呈现的测评数据，并在数据基础上做出典型得分维度的标示，更细致、形象地呈现人才特征。

（二）校准会正式研讨

1. 研讨的形式与内容

环节一：外部专家介绍人才特征洞察、人才优劣势、落位与相应的发展建议。

环节二：由参与领导对人才信息做补充，双方交流相关的疑问点，并对人才落位与发展做研讨。

环节三：双方确认最终的人才落位。

2. 高效开展校准会的提示

提示 1：领导提前熟悉校准会材料。校准会开始的前两天，把校准材料交给参会领导，并告知项目背景、校准会的初步安排，以做好相关准备。

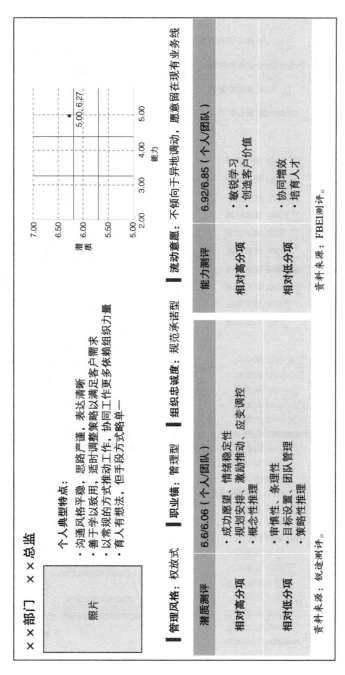

图 7-6 个人校准材料准备示例 1

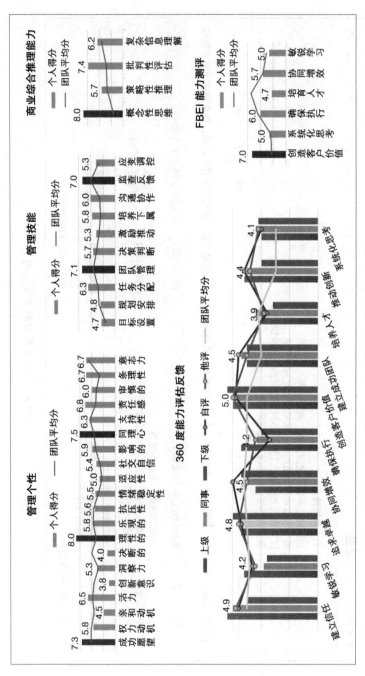

图 7-7 个人校准材料准备示例 2

提示 2：提前收集相关的反馈信息，对校准关注点有的放矢。正式校准前，校准材料发送给参与领导后，跟进和收集相关的反馈信息，如对会议的疑问点、对人才落位的疑问点等。

提示 3：确保主要决策人出席。为避免对人才评价有争议、难以统一，主要决策人和意见领袖在场，可以更高效地决策与推进。

提示 4：校准前的强调和宣导以及澄清关键信息。

- 澄清关键信息 1：对测评工具与测评结果的正确认识，减少对测评结果的误读。例如，360 评估工具为相对偏主观的测评工具，得分高低受很多方面的影响（评价者评价尺度不一），建议解读 360 评估结果时，不要过分关注指标得分在绝对值上的高低，而是要聚焦他评、自评趋势的异同之处，同时关注他人评价中的相对优劣势。
- 澄清关键信息 2：铺垫可能会关注到的测评结果差异，形成心理预设，减少或者适当控制不必要的讨论。
- 澄清关键信息 3：澄清对绩效数据的客观认知与调整规则。绩效是一个很重要的讨论信息，需要注意的是，很多企业的绩效标准并不清晰，区域之间的绩效尺度也有不同，如果绩效作为一个统一标尺来衡量人才，需有一致的口径。
- 澄清关键信息 4：另一个关键信息是人才落位信息。澄清校准会前的人才落位信息仅为测评数据与落位规则所确定的初版落位信息，不是最终定位结果，最终落位以校准会的讨论为准，打消参与者相关的疑虑。

提示 5：做好校准讨论记录。提前安排现场讨论的记录员，及时记录下关键信息，包括但不限于：顾问对人才的点评、双方对人才的讨论点与主要观点、达成的结论与共识。

(三) 校准会输出

（1）校准会记录。在校准会结束后，及时整理输出校准会记录（见表 7-8）。

表 7-8　人才盘点记录示例

××公司××部门人才盘点校准记录表							
校准对象	×××	校准老师	×××	记录人	×××	日期	××年××月××日

一、老师点评介绍	
1. 个人特点：踏实执行者，监督任务确保完成，但是洞察客户需求并创造价值方面偏弱，创新性不强，系统性思考和灵活性不足	
2. 测评：有创新意识，需要关注社交自信、任务分配团队管理	
3. 在运营方面想法不多：深陷在 A 业务，觉得 A 项目的 A 业务已经运营较好，眼界窄。敏锐学习不足，稳当执行任务。在 A 业务可以发光热，迁移到复杂性更强的任务，思维系统性未必够。认为培养下属重要，但对系统性培养人不足，只抓住五个主管培养。未来迁移能力不足	
4. 建议：当下可以，未来考虑迁移性	

二、客户方提出讨论点 / 补充点	
讨论点 / 补充点	提出人 / 补充人
1. 反映比较全面到位。平时没有抓住机会学习，迁移的话，可能确实不够 2. 对 A 业务的工作安于现状，对于创新性改革没有动作。之前有领导，也没有打算跨越前任领导的魄力，现在接手一段时间，也没有体现出来 3. 系统性未必差，属于稳定性的人。在人员流失的情况下，他维稳不错，把人留下来了。在管理上，缺少闯进、创新性，有自己的观点，只是不愿意和别人争执、反驳。他有很好的想法，但 A 业务收益低，也没人帮他。他的经营思考是不敢想、不敢做，受制约 4. 把他放到哪个格子，也是看未来放到哪个业务。要从未来看，怎么发展他。锐途测评分数比较高，BEI 中等，360 度评估中的下级评价欠佳，从数据看主要是带团队需要关注。在 A 业务做，未来是需要极大的拓展的 5. 我认为可以试一下他的，现在给予很高的责任和要求的时候，给一个压力测试一下。考虑是创业还是守业，还要考虑是正职还是副职	部门领导 1
1. 审慎性，爱思考，主意坚定，在创新和开拓市场上来说，确实能稳步走。思维上能想得到，但是推动这些事可能和社交自信有关系，推动力度不强	部门领导 2

（续）

讨论点 / 补充点	提出人 / 补充人
2. 系统性思考较差、迁移的可能性较低，觉得要思考 3. 属于老黄牛型，拓展性资源的索取不太会做。对于 A 业务的调度，我们都不知道他自己已经有规划了，但不确定是否能落实，虽然他有规划、有想法，只是闷头干，没有影响力 4. 应该在骨干人才（当下可能在此，未来可能在骨干） 5. 后期可做针对性反馈，帮助自己盲点提高 6. 可以放在高潜人才，合适的领域在哪里（部门领导 1：全部看完，再看放在哪里）	部门领导 2
1. 稳当的人，在 A 业务调整的情况下，所有的动作还在脑子里 2. 性格特点影响了他的行动。本来适合有潜力的人才输送出去做项目的人，目前要考虑（部门领导 1：逐步走，不能一下拉太高） 3. 别人都是下级高于上级评价，只有他的下级评价较低	斜线领导 1
1. 感觉这些人后期都提不上来，是环境原因，还是没给机会，本身能力造成的断档？环境和人都有。A 项目成名快，机制环境业务开展速度快，领导在培养人的时候精力有限，高潜人才不断被抽走，要加快培养 2. 他们带 10~20 人团队，能否胜任 ×××可以，×××难，×××要给予帮扶才有机会	部门分管领导
三、形成结论与达成共识（包括但不限于：九宫格落位共识、优劣势认知、未来发展重点和管理建议等）	
1. 九宫格落位待定，且标注：落位需结合未来业务场景待定，可给一个压力环境尝试，需考虑创业场景还是守业场景 2. 优劣势认知：稳当扎实、创新改革有想法但无动作、较审慎有思考、坚定自己的想法、拓展挖掘资源不足 3. 关注和建议：关注未来能力的可迁移性	

（2）更新团队人才地图。基于校准会讨论达成的人才落位共识，记录与更新团队的人才地图。

（3）个人综合盘点报告。基于校准会讨论达成共识的人才特征和落位，输出最终版的个人盘点综合报告，形成存档的人才档案。

校准会开的好不好有标准吗？检验清单如下：

- 检验指标 1：校准会的类型选择是否合理，开门还是闭门校准会？

- 检验指标 2：校准会参与的角色是否能够选择到位？
- 检验指标 3：校准会前、中、后阶段的材料是否准备妥当？
- 检验指标 4：校准会前是否和内部领导提前沟通，是否让内部领导提前熟悉校准会材料？
- 检验指标 5：校准会讨论前 HR 或外部专家是否将校准会背景、流程、讨论内容提前预热并且介绍给参会人员？
- 检验指标 6：参与人员是否有开放讨论、规避核心领导一言堂，充分发表意见？
- 检验指标 7：是否对校准人才达成共识，包括人才特征、人才优劣势、人才落位与发展建议？
- 检验指标 8：是否做好校准会后的相关动作？例如，是否及时记录与整理会议讨论信息，及时输出更新的盘点报告以及团队人才地图？

第八章

激活组织：人才盘点后的组织举措

对人才盘点的结果有合理的认知和应用计划，对参与项目的人员有恰当的反馈和促进，对下一步的发展计划有明确的路径——这是人才盘点项目不烂尾的重要动作。本章就人才盘点项目收尾阶段，按照不同环节和需求，介绍人才盘点后可开展的工作。

一、人才盘点不烂尾

人才校准会的结束意味着人才盘点项目接近成功了，关于员工个人的讨论意见以及基于团队的九宫格分析等最核心的项目成果正在产出。但只拥有这些资料却未能应用好，会让人才盘点的效果大打折扣。这类缺憾常常表现为以下三种特征：

第一种：整理完结果做成漂亮的汇报材料，发给高管及经营层，似乎对各方都有交代了，不少人才盘点项目止步于此。项目的结束应该伴随着人才盘点结果的使用计划，让结果指导企业的人才决策和发展才是最终目标。

第二种：拿到结果开始思考如何利用结果，这才发现之前盘点时获取的基础数据不足，例如缺少对离职风险的评估，或是缺少对紧急接班人的讨论。避免出现这种情况的方法是项目启动前先规划好结果使用方向，为了后续支撑哪种类型的人才决策，前期应该收集哪些数据，做什么样的铺垫。

第三种：认为后续的工作是企业大学和培训开发部门的事情，结果仅用作制订个人发展计划或者指导企业采购课程。

按照我们的经验，人才盘点后必须考虑的最优先事项是结果的披露，以何种方式向哪些人群反馈何种信息。以岗位任用或培养发展为目标的盘点项目，接下来要设计的是人才的分类管理和各类人才池、培养发展计划。在规律性开展盘点项目并有良好文化和协同资源的企业，用这些结果进行有针对性的招聘策略调整，或者优化内部晋升机制，就是学有余力时的更深度应用了。

二、披露人才盘点结果

人才盘点结果是否公开？如何获得高管层和业务部门的认可？接下来会详细分析盘点后与每种角色有关的信息披露问题，包括哪些角色应该获得结果、结果的价值、如何披露结果、对结果争议的解决思路等。

（一）公司高管和有关 HR

高管团队根据盘点结果可以了解当前团队的人员状况，与 HR 对核心人才的看法达成共识，在未来涉及岗位调整、人才提拔时可以把结果作为重要的参考依据。同时，公司高管也可以借助盘点后团队层面的结果，从组织层面拟定未来与人才相关的策略。

如果能在校准会环节就邀请高管全程参与人员情况的评价、讨论，是最好的选择。这样做可以实现双向沟通，高管可以获得期望的信息，也可以提出对人才的看法，有助于 HR 部门和下级管理者了解高管对人才持有的看法和评价标准。如果条件有限，不适合开校准会，也可以通过提交人才档案的方式向高管汇报结果。这就对人才档案内容的设计提出了更高要求，要在有限的篇幅内聚焦对高管最重要的信息。

（二）直线上级

能在人才校准会上就人才的看法、优劣势、离职风险、晋升方向、后续的培养计划达成充分共识是最佳选择。如果直线上级并未深度参与校准会，HR 常常出于如下顾虑，试图隐瞒盘点结果：

- 担心信息风险和直线上级对信息的误读误用；
- 觉得直线上级领导力有差距，承担不了责任；
- 害怕直线上级挑战、质疑结果。

从我们的经验来看，打算隐瞒结果的想法是很天真的。无论是未来的任用或培养辅导，直线上级都是首要责任人，没有任何理由把他排除在外。更何况盘点后进行的人才发展举措，哪怕仅仅是一场集中培训，有关信息都是不可能密不透风的。

实际操作时要考虑直线上级应该用何种方式、什么时机参与到人才盘点项目中较为合适。根据不同企业的实际情况，可以单纯地只是参与校准会；也可完善人才档案，并整理有关候选人培养方式的记录，由人力资源部或隔级上级正式与直接上级反馈沟通；希望更进一步，可以邀请直线上级共同为员工制订发展计划；更深度地参与可能还包括共同制定人才标准，从一开始就让直线上级深度参与人才盘点的全过程。

☕ 实践案例
盘点结果与高管或上级看法偏离的处理方式

随着公司规模的扩大，老板未必有时间和精力逐一观察员工和管理者，只能通过人才盘点从数据上了解和把握更多管理者的状况。如果没有校准会上各种角色的共同讨论，对同一个员工某些能力或意向的判断不一致非常正常。积极与直线上级沟通，重点是关于员工行为的确认和各自得出不同判断的依据。有时会发现，大家判断的标准和角度完全不同，所以结果反馈的过程同时也是HR团队与业务部门磨合制定人才标准的好时机。

项目中的真实情况是，大部分结果与高管预想一致，但在个别人、某些人的个别能力或潜力上存在一点偏差。如果所有结果都百分之百吻合，无法带给高管和组织新的洞察，人才盘点的价值就非常有限了。因此，通常是快速确认共识，重点探讨分歧。有时分歧预示着日常管理者观察的不足，对于迟迟无法达成共识的部分，可以保留双方意见，在盘点结束后一段时间内，加强对这方面的观察追踪，以确认员工到底是如何表现的。

偏差常常意味着关于某人有更多的视角和信息，为高管更全面地了解这个人带来重要的启发，促进整个团队用更立体多元的角度识人。在真实的项目中，我们不止一次与高管探讨有争议的盘点结果，回应都非常积极正面，甚至成为高管认可项目价值的重要方面。哪怕最终只是留有一个开放性的结果，留待日后继续观察再做结论，也是更好识人的重要开端。

我们曾在项目中遇到这样的案例，高管对一个员工评价非常高，觉得这个人很聪明，和高管沟通时表达很棒，准备作为高潜人才重点培养。但领导力测评结果显示该员工只有中等水平。结合

> 360度评估印证，很多同事和下属对这名员工的评价不高。到底是谁看人不准呢？换个视角看，问题就迎刃而解了，不同角色看到了他工作的不同方面，评估的是他不一样的面貌。他向上管理能力突出，但在沟通协作、管理培养下属方面非常不成熟。通过校准和讨论，高管对这名员工的了解更为深入，也更信服领导力测评和360度评估的价值。重要的并不是这个结果是否能印证"我"的判断，或者哪一方的判断更准，而是进一步了解为什么会出现偏离。

（三）员工本人

以发展为目标的人才盘点，员工有必要参与后续的发展项目，所以必须告知。但如果是高潜人才储备等场景下的盘点，要不要告知本人往往会让HR很纠结，担心会提高员工期望，造成流失风险。我们一起冷静地来分析：在企业内被领导器重、被公司重点关注的人才，即便不告知，他难道对自己的能力没有认识吗？后续如有培养发展的动作或岗位历练的安排，员工还能瞒得住吗？因此向本人隐瞒结果是不切实际的想法。

重点应思考的是告知的方法和后续动作，让员工既感知到受企业重视，又不会盲目自大，而是更投入地参与培养提升计划。切忌单纯告知员工：你特别棒，是公司重点关注的核心人才。对于高潜员工，最好能从发展的角度提出要求，为他们引入更高的比较标准。我们在项目中常常遇到，有些候选人在同一层级的管理者中非常拔尖，企业也一直捧在手心，各种表彰激励，时间长了，很容易造成他们的自我膨胀，对于企业的回报和待遇等诉求渐渐不切实际起来。如果能引入更高层级的标杆人物，或同行的平均能力水平，甚至更大范围的比较群体，则能更好地刺激他们反思差距，快速进步。

有一次我们在一个三线城市很有影响力的一家企业中，就遇到了类似的情况。一位中层管理者在企业内各项能力排名都比较靠前，一直以来也很有点恃才傲物的感觉。老板想敲打他一下，又担心影响他的工作积极性。后来就以反馈评估为契机，向他展示各项能力与全国常模比较后的结果，与全国其他地方的同行企业平均水平的对比，帮助他看到虽然在这家企业中自己的能力已经排在前列，但与同行相比仍存在巨大差距，再配合后续一些外出交流的活动、培训，促使他脱离"井底之蛙"的状态。

（四）盘点结果向员工反馈的处理方式

有时员工会质疑结果，可能源于几种心态：

（1）"我真的这么差吗？"当评分比自己预想中低的时候，人的天性会首先进行防御，也就是"不是我的问题，一定是评估不准或者有黑幕"。这时，一方面可以向员工解释评估的过程和标准，另一方面与员工讨论对结果的看法与依据，互相列举行为，亮出标准后一起解释结果，而不是强迫员工接受。

（2）虽然员工自己也知道这方面能力有所欠缺，但不希望领导和HR认为自己不行，"这样的结果是否会影响我的前途"。除了解释说明结果的使用方向，更需要引导员工考虑个人发展，正视问题方能更快改善。同时，也要给员工树立信心，告之他盘点和评估是动态的，现在的结果不代表未来的结果，如果能专注于能力提升，下一次评估中结果一定能有变化。

在解决员工本人对结果的争议时，重点应放在基于结果的后续使用上，而不要纠缠于结果本身的对错。如果极端一些看待这个问题，那些不愿意接受对自己的评估、不能从反馈中学习的员工，也很难符合高潜人才模型，成为企业的重点培养对象。

需要注意的是，评估过程不是为员工盖棺定论，所以要邀请员工本人参与到对结果的解释中，鼓励员工思考为什么自己会得到这样的评价，这些结果对自己意味着什么，为了能走得更远、发展得更好，自己还要做什么样的尝试。如果能在结果反馈之后，接续上个人行动计划（IDP）的制订，效果将更好。

配合参与评估项目的其他部门员工是否需要知道结果？为了公平而在更大范围内公开结果是否必要？决定全员公示结果前，有必要先思考两个问题：这些结果是否与大多数人有关；结果公布后是否会产生不公平感。如果人才盘点项目聚焦于高潜人才评估、特定层级或岗位的评估，与大多数人没有关系，结果没必要昭告天下。正如我们不断提到的，人才盘点项目的重点在于对员工的分类管理，如果是少数人获益的项目，公示不仅没有意义，还可能带来不良影响。如果知晓结果对斜线部门和其他配合参与的同事自己的工作和管理的价值不大，最好对他们能参与评估过程怀有感激之情，减少对他们的干扰。

三、人才分类管理

2017年，迈克尔·曼金斯发表在《哈佛商业评论》上的一篇文章提到："顶尖人才的数量比例在一流公司（绩效优秀的前25%公司）与其余公司（剩下75%公司的平均值）间并没有太大差异，差别在于用人的方法。一流公司刻意地实行不平等主义，刻意不平均分配，将顶尖人才安排在那些对公司绩效产生重要影响的位置上。"㊀

㊀ 迈克尔·曼金斯. 真相了，一流公司拼的不是人才数量，而是用人方法. 哈佛商业评论（中文版），2017，2. http://www.hbrchina.org/2017-02-20/4990.html#.

完成人才盘点后，多数企业会开展人才池计划或梯队计划，或者开展能力/领导力培训。即使不开展这类新的人才管理项目，人才盘点的成果——对人才的分类管理，已经对后续岗位调整有指导意义，帮助企业提高人岗匹配度。如果在盘点后发现，一部分岗位人才能力不足，或者有重大的能力缺失项，可以启动定向的招聘计划，快速补充能力。

前面的章节已经详细介绍过针对九宫格的盘点后策略。根据九宫格中人才的不同情况有针对性地提供发展策略和关注计划，就是我们所说的人才分类管理。这里把常见的问题与大家分享，以高潜人才盘点为例。

问题1：该不该在盘点后给高潜员工涨薪或者调整某些福利

首先看HR各种观点的碰撞（见表8-1）。

表8-1 关于是否涨薪的观点对比

	涨 薪	不 涨 薪
优势	能更好地体现组织对员工的激励	薪酬结构可以保持稳定
风险	在同一个岗位上的员工，薪酬差异太大影响组织内部的公平性	员工感受不到成为明星员工的好处

如果盘点后马上晋升，那么匹配高一等级的职位进行涨薪是合理的。但如果盘点后暂时没有职位，涨薪就要考虑组织内部公平性的问题。

一旦人才盘点的结果过于直接地与物质奖励挂钩，非常容易引发对结果公平性的争论，把项目参与者的关注焦点从利用结果更好地指导后续策略，变成了对名单的争论，甚至可能出现对个别人到底能不能破格进入这一格的纠缠。

建议可以在未来的调薪中幅度大一些，或者对标更高分位的薪酬水平来解决物质激励问题,而不是马上调整薪酬水平。还可以问一个问题:如果盘点后马上调薪,那么有朝一日职位晋升后,是否需要再度调薪呢?薪酬原则应遵循公司的整体职位序列。

问题2:由谁担任高潜员工的导师

我们建议安排隔级上级甚至公司高管出任高潜员工的导师。一方面,高潜员工与直线上级之间的能力差距或者自己感知到的差距未必很大;另一方面,高潜员工欠缺的能力也不一定是自己的直线上级擅长培养的,如更高的战略视角、对组织的理解等,由直接上级出任导师未必合适。除此之外,由更高层级的管理者出任导师,有助于传递公司的重视,间接起到激励保留的作用。

问题3:该把哪些人树立成标杆

在组织内资源有限的情况下,优先激励九宫格中6、8、9号格的人当然是投入产出比最高的。

有时企业希望激励勤勤恳恳的老黄牛型员工不要太失落,所以想把天资不足的勤奋者树立成标杆。但是需要注意的是,绩效高并不代表工作态度和意愿就能成为典范。企业树立的标杆代表强烈的价值导向,如果想树立老黄牛型的某个员工作为榜样,可以先问问自己,这么做在企业内会伤了谁的心?过分的平均主义会稀释人才管理的针对性,这在后续的应用中需要格外注意。

问题4:要不要在盘点后马上淘汰1号格的员工

盘点后淘汰1号格的员工,往往只是获得了契机,如果真的想淘汰这部分人,压根等不到盘点,一早就辞退了。此时跟得太紧未必是好事，必须考虑企业对盘点的定位和接受度，在一刀切之前，务必要综合慎重地考虑。

曾有一家互联网公司，HRVP 驱动组织开展了一次自上而下的人才盘点，目标是聚焦每个团队和管理者的短板，然后培训提升。这家公司从未做过类似的事，在多轮宣导和推动下，终于完成了结果的收集，并绘制了九宫格地图。CEO 直接要求 HRVP 把 1 号格的人员辞退。当时她和 CEO 沟通的视角是，如果现在马上辞退这些员工，对组织来说弊大于利。虽然短期看起来绩效和潜力不好的员工离开了，但是会挫伤各级业务部门管理者对盘点项目的信心，未来可能很难再开诚布公地暴露自己团队的问题，进而产生"护犊子"的现象，对企业长期的发展不利。针对这部分人，需要逐一与管理者进行沟通，是否还有改善绩效的机会和措施，到底是因为一直以来优柔寡断才保留的，还是管理者有自己的考量。

问题 5：某格里的人能不能由另一格的人辅导

常有 HR 同行在设计九宫格后续的跟进措施时，希望安排 7 号格带 6 号格这类措施。看似节约了培训资源，还能激发同事们彼此的互帮互助，问题是仅凭九宫格的结果，员工彼此之间的差异不会太大，尤其是两格临近的人员，不一定会服气。况且每个格子里的人员有自己需要面临的挑战，自顾不暇时除了下属还要在同事的辅导上花费时间和心力，怎么想都不太合理，未必能够达到理想中的效果。

跨团队的同辈辅导通常也不是投入产出比合适的方案，上述彼此不服气的问题依然存在，跨部门对彼此工作并不熟悉，能起到的帮助有限。

我们的建议是，慎用同辈辅导的方式，除非是正常的老员工带新同事。可以把组织里的资源想得宽一些，不要只局限于培养课程或彼此担任导师辅导，某些挑战性的任务与绩效相关可能效果会更好。

如果想使不同格子里的人彼此能力互补或提升，可以考虑在部门内组织行动学习，小组结对或竞赛等。

问题6：潜力如何培养提升

在讨论这个问题之前，需要先定义我们在人才盘点中评估的潜力到底是什么，建议阅读潜力相关章节之后再回来看这个问题。

潜力当然和员工本身的特点相关，但只有能观察到的行为才可作为潜力评估的依据。如果以往没有给员工充分的环境表现，或者管理者日常的观察不够充分，可能没有看到过这类行为，对员工潜力的评价可能就不高。在职位或挑战发生变化时，可能就获得了展现潜力的机会。

提升潜力的前提是员工自己的觉知：我是不是需要提升潜力。如北森 A-FAST 高潜人才模型中的敏锐学习，其实每个人都有学习倾向，但对于新事物的好奇心、学以致用的速度，源于员工本人是否希望改变。很多时候，人生际遇的某些改变、人生角色、决定成为什么样的人，都可能促进潜力的发挥。我们遇到过的企业咨询案例中曾经出现过这样的改变契机：年轻员工新交了女友；生了孩子想成为孩子的榜样；原本成功愿望不高，离婚后为了给孩子创造更好的生活奋发图强等。

谈及潜力，必要的认知是，潜力不是绝对值，无法对人后半生一锤定音。人才的信息是动态的，对人才的评估和观察需要不断深化；人才本身也在变化，生活中出现了更美好的事或是遭遇变故，过去没有机会展示的才能，也有可能在某些因缘际会下充分施展，惊艳四座。曾经被认为潜力很高的管理者，也有可能随着年资增长或是某些变化，潜力评估下降。因此，人才盘点需要持续、动态地进行，每隔一两年就更新一下人才的各种数据。

问题 7：调岗能否改善绩效不佳的问题

建议在做岗位调整前，审慎分析当前绩效不佳的主要原因，再寻找人尽其才妥善安置的路径。例如，是否有其他更适合的岗位，是否与员工的管理风格、团队成熟度有关，是否存在管理通道和专业通道冲突的问题，是否可以缩小权责范围等。

我们曾遇到一个案例，公司对新业务板块销售管理者的任用非常纠结。这位销售管理者个人能力比较强，对销售管理的方法论积累得也不错，但是风格比较保守、稳健，总是无法达成老板对于这个新业务板块的预期，例如高速增长、勇于试错并快速找到方向等。在盘点中，对于这位管理者优劣势的讨论非常快速地就达成了共识，但后续任用迟迟无法决策。老板出于对他综合能力的肯定，寄希望于让他再努力一下。最终企业招了一位适合开拓型业务的管理者接替他的职位，把他调整到了公司内部更需要系统化统筹的板块，两个人都取得了很大成功。

在另一家企业，一位基层销售管理者过往团队业绩结果还算可以，但某一年绩效非常不好，团队氛围很差，下属纷纷离职。盘点中发现，他以往管理的销售年资较浅，随着销售人员在职时间增长、岗位技能提升，订单的复杂度和难度提升，下属对管理者激励、辅导的诉求更高。盘点之后和他沟通调整了团队，让他带领新组建的一只初级销售团队，充分发挥他勤奋、踏实的特点。

"骏马面前无沟壑，怂人眼中全是坎。"以我们过往的经验看，在原有岗位上没干好的人，在新的岗位上卓越的可能性不足三成。在连续的岗位调整后，如果都没能得到较好的绩效结果，最好排除人岗匹配的原因，转而聚焦于这个人自身的问题。要对调整岗位的作用有合理预期。

何时可以决定放弃？我们建议因为绩效原因岗位调整的次数最好不超过三次，企业和员工本人都需要尽早面对现实，理性止损。我们经历过这样的案例：一位员工调整岗位多次，一直干不好，分析后发现，由于企业初创，流程机制不够完善，所有岗位的要求都非常复合，对员工个人能力的挑战非常高。后来他去了一家组织流程相对成熟的企业任职，反而发展得不错，这也是人与组织相互选择的过程。

四、构建人才池

对于业务处于快速扩张或者转型变化期的企业，人才永远不够用，所以更迫切希望发现人才、快速发展人才。但人才盘点无法创造人才，不能使企业人才变多，只能让内部各种角色对人才、人才标准和培养的方向达成共识。

设想一种极端情况，如果人才盘点之后，企业不采取任何措施，一两年后会发生什么？人才也会慢慢积累经验，自己获得成长。那么很多企业基于人才盘点的结果构建人才池，启动人才培养发展类项目的意义何在？

人才池最大的价值体现在让人才加速发展、降低揠苗助长的风险。一些发展比较缓慢的企业，内部多年没有巨变，人才按照自然成熟的周期慢慢成长，在职位空缺自然出现的时候实现替补，并不需要刻意制造机会。但在一些快速扩张的企业，只依靠自然成长，人才显然会供不应求。我们咨询过的一家种猪饲养企业，过去通过轮岗等方式积累经验，孵化人才的方式，猪场厂长自然成熟需要三五年的时间。现在企业发展加速，等不及这么久了，期待用半年到一年的时间，快速填补空缺岗位。

人才池另一个重要目标是打造一个系统，使组织出现重要职位空缺时，内部有一批经过高度训练、具备资格的员工，可以随时出任空缺职位。因此，人才池一定要与企业战略和业务规划紧密相连，还要有灵活的组织结构，优化员工与主管、导师的关系。

人才盘点和人才池建设能在一定程度上增强企业内部的人才透明度，尤其是开门盘点项目，配合人才校准会，将核心人才、高潜人才展现在更多的管理者面前，既为企业未来的排兵布阵提供充足的人才支撑，又为有能力、有潜力的员工打通更快速的职业上升通道。对于业务部门的直线管理者，识别英才、培育人才的能力得以更好展现，也有机会让他们走到更高的管理岗位上。

（一）人才池三要素

人才池并不是人才盘点结束后把所有盘点对象凑到一起上个课那么简单，着手建设人才池时有必要关注以下三个问题。

（1）类型：构建哪些类型的人才池（管理梯队储备池、高潜人才池、关键岗位储备池）。

（2）数量：每个人才池预计储备多少人员。

（3）标准：储备人员未来需要达到的标准。

由于人才池并不锚定某一特定岗位人员的去留，而是面向一组可以晋升和发展的职位，因此在组织内部张力较小，重点在于"加速"和"批量"。企业某段时间内急需的人才或高潜人员，均可采用这种方式。要注意，人才池培养的是相对宽泛的能力，前提假设是不同岗位上存在通用的、可迁移的能力，并以这些能力为基础设计培养和发展计划。根据目标和培养方式的不同，人才池可分成三种主要类型：管理梯队储备池、高潜人才池和关键岗位储备池。

（二）人才池类型

1. 管理梯队储备池

业务处于快速扩张或转型期，对管理者提出更高的要求时，或者整体管理层能力羸弱，需要快速提升能力时，都可以通过管理梯队储备池，有效培养目标层级后备人才，如中层干部储备池、一线经理储备池。

管理梯队储备池聚焦于具体的领导素养和管理技能，看重在常规的管理通道上按部就班地提升领导力，通常不会跨越层级。既可以侧重于人才储备和持续供应，关注潜力和成长空间；又可以侧重于当前岗位领导力的培养提升，关注当前绩效与领导力改善。企业无须在长远成长上投入太多精力，而应关注"最近发展区"，即管理者能以多快的速度晋升到上一层级。充分考虑到不同管理层级面临的具体挑战，按照管理者所处阶段给予适应性任务，如角色转换培训、领导力培训、短期训练营、影子见习、扩大工作职责和内容、列席重要会议、参与决策等。

我们曾服务的一家企业，以往每年都有常规的干部选拔培养，随着业务拓展速度的加快，企业忽然发现，基层管理者中能提拔的合适人选很少。HR向我们求助时，把这种没有符合标准的人可以提拔的窘境戏称为"这么多年把人才薅秃了"。看似是人才选拔标准是否需要放宽、如何促进管理者快速成熟的诉求的问题，背后其实是企业内生人才的动力不足、机制尚未健全的问题。在我们的协助下，企业启动了基层和中层管理梯队储备池项目。

梯队人员名单的确定需考虑公平性和供需关系，可根据盘点结果，适当结合提名、测评和面试等手段。

公平性体现在选拔入池和出池的标准上。有些企业对每一层级管理者都有明确的领导力要求，可按此标准公开报名、筛选。如果没有公认的标准，为了减小项目推进张力，也为了给更多管理者机会，可以直接把某一层级的管理者全部纳入人才池计划。

原则上管理者的储备与培养需要支撑公司未来的战略和业务需求，但相当多的企业快速扩展时存在太多偶然性因素，说不清多久后需要多少人才,既担心培养得太少不够支撑未来需要,又担心培养得太多造成人才浪费和不必要的流失。这时原则很简单:有多少资源做多少事。若当前企业在人才培养上的资源充足,人才池名单圈定范围大一些也不要紧;若资源紧张,就精选能力与潜力最高的群体。如果企业发展速度未达预期,把这些人才储备放到企业外部,也不失为双赢的选择。

2. 高潜人才池

当企业只有按常规速度慢慢向上爬这样唯一的选择,或者按资排辈问题严重时,对成长速度有更高要求的人才很可能会流失。当企业快速扩张,或者出现一些小型自治组织、网状组织或跨越多种职责的岗位时,对人才的要求更综合,业务的快速变化对可迁移能力的要求更高,横向协作和纵向汇报并行,迫切需要复合能力极好的高潜员工出任极具挑战性的职位。这时需要突破传统的逐级晋升,因为等不及所有人才慢慢成熟,自然分级。高潜人才池就是聚焦于成长速度快于公司正常发展速度的特殊群体,如管培生计划、高管储备池、总经理少年班等。

这类项目需要巨大的投资,包括特别的激励保留策略,以及专门设计的发展项目,通常聚焦于九宫格右上角的极少数人才,一般不超过整体员工比例的 5%,尤其关注高潜质和高成长性人才。高潜项目给了人才更大的挑战,也换取了人才能力的跨越式提升。

由于是针对未来可能性的更广泛的培养,通过大量跨职能的任务或轮岗历练积累不同业务场景下的经验,因此高潜人才池要求参与者投入度高,很多企业会要求入池的人才做出承诺,对于参与的挑战性项目或轮岗等任务也有明确的产出要求,而不仅是单纯的观摩和学习。

通用电气的全球管培生项目就是非常经典的高潜人才池。候选人都是常青藤名校的毕业生,经过严格选拔入职后,每个业绩周期在全国甚至全球轮岗,每个岗位上不仅要用最快的速度掌握本职工作,还需达成非常有挑战的业务目标，例如提高生产效率×%，每年节省××美元生产成本等。虽然管培生获得的关注和资源会比普通人多，但业绩要求和期待也更高。曾有一位管培生说："没人告诉你具体怎么做，你要学会利用资源和带领团队实现想法。无论在哪个工厂，大家对OMLP的要求都比别人高，通俗说就是一个人当两个人用。"如果短时间达成了公司的业绩要求，就轮向下一个岗位，最极端的情况是，可能一年四个季度都在不同国家、不同业务单元工作。一些管培生经历一两年的高速成长后，被提拔到很高的管理岗位上，也有些管培生中途无法继续保持快速成长，转入常规路径发展。因此，高潜人才池计划通常会为各级管理梯队输送高质量的年轻人才，也是干部年轻化的重要举措。

3. 关键岗位储备池

与高潜人才注重未来潜力和不同职位的适应性不同，关键岗位的后备人才强调的是对同一职位上的人才进行批量地、有针对性地培养、激励和保留。通常适用于工作职责比较复合的专项人才，如连锁店的店长、互联网行业的产品经理等。它与上文提到的管理梯队储备池最大的区别是，培养过程在于对专业领域知识技能的投入程度不同。例如连锁店的店长，除了日常的团队管理外，还要有很多安全管理、资源整合等特定的技能，管理梯队虽然同样是对企业经营和战略影响巨大的岗位，但更强调综合的领导力提升。

当公司对复合型专业人才需求量变大，而以往由于需求量小，常规节奏培养速度慢，导致人才供给跟不上的时候，就可以考虑建设关键岗位储备池了。例如，某餐饮连锁企业在快速扩张期，非常缺乏店长人才，而实际店面运营时，店长下一级是众多普通店员，很难像很多企业一样逐层搭建梯队，等待人才的自然成熟，那么就必须有刻意的培养计划，或者一开始就招募适合的人才，从见习店长做起。还有在教育领域常见的培训机构的校长,晋升之前都是从事单一职能的,如老师、课程调度、客服、销售,升任校长后将面临联络学校、社区运营、管理兼职员工、动态协调资源等众多工作职能,如果希望人才从内部来,也需要专门的人才池。

在一些关键岗位上,通过组织盘点全面把握关键岗位的供应情况,可以支撑组织快速发展和业务转型对人才数量、人才结构的需要。哪些岗位算是关键岗位呢?有的企业会通过岗位价值评估等手段确定关键岗位,但如果经费有限、时间紧张,也可从对未来战略支撑的重要性和对业绩的影响力两个维度快速评估,由企业内部的管理者讨论确定当前阶段的关键岗位。

关键岗位储备池的选拔可采用自荐和他人推荐的模式,一般包含下一级岗位的绩优候选人,通常还会包括更初级的员工。培养则是基于岗位职责和能力的全方位培养,分解目标岗位的职责和能力,可以采用工作技能培训、行动学习、影子见习或配备指导人等方式,如表8-2所示。

表8-2 人才池常用的培养方法

工作场景	培养方法	
虚拟工作场景	情景模拟 现场反馈	行动学习
真实工作场景	影子实习 任务分配 轮岗	参与重要管理会议

我们服务过的一家零售集团的店长储备项目中,选拔的是基层店员中业务能力、综合胜任素质和管理潜力都不错的候选人,培养过程中除了常规的技能培训外,要在不同区域的门店轮岗工作。公司设有一间专门的训练店面,平时正常营业,配备了完整的运营团队。当有店长达到储备中的关键阶段时,就必须到这家店工作一段时间,在店内体验店长

管理的所有环节,如日常的早会管理、消防检查等,由店内的督导人员辅导并评估工作的完成情况。通过这种方式,让店长在相对安全的环境下体验管理门店的所有环节,也把企业由于人员不成熟而面对的风险降到最低。

(三) 人才池运营

盘点结果中的高潜人员通常只能算作长名单中的一员,真正成为"高潜人才"还需要进一步筛选。有些企业把二次筛选放在出池考核的时候,即宽进严出;也有企业会在入池的时候进行多轮考核筛选,出池任命的时候再匹配岗位要求考核,即严进严出。操作方式取决于企业对人才池投入资源的多寡,不一定盲目贪多,而是量入为出,根据未来的人才需求和现阶段能够投入培养的资源和精力来决定。

建设人才池不是终极目标,通过人才池的机制加速人才的成长,达到"蓄养"的作用才对企业有价值。有些企业对入池人员的后续干预不足,变成"重选轻育",那么即使人才池建设得再庞大,效果也是有限的。我们遇到过一家制造业企业,坚持做人才池好几年了,仍然觉得关键时刻无人可用,对现有管理者的能力也不满意。在我们的协助下仔细分析才发现,每年的人才池都是轰轰烈烈进行一轮选拔,采用述职、民主评议等很多手段,选出来的人才进入人才池,之后就在池子里待着,一年后有职位空缺就直接提拔。缺乏配套的发展措施、任用机制,让人才池的效果大打折扣。

到底把"入池"定位成终身制的荣誉,还是有明确目标和要求的阶段性发展项目?大多数企业选择后者。如果入池后能力发展未达预期,在何种情况下以哪种形式退出,既能考虑员工感受,又有助于最大化聚焦企业的资源?这就需要设计一个相对完善的退出机制,尤其对动态人才池更重要，否则很快人满为患，资源投入无法聚焦。

退出条件中对于时机、标准的要求越清晰、越具体、越能行为化越好，例如，某些关键的考核没有通过，学习任务出勤率低于某个比例，在池期间绩效下滑，个人主动申请等。出池后退回到普通岗位继续工作，还是有其他安置手段，对于主动退出和被动退出的候选人是否要进行区别对待等，可根据企业惯例和资源来决定。我们遇到过一些企业，为了兼顾员工感受和企业投入，人才池不设置退出机制，而是采取分级管理的方式，即只要曾经入围人才池，就有机会参与公司统一的大课，是否报名全看个人意愿，而能否获得导师或外训机会，则是根据每年盘点动态调整的名单确定。

人才池运营中有两种常见的入池出池机制：人才池结项制、人才池循环机制。

1. 人才池结项制

人才池结项制常见的是"一年或两年培养制，集体结业"。比如有些企业的"总经理班"，通过统一的选拔，确定入池人员名单，然后进入集训营，每月或每季度组织集中培训或行动学习，采取过程淘汰的方式，如果几次培训不参加或几次作业不交，就淘汰，人才池里的人会越走越少。我们服务过一家水务企业，每年的收益非常稳定，内部人员多年也一直稳定，管理者希望做点事情激发员工的学习热情和工作的动力。但是很显然，企业短期不可能产生大量空缺职位，所以设计了一个"学习班"，每月组织读书会和集中培训等活动，为期两年，结业的时候发证书，类似在职读一个学位，目的就是有组织地规划这些人的定期学习，营造仪式感。

人才池结项制的优势在于容易批量制订培训计划和考察标准，培养机制可复制，容易把控。难点在于时间点和周期的选择，如果一期持续时间太长，新入职或新涌现的高潜人员就可能失去进入人才池的机会；如果持续时间太短，组织安排的成本会变高。

2. 人才池循环机制

人才池常开不关，动态出入，每隔一定周期会选拔入池的人选，类似"铁打的营盘流水的兵"。大部分外资企业采用的就是这种模式，符合标准的人动态进入，达标出池；不合标准（如绩效下滑）就淘汰出池。如果能在淘汰后短期提升绩效，还能回到人才池；如果持续绩效没有改善，就不能回归。把入池、出池、二次入池的规则制定得相对详细、清晰。

这种机制下人才可以动态循环，但需要管理者敢用人、敢舍弃，不停地淘汰和补充。有些企业会担心，放入人才池的人才淘汰出来，会不会反而影响了员工的积极性。为了避免这样的情况，合理的机制约束和充分的沟通就显得格外重要。人才池运营时需要有清晰的目标、定期选拔的机制和标准、人才池中人员的持续评估、合理灵活的培养方式，以及严格的出池晋升机制。

五、接班人计划

接班人计划一般指为特定岗位储备继任者。例如，人员退休、离职等核心岗位人员变动无法避免，企业需要采取一些措施来减小人员异动对业务正常开展的影响。尤其对于一些特别重要的岗位，或者对企业经营有重大影响的岗位，甚至需要考虑设置紧急接班人，留出寻找正式接班人的时间。根据准备度可以把接班人分成三类：

（1）合格的接班人（ready now，RN）：能完全胜任目标岗位，只要有空缺就可以马上接班。判断标准通常包括连续三个以上业绩考核周期表现优秀，核心胜任力和发展潜力都满足预期，具备目标岗位的大部分能力和经验。

（2）未来的接班人（ready future，RF）：一两项关键资格或能力有差距，或者还需要一两年左右的准备时间。

（3）长期的接班人（long term，LT）：有更多的能力或资格差距，还需2~4年的培养时间。

并非每家企业都会积极开展接班人计划，它可能带来的问题也让HR忐忑不已。接班人计划存在很多风险：一方面，可能让当前岗位的管理者不安；另一方面，如果当前岗位的管理者年富力强，接班人可能因丧失信心转投其他企业。VUCA时代高速发展和变化的企业，接班人计划除了常见的人员流失风险，还会受到组织架构和职位调整的影响。例如，企业业务调整、整个业务板块裁撤，可能造成储备人员的浪费或继任者无班可接的情况。因此，开展接班人计划时，一方面要慎重评估企业发展阶段的组织稳定性；另一方面要慎重选择实施计划的目标岗位，做好继任周期的规划。接班人计划与高潜人才池计划的异同如表8-3所示。

表8-3 接班人计划与高潜人才池计划的异同

	接班人计划	高潜人才池计划
目标对象	针对某个具体岗位接班，不一定对横向调动感兴趣或适合多个岗位	对横向调动感兴趣，一般会被提名为两个或更多岗位的接班人
评估标准	具体岗位的要求和准备度，重点是岗位要求的能力提升	潜力高低，重点是领导力的快速提升
培养方向	关键岗位的空缺风险管理；领导替补方案；领导不在岗的应急方案；知识保留；具体岗位所需的知识、能力的提升方案	领导力成长方案；提升人才可见度；顶尖人才的选拔、培养和晋升；领导力培养；准备增加新的管理职能

接班人计划的开展可以看作对以下问题的回答：

- 哪些岗位需要准备接班人？
- 除了关键岗位，是否还存在现任员工离职风险高的职位？
- 组织多久后需要接班人？
- 哪些员工可能胜任接班人？
- 员工的职业兴趣、当前能力和岗位要求之间有何差距？
- 公司应采取什么行动，以提升员工的准备度？

我们曾经遇到过一个失败的接班人计划。某家四线城市的制药企业，因为地理位置不好，吸引人才比较困难，很多中高层的管理者都是从老员工逐步提拔上来的。总经理花了很多年培养提携了一位年轻的副总，想作为高层接班人。总经理临近退休时收到多人反馈，这位副总在公司内飞扬跋扈、拉帮结派，甚至公开许诺"以后我当了总经理就如何如何"，对业务的关注度和学习提升的意愿严重下滑。总经理和这名副总沟通多次未果，极度失望之下忍痛放弃了这名候选人，转而面向公司大量中高层管理者重新物色接班人。这名副总看到晋升无望，选择了离职。

正因为接班人计划可能面临上述案例中的冲突，有的企业发展了一种新形式：重要岗位上，正副职轮换担任，今年做正职，明年做副职，后年再换回来。这也是一种很有意思的人才历练和观察思路。

选出来的人不达标怎么办？在项目或培训课上时常被问到这个问题，细想一下很有趣，人才盘点的最大目标就是达成共识，实现对人才的分类管理。在盘点后认为人才不达标，到底不达谁的标，是 HR 还是业务部门的看法？是不是选的过程出了问题，甚至最初设定的选拔标准就缺乏共识？为了避免这样的问题，在人才盘点开始之前，先花一点时间大家坐下来，讨论清楚人才标准；在人才盘点的过程中，不将就、不凑合，从标准出发，不为了凑人数和表面的和谐往格子里放，才能真正通过人才盘点找到企业需要的人才。

六、盘点后其他管理举措

（一）人才提拔与任用

除了上文提到的构建人才池和接班人计划，有时盘点更直接的需求是填充空缺岗位。如果需要快速盘点使人才上岗，最需要的是敏捷盘点，快速摸底，加速发展，"轻选重育"，甚至可以把部分发展任务挪到上岗之后，在试岗期内完成。例如，我们曾经协助一家全国性的物流公司培养区域公司总经理，由于企业收购和并购速度非常快，高端人才缺口比较大，培养期只有不到半年。盘点和发展的项目分为两段设计，培养期内以领导力培训加实际业务体验为主，如影子学习、列席重要会议等，后备人选提前参与收购和并购项目，熟悉未来管理的企业的情况。上岗后为候选人提供持续的反馈，针对管理场景中的实际问题提供帮助，度过岗位适应初期的慌乱。

与之相对的情况是岗少人多，多年盘点后实际提拔任用的人数很少，那么就需要先反问：如果没有足够的职位，最初设定的盘点目标是否有问题？是企业战略调整导致人员需求变少，还是最初的人员规划过剩？高准备度的人员过剩是良性的，还是资源的浪费，甚至对组织有伤害？企业对人员准备度的评估是否合理，是否有虚高的现象？成熟人才最容易流失，企业抗风险能力如何？除了纵向发展，有没有横向激活的可能？针对这些问题的答案可能并不清晰，但的确也是对人才机制的一种反思。

（二）外部招聘和储备

招聘其实是购买能力的过程。在人才盘点后，发现团队中哪些能力有共性的欠缺，可通过定向的挖猎招聘补充。有些企业，在盘点后，除了自己内部的接班人培养计划，有时也会对重要岗位进行外部接班人的储备。例如 CFO 这类岗位，如果盘点后发现有人才流动的风险，可以考虑从外部寻找同行业的高管，长期联系，以备未来岗位空缺时能快速补充。

（三）培养发展与人员保留

对于人数多、共性强的群体，很多企业会选择整体打包的培训课程或引入行动学习计划。我们服务过一家连锁教育机构，执行力非常强，很关注管理举措的效果。第一年盘点获得结果后，就制订了发展改善计划；第二年监督计划的落地执行，同时引入敬业度指数作为衡量管理成效的指标，关注的不仅是管理过程的改善，更是管理结果；第三年持续做敬业度的追踪，聚焦企业内部效果更好的行动计划，以提升改善的效率。

有些企业在人才培养过程中总是提心吊胆，担心员工翅膀硬了就飞了，在培养过程中瞻前顾后，非常矛盾。退一万步说，不进行培养，员工就不飞走吗？比起投鼠忌器，减少培养的投入，不如提升培养效率，增强自身的人才造血能力，让企业有充分的候选人可用，同时也让企业成为吸引凤凰的梧桐树。

我们曾遇到一个案例，通过店长储备计划成长起来的一位候选人达到了准备度良好的水平，但因为企业扩张计划放缓，未来一两年内都没有职位，不可避免的是，员工希望离职，甚至到竞品公司寻找更好的职业机会。当时企业选择了鼓励员工接受更好的职业机会，并通过外部人才库持续与其沟通，产生空缺岗位时第一时间与他进行了联系，并如愿把他请了回来。这个选择充分体现了企业的人才观和面对人才时的开放性和长期性。

事实上，并不是盘点后才出现人才保留的问题，而是从项目设计的最开始，就有必要考虑关键人才的保留和发展。哪些人值得被保留？他们对企业的期待和诉求是什么？企业是否真正了解员工的价值取向和职业追求？这些问题都决定了企业培养资源的投入和采取措施的有效性。比起签订繁复的培养协议、赔偿协议，不如多思考如何留住这些人才的心，从根本上激励并保留住这些关键人才。

（四）对人才晋升后的帮扶

公司的高管、培养发展和盘点项目的负责人，都会对这些项目寄予厚望。但树上自然成熟的水果一定比提前采摘催熟的好吃，不要对加速培养的人才抱有过高期待，指望他们在更高层级的管理岗位上不会遇到任何挑战，而是要客观地看待人才池的价值，合理预期。

作为培养项目的负责人，有必要关注出池人员的适应度，扶上马之后再送一程。我们曾遇到重庆一家企业，坚持公开选拔中层干部很多年，流程机制和选拔手段都相对成熟，但是在选拔结束后半年的试岗期中，有大量适应不良甚至要求离职或转岗的情况。这种情况的出现，就是因为从未考虑过选拔后中层干部岗位适应的问题，经我们提醒，这家企业增加了对试岗期管理者培养、帮扶、谈心的环节，大大改善了后续的保留率和在岗的绩效表现。

人才盘点的难点不在于评估或绘制九宫格的技术，而是疾风骤雨地进行完项目后，如何跟进后续计划，否则计划初期还算努力推行，干着干着就偃旗息鼓了，无法达成预期效果。主持人才盘点项目时要务必思考：如何让身处其中的众多角色都获得正面感受，满足不同角色的管理诉求？并不是所有的人才举措都要由 HR 来完成，如何促进业务部门管理者利用盘点结果？如何"借势"盘点结果，促进组织优化？通过校准会和多轮反复沟通，确保大家就盘点结果真正达成共识，并认同后续的行动计划至关重要，否则变成 HR 部门和个别管理者的独角戏，就容易越做路越窄了。

不过，千里之行始于足下。退一万步想，即使后续的落地不充分、虎头蛇尾，如果企业能建立一套相对完整的盘点机制，定期把管理者召集在一起，不谈或少谈业务，开诚布公地讨论"人"的问题，分析企业战略对人才的需求、当前人才的优劣势和成熟度等话题，动态地且及时地把握人才的状况，对关键的人员进行分类管理，也是一件非常有价值的事情。与其瞻前顾后，不如现在就寻找契机，开始行动。

| 第九章 |

激活个体：人才加速计划

人才盘点的终极目标是促进人才发展，盘点项目的结束不应止步于盘点结果的出炉，人才策略的计划和推行是一项长期而重要的工作。例如，大部分企业在人才盘点结束后最为关心的并不是如何让明星人才[⊖]更加耀眼，而是花费很多时间帮助后进分子，这是正确的吗？人才盘点之后到底应该如何激活个体？基于九宫格的人才地图，实现人才分类管理和发展。本章我们着重来探讨针对明星人才和一般人才的个人发展策略。

一、盘点之后，明星人才该何去何从

如果详细记录一下在人才校准会上对于九宫格每个格子中的人才所花费的讨论时间，就会发现很多企业花在明星人才的讨论上的时间极少。大部分的明星人才不需要通过人才盘点就能被识别，校准会只是再次确认共识的场合。这些共识可能导致参与者忽略明星人才的历练和挑战，似乎他们身为组织中的"明星"就应该具备保持光芒或者自我发展的能力。也有企业在人才盘点后希望向明星人才倾斜更多的资源，却不知应该如何去做。

⊖ 本章定义的明星人才，主要指的是九宫格中的明星人才和核心人才。

从赫茨伯格的双因素理论来看，赋予明星人才挑战性的工作内容是最能够激励他们的，或者在短时间内帮他们快速获得晋升，但这就要求组织有足够的空间和弹性。如果企业不能够创造更多可能性，优秀人才容易在内部缓慢的工作过程中失去耐心，对现有岗位产生倦怠感或是被其他同业挖墙脚。即使组织具备一定的灵活性，有时也不愿意调整明星人才的位置，因为他们一旦被晋升，就会面临现有工作谁来替代的问题——有时晋升一位明星人才，需要将他的工作分解给两三个人做。因此，组织对于明星人才的使用和发展策略，需持有严谨的态度，并有充分的配套措施应对。

（一）谁应该承担发展明星人才的责任

明星人才是组织宝贵的资产，除了在短期内晋升等即时策略，还可以采用什么样的培养策略？人力资源部门绞尽脑汁地推进个性化的激励策略，开展加速培养计划，结果发现明星人才的参与程度并不高；业务管理者尽力给他们安排更有挑战性的工作并且提供积极的辅导和反馈，结果收效甚微。是哪里出了问题？谁应该对明星人才的发展承担主要责任？

创新领导力中心（CCL）的研究结果显示，最有效的领导力发展课程会把培养领导者的职责从人力资源部门转移到组织的现任领导者身上。例如，通用电气的 CEO 和高层管理者会花大量的时间在他们的克罗顿维尔管理学院（Crotonville Management Campus），培训公司的未来领导者。[⊖]这说明高层领导者、业务管理者的参与、直接上级的高投入，对明星人才的培养和发展起着至关重要的作用。

成人阶段的学习发展是以一种更复杂和包容面更广的方式"理解"

⊖ Nick Petrie, Center for Creative Leadership. 领导力发展的未来趋势 [EB/OL]. 2011.

世界，思维也会更加广阔。这里的发展包括两个方面：一是横向发展，即技能的获取和经验的增加；二是纵向发展，即思维广阔程度的增加。举例来说，一位骨干员工刚成为新晋管理者时，他可以通过别人分享的经验和技能课程的学习快速提升沟通能力，但只有当他意识到如果自己不花时间辅导和带教下属，即使自己个人贡献再大，也无法高效完成团队任务时，他才会站在发展员工的角度，引导和启发员工，真正做到有效的沟通。在成人的学习中，不管横向发展，还是纵向发展，只有个人意识到需要改变，发展才有可能。

研究表明，从一系列领导力衡量指标来看，较高的纵向发展层次和较高的效能水平之间有明显的相关性，即当成人的纵向发展水平比较高时，他产生高业绩的可能性也比较大。横向发展可以通过向专家学习获得，但纵向发展必须通过自主学习获得。这意味着对于明星人才的发展来说，最高效的方式是促进他们自我认知、自主学习。只有他们切身体会到自己应该对个人的发展负责，意识到自己思维的局限，才会有最大的发展动力。此时人力资源部门、直接上级、高层领导、导师的职责是创造机会帮助明星人才意识到思维的局限，激发他们发展的自主性，而不是依靠某一个部门或者某一个人。

（二）纵向发展：自我认知的重要性（3C 模型）

根据纵向发展的成因分析，在成人成长的过程中，被自己生活中的某种状况、困境或挑战挫败，这使他们意识到目前思维方式的局限。当挫败出现的场合越来越多，对局限的感受就越来越深，于是这个局限就成为他们生活和工作中非常关心和迫切希望改变的领域（我们暂且称为成长的"痛点"），如果此时周围的人能给他们充足的资源和支持，不仅能够一定程度化解他们的焦虑，也能帮助他们快速成长。因此，纵向发展的第一步,是帮助明星人才认知到自己的局限。

觉察即改变,自我认知往往是自我改变的第一步。从一个阶段到下一阶段的发展,通常是由当前阶段的限制所推动。当明星人才面对那些以目前层次所知及所能都无法应付的更复杂的挑战时,他们就必须采取下一步的措施。当他们能够找出把自己局限在目前发展层次的假设并检验其有效性时,发展的速度也会加快。为了推进自我认知,加速纵向发展,我们可以用一个认知模型来明确发展步骤(见图9-1)。

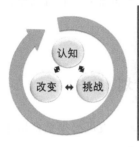

- 认知(cognition):收集多角度反馈信息,管理者对目标与现状形成准确认知
- 挑战(challenge):反馈信息与管理者自我认识形成冲突,管理者认识到改变的必要性以及需要做出哪些改变
- 改变(change):在一个支持性环境中,管理者完成思维方式和行动模式的转变,"进化"到更高一阶的领导者

图9-1 北森3C模型

第一步:促进认知。HR、直接上级、周围同事、下属等多方参与,给明星人才进行多维度信息反馈,同时可以结合在线评估工具,从明星人才的个性、价值观、动机、管理风格等多个方面,以量化的数据和切实可以观察到的行为数据,来促进明星人才更理性、更客观、更立体地认识自己的核心优势、相对不足、职业发展方向和目标等。当明星人才能够更客观地认识自己时,他们思考自己生活或工作中的挑战的归因过程时,就会有更加明确的方向,从而可以更有效地指导行动。

第二步:明确挑战。促进自我发展最强的动力是来自生活和工作中的挑战带来的思维局限。当这种挑战发生的频率越来越高时,深层次的自我反省就能发挥越来越大的作用。明星人才在工作中遇到的挑战到底有哪些?哪些挑战与业绩相关度最高?哪些挑战让改变最困难?最应该激发明星人才面对的挑战是什么？HR 和业务管理者必须先面对与挑战相关的问题，才能够促进明星人才的纵向发展。

第三步：激发改变。通用电气全球领导力主管杰夫·巴恩斯（Jeff Barnes）曾说过："我们工作的一个重要部分，是帮助人们发展他们的思维方式。得到答案的方式比以往任何时间都更重要。"如何发展？在帮助明星人才理清关键挑战、客观认知自己之后，业务管理者或导师需要在内部营造一个支持性的环境，在明星人才迎接挑战的过程中，采用多种策略对他们进行辅导反馈，帮助他们完成思维方式和行动模式的转变，"进化"到更高的阶次。

二、通用发展策略：运用个人发展计划（IDP）

对 HR 和业务部门来说，明星人才的培养与发展必须结合具体的业务挑战，结合个人的发展意愿，进行设计并落地，这就产生了个人发展计划（individual development plan，IDP）。

很多企业都强调制订 IDP 的重要性，而且强调 IDP 应该是覆盖全员的，是人才培养工作的日常。但是在实践过程中，我们也看到全员覆盖 IDP 的困难，导致人力资源部门面临诸多困境。

（一）IDP 的困境

困境一：IDP 是管理者的一厢情愿

很多企业遇到类似的情况是：人力资源部门将制订 IDP 作为一项日常工作安排给业务管理者，业务管理者接到任务之后，把员工叫到会议室，从现在业务开展的常规分解中，直接帮助员工找出目标，标注出能力待发展项，给出发展策略，然后让员工自己填写并提交人力资源部门下发的 IDP 表，于是制订 IDP 的任务就完成了。至于后面的结果如何，员工是否认同，人力资源部或业务部门管理者并不掌握，反而会很骄傲地宣称："我们公司有制订 IDP。"员工会认为 IDP 是领导布置的另一项任务，我已经填完提交上去了，至于结果如何，这个事情怎么执行，和我并没有关系。IDP 就这样脱离了原本的轨道，变成管理者或人力资源部一厢情愿的事情了。对于员工来讲，这些内容不是他的成长"痛点"，哪会投入精力或时间去改变呢？于是出现了"事不关己，高高挂起"。因此，成功制订 IDP 的第一步，一定是以员工为主体，以他们成长的"痛点"为出发点。

困境二：IDP 制订了，谁应该对结果负责

既然发展的主体是员工，那是否意味着 IDP 制订之后，对结果负责任的一定是员工本人呢？在管理实践中，答案并不是肯定的。有一些明星人才认为自己的能力很强，能够指导自己的人不多，自己没什么发展的"痛点"，如果将制订及结果核验的重任落到自己身上，往往容易"监守自盗"，失去了 IDP 制订的意义。另外，个人跟踪计划执行的过程和结果，需要有非常强的自律精神，自我监督很少人可以做到；再有，公司毕竟是一个营利组织，给员工提供发展平台和长期愿景，只是组织的一个功能。所有 IDP 的制订、执行及监督离不开组织目标。

因此，个人在 IDP 制订过程中负主要责任，只有自己明确并找到发展的方向，体会到发展的"痛点"，才有可能踏踏实实地落实发展计划；个人还必须要掌握发展的主动性，按照既定的节奏，纳入本人的日常工作计划中。在计划的跟进过程及结果监督上，人力资源部和直接上级有不可推卸的责任。人力资源部门负责 IDP 的跟踪和检查，直接上级负责 IDP 的制订和辅导，给员工的个人发展提供资源和支持。

困境三：IDP 是一过性工作吗

HR 常常会提出一个疑惑，一期 IDP 做完了，接下来应该怎么办？是不是应该一个循环地推动？那 IDP 就没有尽头了。在真实的管理实践中我们发现，一期 IDP 如能按时间计划结束，能够有效跟踪，这已经是非常了不起的事情了，很少有企业能够从 IDP 的跟踪、落实到结果追责上做得很完整，绝大多数企业制订的 IDP 往往流于形式。因此，一期 IDP 能够完整做完，接下企业来非常重要的一步是检验计划制订及日常历练是否真正地在发挥作用。根据检验结果进行调整，持续跟踪，完善人才档案。

企业的明星人才都是与现有岗位匹配度比较高的人，在劳动力市场上，也是极其容易被猎头追逐的人群，流失的风险较高，仅有 IDP 的制订和跟踪是远远不够的。对于他们来说，提供更高的职位、赋予更大的职责、采用多样化的激励策略、倾斜更多的培养资源，是更有效的激励，同时也能够保证人才有效地流动起来。

（二）IDP 制订五步法

人力资源部期待通过 IDP 的制订，更有效地跟踪明星人才的日常发展，描摹出明星人才的成长轨迹，建立专属于企业的人才数据和人才梯队；业务管理者期待通过 IDP 的制订，更有效地指导明星人才的发展，能够合理有效的用好、留住明星人才；明星人才本人期待通过 IDP 的制订，清楚自己的成长方向，能够在职场上加速发展，展现越来越多的价值。因此，IDP 的制订应该兼顾不同角色的期待，采用以下五步制订 IDP。

第一步：重新聚焦明确目标，列出发展的核心要务

与明星人才确认其发展目标，这个目标是由个人主动发起的、迫切想要改变的，同时也与组织目标相契合。但是找到这个目标并不是容易的事情，我们曾经服务过的一家互联网公司，在完成人才盘点后，给一位事业部总经理做 IDP。总经理认为自己在决策质量上有比较大的发展困惑，比如做决策时容易犹豫不决。在辅导过程中，他的上级却发现，其实他的真实困惑是决策速度，因为他在做决定时，很多时候都在考虑决策之后的风险而延误了决策的最佳时机。因此，这位事业部总经理的发展目标就变成了提升决策的速度。这个重新发现目标的过程，实际上是辅助个人找到真实"痛点"的例子，这个真实"痛点"不仅是组织存在的问题，也是个人真实存在的问题。重新聚焦提升决策速度这个目标，那么核心要务是，明确不同决策事项的最佳决策时间，同时在做决策的过程中，先考虑最差的情况出现时应该如何处理，不去纠结决策质量问题，而是要快速响应、快速行动。

第二步：正视现状，列出发展的关键困难和挑战

与明星人才一起列出完成目标会遇到的关键困难和挑战。在上文事业部总经理提升决策速度的例子中，首先会遇到的问题是关于决策时机的判断。什么事是需要立即做决定的？什么事需要一天内给予答复？什么事情超过三天回复就会影响整个部门的工作？其次是关于风险的判断。如果批准在媒体上发表一篇言辞激烈、观点鲜明、有独立精神的文章是否一定会带来阅读量？会不会受到监管部门的关注，从而影响网站的正常运营？这些属于外在的问题和障碍，很多时候，即使自己能够对可能发生的最大风险做判断，仍可能存在内在的顾虑，例如，做了这个决策会不会对自己的未来产生不良影响？做了这个决策，别人会怎么看自己？会不会遗漏掉某些关键信息，导致决策失误？

将这些困难直接列出来：

（1）不确定、不了解决策的最佳时机。

（2）不确定决策之后可能产生的最大风险。

（3）内在顾虑：做了决策对自己的影响。

（4）担心会遗漏关键信息导致决策失误。

（5）必须掌握某些信息才敢于做决策。

第三步：激发动力，形成关键关系，思考将成为什么样的自己

面对这些困难，要帮助明星人才重新回到原点思考：即使面临这么多的困难，还是愿意持续改进吗？改进的理由和动力是什么？改进和调整后带来的价值是什么？这样做对于其他人的影响是什么？当明星人才知道，提高决策的速度有利于提升自己的工作效率，有利于更有效地辅导下属，有利于事业部绩效目标达成时，他们改进的动力便更加充分了。这一步看似多余，但是必须要重新反思，主要是因为必须确认改进的方向是明星人才的"痛点"，同时明星人才也有足够的意愿和动力为接下来的发展做准备。当然，更重要的是，只有明星人才自己有足够的意愿和想法改进，给自己赋能，发展才能够真正起到作用。

第四步：整合资源，探索更多的可能性

当明星人才了解到了客观的困难，并有足够的意愿和动力愿意改变时，接下来就是要制订解决方案了，可以不断地用开放性的问题来了解明星人才的行动想法：行动上可以有什么样的变化来完成任务？可以在哪些方面进行尝试和改变？可以从哪些方面突破？可以利用哪些资源？如何才能够更有效？通过适当的问一些问题不断地启发对方自我思考、自我发现，积极倾听，并且适时地分享成功经验。我们还是以提升快速决策为例：

（1）总结不确定、不了解决策最佳时机的场景，向了解这些场景的人请教，逐步形成自己的智囊团。

（2）做决策时，列出可能存在的风险，如果有一些风险评估不出来，那就先尝试。

（3）列出一些需要群体决策的场景，充分讨论。

（4）列出决策中的已知的信息和行动后才能够获得的信息，先行动。

（5）将决策事项分级，有一些决策可以委托给专业方向的下属，参与下属决策的过程，并跟进下属的决策结果。

第五步：承诺行动，找到支持环境，建立问责体系

最后一步是具体行动落实的环节，找到对他们发展起真正推动作用的关键人物，建立问责体系，将 IDP 做成日常可以监督和改进的计划，才能够真正将 IDP 落实到日常的培养与追踪中去。

尽管在第四步明星人才清楚了改进的行为，这些行为也必须要有明确的改进时间节点、周期，同时必须有明确的验收标准。例如，总结不确定、不了解决策最佳时机的场景，这个场景清单不仅是总结的成果文件，也是该行为启动的重要验收标准，针对不同场景中的智囊导师名单，则是该行为的第二个重要的验收标准，只有这些成果和验收标准明确，提升决策速度这一项能力才有明确的完成标准。

同时在每一个行为改进项目中，找到关键的监督人也很重要，监督人一方面了解明星人才的行为改进进度和结果，另一方面提供指导和帮助，分享成功的经验，给予相关的支持。在一个成功制订 IDP 的案例中，一位空降的事业部总经理对公司的文化不适应，但是又很想推动业务，而下属不太敢大步创新，于是在推动创新的"展现开放性、启发可能性"上面，该下属选择了另外一个事业部比自己低一个层级的部门经理作为自己行为改进的监督人，因为他发现这个监督人熟悉内部文化，推动了一些内部创新项目且成果都不错，尤其是在内部营造一个开放的讨论氛围上有独到之处，结果在计划跟踪和执行过程中，监督人确实给予了他不少启发。由此可见，选择监督人的关键不在于层级，而在于他是否在完成目标的能力上确实不错。

(三) IDP 的跟踪与执行

IDP 制订出来之后，跟踪与执行的工作会落地到本人、监督人、直接上级、人力资源部门等，其中本人负责计划的执行，监督人负责辅导、经验分享和计划跟踪、验收，直接上级负责跟进不同发展行为的进度跟进、监督人回访、反馈，人力资源部门负责跟进整个过程、归档及整理材料。表 9-1 展示了一个 IDP 表的样例。

表 9-1 IDP 表示例

_____个人发展计划
（时间周期：）

姓名		部门		职位	
人才池		指导人		HRBP	
目标岗位					

发展目标 1：
目标描述：

发展任务	任务描述	任务类型	截止日期
售前轮岗			

发展目标 2：
目标描述：

发展任务	任务描述	任务类型	截止日期

计划总结	
员工总结	
指导人总结	

需要注意的是，IDP 的制订并不是能力发展项目越多越好，从经验

上来讲，一般同一发展周期内改进的发展项目应该不超过三个，对发展项目越聚焦越好。

三、为明星人才设计个性化激励策略

对于明星人才来说，仅仅制订了 IDP 是不够的，这些人处在九宫格的顶端位置，一定会给组织带来高绩效，同时也是劳动力市场上炙手可热的争夺对象，组织往往会主动向他们倾斜培养资源，因此留住和培养明星人才还需要通过多样化的激励策略。

（一）持续有效的反馈

我们往往认为，明星员工已经是绩效优秀的佼佼者，对自己的工作内容有足够的掌控，作为管理者不应该对他们的工作内容做过多的干预，让他们自主解决问题就好。但事实恰恰相反，明星员工因为能力和绩效都比较突出，往往在组织中被赋予了更多的责任，承担了更复杂的任务，他们反而更需要辅导和反馈。

但是，给明星人才进行辅导和反馈却不是一件容易的事情，他们往往会觉得自己能力不错，在同一个层级中，也处在比较靠前的位置，因此直接上级在反馈之前，一定要从明星人才本人的发展困惑入手，不是"为了产生更好的绩效结果，你要调整什么"，而是"现阶段你遇到了什么问题，我可以帮忙做什么"，围绕明星人才本人的发展困境，将他作为一个独立的、特别的个体对待，这是辅导与反馈中最重要的破冰方式，也是有效反馈的第一步。在明星人才阐述自己的问题之后，管理者需要和他们一起探讨这些问题是不是属于痛点，或者启发痛点产生的原因。通常情况下，明星人才说自己的"规划安排能力"

是发展的痛点，那么真正可能的痛点是规划安排本身，还是他没有抓住工作的重点，或者是目标不清晰，或者对自己的角色或定位不清晰，管理者要通过不同的、有效的问题去启发，一起找到发展痛点产生的原因。

以明星人才为反馈主体、找到痛点产生的原因之后，管理者还需要及时分享成功的经验、好的做法，给出明确的方向和建议，相比于"我认为规划安排的问题在于角色认知不清晰，你要明确自己最重要的一个角色是导师"这样直截了当的建议，"我们知道清晰角色不容易，我知道张三也经历过这样的困境，他是这样做的……"显然来的更有效，更容易被接受。

当然，在这一群已经做得不错的员工面前，反馈最重要的目的是针对具体的行为和结果，以及这种行为和结果可能对组织或他个人的影响。例如，一个明星员工在授权方面做得不好，可以从"某项需要别人做的工作，他自己已经开始做了"，或者"因为做了一项本来可以交给别人做的工作，导致另外一项重要的事情被延误"等，这些行为带来的后果是"你自己很忙，但是组织上非常重要的工作被耽误了"这样的角度开始分析、反馈，管理者可以详细地陈述这些行为和后果带来的严重影响，这也是明星人才会在意的事情。同时在这个过程中，明确传递管理者的期待，也是反馈很重要的内容，当然前提是，反馈的主体是明星人才。

（二）适时的赞扬与认可

在双因素理论中，认可是仅次于工作内容本身的第二个重要的激励因素，这个激励因素对明星人才来说同样适用。明星人才往往内驱力比较强，能够不断激励自己，所以许多管理者会误以为他们对赞扬漠不关心。事实恰恰相反，一方面，明星人才一方面承担了同序列、同级别中比较难的工作，有的时候会经历失败，这个时候往往需要有人不时拍拍他们的肩膀，鼓励鼓励他们；另一方面，明星人才本来就在九宫格比较靠上的位置，公开的赞扬与认可也是需要组织赋予的，所谓"扬善于公庭，规过于私室"既是如此。

在管理实践中，明星人才很少要求表扬——至少不会直接提出。因此，管理者就需要凭借直觉判断他们何时需要表扬。明星员工或多或少都有一些自己的期待和想法，因此认可的方式要与认可的时机要联系起来。例如，如果一位直接下属汇报说他实现了一项利润很高的销售业绩，那么就要真诚地当面给予祝贺。但是这个认可并不适用于当众提及，因为这本来是分内之事，除非这位员工克服了非常大的困难，做出了有目共睹的努力，在明星人才抓住机遇且成功地完成了任务时，给予赞扬的效果最好。

通常情况下，空洞、无意义的认可与赞美不仅起不到任何激励的效果，反而会适得其反。认可要聚焦在明星员工自己最看中的技能、优势或发展痛点上。例如，一位开放性非常低的员工主动找别人寻求反馈，虚心地就某一件事情听取建议，即使这个行为微不足道，没有产生实际效果，但是这是迈出舒适区至关重要的一步，也可以在部门的会上公开分享，表示赞赏。如果他们能够获得客户的认可，攻克了一位大客户，可以群发邮件表示祝贺，选择一个适当的时机，采用一个合适的方式，公开地赞扬和认可，可以说是一种最简单有效的激励方式了。

（三）提供持续的机会

对于明星人才来说，最有效的激励方式是升职，或者有更大的机会施展自己。其实管理者不必陷入明星人才必须得到晋升的迷思中去，因为提供持续的机会方式多种多样。例如，一家国内非常有名气的印刷厂，在研发序列盘点出三位明星人才，其中一位有管理潜质的人选晋升到了更高的职位；另一位学历不太高但是有很强钻研精神的明星人才被派往日本学习了三个月，掌握了新的技术后，回到厂里组织了一个生产工艺流程改造的工作组，他担任组长，虽然职位没有晋升，但是技术是扎实且过硬的；第三位技术过硬、同理心强、沟通能力强的明星人才被任命为公司内部一个培养项目的讲师，既能够将自己知识经验传授给更多的人，还能够额外获得一份讲师补贴。

重要的是，这些持续的机会是明星人才自己想要且珍视的，因此珍贵稀少的培训机会、作为内部讲师、担任项目组负责人、作为一项技术的带头人、承担挑战性更高的工作内容、出席行业交流会（有更高的视野）等，都是持续提供机会的有效做法。

（四）建立加速培养项目

企业内部的加速培养项目，主要目标是给予明星人才更多的机会。在管理实践中，不同企业根据所处发展阶段和关键人才的储备情况设计不同的人才加速项目。例如通用电气，处在成熟阶段，有比较完整的培养体系，针对接班人设立了加速培养项目，每年选择从名校毕业的 MBA 学生，从上岗开始，通过绩效、能力、潜力、发展意愿等选拔出一批优秀的人才进入加速培养池。进入池中的培养对象必须完成专业培训，通过考核，一年内换区域在同一层级不同岗位上轮岗，产生预期的绩效后，才能够进入下一轮的培养中；没有产生预期绩效的，会丧失持续入池的机会。每一轮通过培训完成情况考核才有轮岗的机会，完成了预期的绩效，才有进入到下一轮培养的资格，每一轮都有极高的淘汰率，能够从第一轮坚持到最后一轮的人寥寥无几，完全通关的人基本上被提拔为全球副总裁。在通用电气内部,有一个专门的团队在运作这个项目。

另外一家国内有名的房地产上市公司,为刚刚毕业的管培生设立了加速培养项目。人力资源部每年从 985 大学中选择一些潜质优秀的毕业生加入该项目,前期的选拔过程非常严格,在选拔过程中增加了一些与发展意愿相关的职业兴趣测试。经过严格考核流程选拔出来的学生,除了参与集中培训的课程之外,还会组织内部交流群不定期地进行主题分享,同时每个人有导师定期辅导,直接上级定期反馈绩效,HRBP 跟进培养进度。集中培训结束后,经过考核到不同岗位上轮岗,其中优秀的学生可以在三年内跨越五级晋升为公司中层。

基本上,企业操作人才加速培养项目时,都处于相对成熟的阶段,人力资源团队也相对比较成熟,这些项目不仅仅是简单的培养和发展,在前期选拔时就有明确的标准和严格的流程,中期培养的过程中也有明确的考核和结果反馈,后期出池与绩效考核和晋升挂钩,以达到在短期内快速培养、为组织供应关键人才的目的。这种项目有加速的目的,因此,在设计和推行这个项目时,必须设计公平且有效的选拔流程,培养过程中有考核和淘汰,培养结束后可以越级晋升,同时在执行过程中能够获得高层和业务部门的支持,否则任何一个环节设计不当,都有可能导致项目流产。

(五) 建立主动成长型组织

不管是建立明星人才的 IDP,倾斜培训机会和发展资源,还是采用个性化的激励策略,进行及时的反馈和认可,即使一个公司有足够的资源和实力做到这些,明星人才就一定能够被激励、保留和发展吗?别说很多企业很难做到个性化的培养和激励,就算能做到,个别明星人才还是会因为个体差异化需求的原因流失。这看似成为打不破的"人才诅咒",只有建立"主动成长型组织",⊖"人才诅咒"才能够被打破。主动成长型组织有以下几个典型特征。

(1)营造一种"坚信员工能够自我提升"的文化,这种文化不仅是观念的植入、理念的植入,更是管理者自上而下外显的行为。所有人都坚信,公司业绩与员工个人成长相辅相成,只有提升员工能力,公司才能更稳健快速地发展。

(2)组织为员工提供适当的挑战,帮助每一位员工认识并超越自身的盲点和局限,突破内心阻力,实现转变。这些挑战包括:内部更开放的桌面沟通机制;工作中细致的事前指导、事中示范、事后复盘;科学合理地设置目标,及时有效地反馈,让每个员工放下自我保护的面具,主动、理性地坦诚工作中的不足。

(3)组织为员工提供相应的支持,让员工在遇到挑战、明确发展痛点的同时,能够有充分的资源和支持进行行为改进。这些支持包括:梯次分明的人才储备,除了直线上级之外,可以找到更多的"导师";多渠道、多形式、多内容的培养和发展体系,除了集中学习,还有以绩效改进为议题的行动学习、现岗的 IDP 跟踪与反馈、不断更新的 SOP……同时还包括提炼学习和成长的考核指标,让员工更能自省和提升。

当然,主动成长型组织的构建不是一朝一夕可以完成的,它适应于成长性、扁平化、协作效率高、成长快速的组织,但是它为人才的持续成长提供了充足的空间和可能性,也是最有可能破除人才管理困境的一种做法。随着技术的进步和人工智能的发展,将会有越来越多的知识型员工投入到更有创意的工作中,明星人才持续不断的突破和自我超越

⊖ 罗伯特·凯根、丽莎·莱希、安迪·弗莱明、马修·米勒.员工越成长,企业越成功 [J].哈佛商业评论(中文版),2014(4).

的过程,更有可能成为他们自己的成长痛点,组织只有为明星人才创造更多的可能性,才有可能保持长久的活力和生机,以便在竞争中脱颖而出,赢得市场先机。

四、激发九宫格中的大多数

在人才地图中,占比最多的往往是能力中等、绩效中等的 5 号格(见图 9-2)。在实际管理场景中,很多管理者对这类人才的感受是,"看不出来更高的潜力,说不上哪里好,也说不上哪里不好,好像他们本人也没有强烈的动机和发展意愿"。而处在其他位置的 2、3、4、7 号格,要不是能力上有明显短板,就是绩效上有显著欠缺,培养起来"性价比不高"。对于员工来说,在人才盘点后,得知自己不是明星人才,第一反应是"我不受重视、我没有发展资源、我没有被支持到,那就这样吧",由主观感受到不被重视到客观上不采取发展行动,那对组织来说,毫无疑问,是最糟糕的事情。

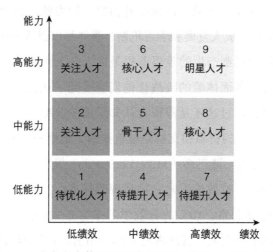

图 9-2　人才盘点中使用的经典九宫格(绩效 – 能力九宫格)

很多管理者会认为这些"被组织遗忘的员工"追求稳定与安全，他们工作中也够努力、够投入，也能产生了不错的绩效结果，自己的发展意愿好像也不是太高，即使是激励，好像也没有明确的方向，那么组织提供更安全稳定的环境就可以了。

但是对于盘点中处于大多数人的人来说，与其说没有发展意愿，不如说没有发展信心，没有明确的发展方向。从人才梯队管理上来说，明星人才基本上是上一级的储备，发展方向是明确的；盘点中被放到2、3、4、5、7号格的大多数人才，发展的方向和侧重点却各有各的不同。例如，处在高能力－低绩效的3号格、中能力－低绩效的2号格、低能力－中绩效的4号格，首要解决的问题不是能力提升，而是绩效改进，怎样在短期内达成自己的绩效结果；处在低能力－高绩效的7号格，重点在于找到产生高绩效的原因是否与个人能力显著相关，比如有些人产生高绩效是拥有比较好的资源，有的人是能力表现有明显的优势或不足，原因不同，发展的方式也不同；针对中能力－中绩效的5号格，重点在于激发发展意愿，根据意愿找到发展方向。

相比于发展方向来说，自我提升和发展能力就变得更重要了，我们在第八章探讨了成人发展和学习机制，最终是以思维方向转变为主的纵向发展，这个机制产生的重要前提是成人从工作和生活中感受到了挑战，这种带有负面体验的挑战让他们感受到了认知的局限，于是有了改变的行动，不过这还是停留在认知层面的改变。但是在成人的纵向学习中，有充足的资源和支持是最重要的，根据鲍勃·艾兴格（Bob Eichinger）和迈克·隆巴多（Mike Lombardo）提出的"历练驱动型发展"模型，70%的有效学习来自挑战现职任务，20%的有效学习来自与他人的合作和洞察，10%的有效学习来自正式或虚拟课堂的学习。很多企业培训的负责人、管理者将大部分精力放在培养明星人才身上，也倾斜了比较多的资源给他们。对于被忽视的大多数人来说，培训负责人和管理者如何有效地匹配资源，让他们感受到被重视，能够更快地激发他们的主动性，是重要的事情。

五、采用绩效改进计划（PIP）

如何在现在岗位上有针对性地提升绩效和能力，是激发"失落的大多数"最有效的方式，因此围绕着岗位产出的绩效改进计划（performance improvement plan，PIP）是重点。

（一）PIP 与 IDP 的区别

很多人容易混淆能力提升计划和绩效改进计划，认为它们没有什么区别。对于组织来说，不管是 IDP 还是 PIP，最终目标都是人尽其用，完成组织目标，只不过一个围绕着岗位绩效提升，一个围绕着个人能力提升。两者都需要个人认同及重视，直线经理都会和员工一起制订计划、提供资源和支持、跟踪计划、监督执行。但是，这两个计划还是有一定区别的。

首先，制订 IDP 和 PIP 的目标不一样。制订 IDP 的目标是为个人服务，重点在于提升个人的能力，虽然个人能力的提升能够促进组织目标的实现，但是个人能力提升可以有多个方向，该方向与组织的方向必须一致，但是毕竟是间接的。而制订 PIP 的首要目标是增强岗位的产出效果，是为了完成组织目标而设立的，首要是完成组织目标，因此，这个计划的完成除了个人要做出行动承诺外，组织也要创造条件，主动提供资源和帮助个人完成目标。

其次，IDP 和 PIP 的责任主体不一样。IDP 的责任主体是个人，发展目标一定是个人的"痛点"。通常情境下，改进的目标有多个，但是最重要的那个目标，一定是直接上级与个人约定好的、个人最想改进的那个目标，因为个人为自己的发展负最重责任，所以本人的发展动力和意愿最强。PIP 的责任主体是组织，是从组织目标分解而来的。先有组织目标，再有部门目标，最后才是个人目标，这是逐层分解的过程，因此 PIP 的责任主体虽然看起来是个人，但归根结底是组织。因此，在 IDP 的制订场景中，直线经理会和员工本人不断确定哪个能力是个人最想提升的；在 PIP 的制订场景中，个人优先想完成的目标看起来就没那么重要，个人甚至在这里没有主动性，完全是跟着组织的意志来。

最后，两者的考核和跟踪力度不同。我们都知道，绩效考核的结果一般应用于薪酬兑现，作为现代管理科学的一种常见手段，绩效从计划制订、目标下达、计划执行到监督反馈是一个闭环，PIP 一般是绩效计划中的一部分，因此考核和跟踪的力度都比较强。但是，IDP 不像 PIP 有那么广的普及面，只有在少数人才管理成熟的公司才会有，虽然现代企业人力资源理念的更新越来越重视人才发展。根据北森人才管理研究院对中国企业人才成熟度的研究显示，卓越人才企业在人才的吸引和保留策略上首选职业发展。即使是这些企业，对 IDP 的考核和跟踪力度也没有 PIP 强。

(二) PIP 应该如何制订

狭义的 PIP 确实针对的是一小部分绩效结果不好的人；广义的 PIP 实际上是在公司层面上对个人绩效计划的补充，可以在人才盘点之后，针对绩效普遍不太好的 2、3、4、5、7 号格里面的员工，重新检视公司整体绩效计划的过程。因此对于公司来说，PIP 的关注点应该落到如何让员工改进绩效结果，提升本岗位的产出上。在制订计划时，要让员工认同并自发采取行动，最终提升组织绩效，这是最重要的内容。管理者可以根据以下步骤来给员工制订绩效改进计划。

第一步：明确组织目标，界定重点工作

所有绩效目标的制定都是一个自上而下的过程，从战略分解而来。不管是用目标管理体系（MBO）的方法来进行组织目标分解，还是用平衡计分卡（BSC）中的财务、客户、运营、学习和成长的角度来分解，抑或是用关键绩效指标（KPI）的方式来分解，或是用当下最流行的目标与关键成果法（OKR），都是从组织目标开始。在全员制订绩效计划的过程中，员工个人的绩效目标是从组织分解到部门、部门分解到岗位、岗位分解到人。制订PIP时，目标设置依然很重要，此时的目标不是完成原来绩效计划中未完成的项目，而是回到绩效目标分解和设定的源头。重新检视组织目标，围绕这个组织目标认清需要完成的重点工作是什么。比如一个中能力-中绩效的销售人员，盘点以前勉强完成了上一个考核周期的任务，在制订PIP时，直线经理首先应该和这位员工重点聊一聊，任务目标的分解来源，以及围绕这个绩效任务相关的重点工作是什么。先将员工的视角提升到组织层面考虑问题，将他们的关注点从"我的绩效一般"上引导出来。

第二步：设定关键考核指标，明确衡量标准

组织目标和重点工作确定之后，要进一步聚焦目标，设定关键考核指标。关键考核指标与重点工作的完成息息相关，指标的数量不宜过多。同时要优先考虑岗位的工作产出，从工作产出中确定主要项目和次要项目，并且可衡量、可验证，一般可以从时间、成本、数量、质量和风险等角度进行衡量。关键考核指标明确之后，还要满足SMART原则，即明确具体、可衡量评估、可实现、满足现实、有节点。平衡计分卡的创造者卡普兰曾经说过："凡是可衡量的都是可管理的。"经由组织目标分解下来的关键考核指标必须要有明确可衡量的标准，甚至为了实现总分的计划，确定衡量标准之后，还要确定不同关键指标所占的权重。

第三步：评估资源，明确分工

直线上级与员工沟通好目标、确定好考核细则之后，更重要的是和员工一起探讨：为了完成这些可衡量的绩效指标，他们需要的资源和支持是什么？在讨论的过程中，需要明确哪些是员工必须做的，哪些是直线上级必须做到位的，即为了完成统一的结果，双方需要一致，彼此互为支持。这一步骤非常重要，让员工感受到充分被重视，同时对于完成有足够的信心，降低被组织"忽略"的感受。

第四步：明确完成结果，获得承诺

这一步更像是一个复盘动作，从现在已有的资源和支持出发，确定关键考核指标的完成情况，确定关键考核指标与组织目标的相关性，进行较为细致的评估，检验路径的可行性。在复盘的过程中，能够更加明确最终产出的结果是什么，在资源和支持到位的情况下，员工本人是否有信心完成。在这一环节，要获得员工本人的行动承诺及信心承诺，在复盘过程中，对有问题的地方再进行推敲，以确定最终结果的完成。

第五步：约定责任分工，定期反馈

管理者已经获得了员工的行动和信任承诺。最后一步便是确定双方的责任分工。虽然 PIP 的责任主体是组织，但是执行的主体还是员工本人，在双方均做出行动承诺的基础上，要明确双方的责任分工。直线经理定期监控计划的执行情况，进行沟通反馈、微调计划，是非常必要的，只有定期将沟通反馈做到位，PIP 才能够真正做到闭环。

在 PIP 制订和执行环节，每一步都非常重要，只有将每一步执行到位，才能够让那些"失落的大多数"感受到组织的重视，在工作中投入更多的激情和热情，做到现岗培养。通过直线经理与员工对现岗工作重点的共识，采取可衡量的重点指标跟进，在现在岗位上拓展出更细致的内容，做到将 70% 的培养重点放在现岗上，发挥出针对"失落的大多数"人群的培养效能。

六、一般员工的个性化培养策略

根据德勤的一项全球研究发现，员工的职业生涯发展和企业的学习转型的重要性在 2017 年上升至第二位，近一半的高管认为这两项是重要的。但是依然有 42% 的"千禧一代"认为自己没有获得足够的学习机会，他们有可能离开公司。对于人才盘点后的"被忽视的大多数人"来说也是如此，除了现岗的追踪和培养之外，还应该有更个性化的培养策略。

（一）跨界参访

跨界参访是一项重要的学习形式。曾经有一家在全国排名前三的快速消费品公司，它们的 HR 绝大多数都是从原来的生产线转换过来的，而且在公司的工作时间比较长，组织忠诚度很高。不过他们的专业能力一般，在人才盘点之后，基本上都是处在中绩效 - 中能力的 5 号格中，平时工作也非常努力投入，不过动机一般，他们更看重安全稳定的环境。新来的人力资源总监想推动人才盘点和绩效改革的项目，HR 想做但是又找不到方向。他们自己分析是因为大多数 HR 都是企业内部培养起来的，专业能力不足、视野有限，于是人力资源总监率领 HR 团队，专门去京东做了一次跨界参访和学习。

京东的组织发展总监为他们分享了内部人才盘点项目，详细介绍了项目的背景、目标、操作流程、核心产出、应用方向、操盘项目时发生的问题，并邀请项目核心骨干分享执行心得，做现场答疑，甚至还安排跨界学习的 HR 团队走访了参与盘点的直线经理。跨界参访进行了一天，结束时 HR 表示收获非常大，对一次内部项目操作的全流程有了更深刻的认识，回去也开始慢慢地操作项目，整个执行的热情更高了。

通过一次有目标、有设计的高质量交流，打开了 HR 的工作视野，在认知和操作层面输入了刺激，让他们不仅有学习的动力，也学到了执行的流程和方法。

（二）同侪学习

除了跨界参访之外，在组织内相互学习是一种更便利、更高效的方式。我们服务过一家媒体公司的人才盘点项目，一位年轻的刚上任没有多久的"90 后"中层干部 A 脱颖而出，虽然绩效一般、能力也中等，但是在创新上特别有想法，不仅表现在他所负责的内容板块创新性项目更多，也表现在他在内部组织工作的开展上，特别擅长激发员工的创新热情。于是，一个在绩效改进计划上希望提升内容创新的中层干部 B，便将 A 树立成自己的学习榜样，主动找到 A，要求参加 A 的内部选题讨论会，每一场选题讨论结束后都会拿出时间就会议的组织、引导思路、信息获取渠道等多个问题单独与 A 进行深入讨论，同时也和 A 交流自己部门选题会的思路，提前设计和准备，并要求 A 来参加自己部门的选题会，结束之后依然会有总结和复盘。经过半年的深入交流之后，B 所在部门的内容创新指标均已完成，而 A 的规划安排技能也得到了显著的提升。

这是一个非常好的"结对子"的例子。当然，这也和公司多元开放的文化有关，这种方式鼓励的是沟通协作碰撞之后的能力提升，但是在碰撞之前，双方目标一致、提升方向明确、能力互补、有学习和反馈的机制，是同侪学习的成功因素。

（三）以绩效改进为议题的行动学习

行动学习（action learning）的核心理念是"在做中学"。在行动学习过程中，每个参与者所在的小组/部门都会提出一个比较棘手的问题，他们被交换到不同于自己原有专业特长的课题下，组成学习团队。在一段特定的时间内，背靠学习团队，通过群策群力、互相支持、分享知识与经验，解决难题。这种培养方式特别适合组织有明显想改进的绩效议题，被盘点的人员有特别想改进的内容。

比如某城市商业银行的业务高速发展，坏账率和应收账款的回收、人才梯队的有效供给，是该银行组织业务发展的痛点。在一次分行副行长的人才盘点中，针对那些盘点中的"失落的大多数"人才，组织发展部门将被盘点的人才分为了三个组：一个组行动学习的主题是坏账率在现有的基础上降低 0.01%；一个组是应收账款回收周期缩短三个工作日；还有一个组是后备人才储备数量在现有基础上增加 1/3。设定完绩效议题之后，每组安排一个行动学习引导师、一个内部专家，同时组内推举选拔出组长，要求各组在半年内完成以上绩效目标，率先完成或者超额完成的组会得到激励。于是三个组在半年内，通过聚焦目标、找到原因和问题、确定行动计划、执行、检验和改进行动计划，定期进行复盘和总结。半年的项目结束之后，不仅组织设定的三个绩效议题得到了显著改善，而且这些人的条线管理、团队管理、规划安排、沟通写作能力也得到显著提升。

这是将组织绩效改进和人才培养有效结合到一起的典型案例，行动学习项目，最重要的是找到合适的绩效改进议题，同时有合适机制和方法，确保大家执行到位。

(四)线上培养课程

当然,这些处于2、3、4、5、7号格中的"失落的大多数"人才,在很多情况下可能是被组织忽视的,因为涉及的人数毕竟很多,组织也确实兼顾不过来。上文提到德勤的一项研究显示,员工的职业生涯提升和企业的学习转型重要性在2017年上升至第二位,如果将视野放到全球,人力资源技术分支中增速最快的是对新型员工学习系统的使用,很多公司正在积极寻找并购买各级在线的学习工具。

美国电话电报公司(AT&T)自2013年以来,已经为全球14万员工的再教育和发展项目投入2.5亿美元。为了促进员工发展,AT&T为员工提供更广泛的在线学习机会并鼓励他们寻找新工作、挑选导师以及学习新技术。为了尽量简化这个转变过程,AT&T已经与大学开展合作,向员工提供提升所需技能价格实惠的在线课程。而通用电气创建了Brilliant U——一个在线学习平台,以视频共享为主,并在整个企业内驱动员工学习。仅一年时间,就有超过30%的通用电气员工开发了学习内容并与同事共享。㊀从趋势和需求总量来说,建立资源更丰富的在线学习系统,确实是很多大型企业关注的,而一般中小型的企业也开始关注在线学习领域,尤其是在线视频学习,以便为更多的员工提供更多的学习机会。

此外,从员工的视角得出的结论则更不乐观。一篇发表在哈佛商业评论的调研显示,在1481名上班族学员(大多是学习在线课程的经理和知识型员工)中,超过1/3的人表示,在过去的12个月中,其所在机构未提供任何培训。这意味着很多希望提升自身工作技能的雇员只能自力更生㊁。各大机构可以通过鼓励和支持注册慕课(MOOC,大规模

㊀ 德勤洞察. 2017德勤全球人力资本趋势报告 [EB/OL]. 2017. P26-27.
㊁ 莫妮卡·哈莫里. 慕课能否解决员工培训问题 [EB/OL]. 哈佛商业评价(中文版), 2018, 1. http://www.hbrchina.org/2018-01-07/5799.html.

开放式在线课程）来改变这一现状。很多公司也意识到了这一点，如上文提到的美国电话电报公司、通用电气公司。当然，这里面也有一些公司走得更前端，如麦肯锡、微软和 Tenaris（能源行业管道供应商）甚至在自行制作培训内容，以供公众使用。但是很少有公司充分利用慕课资源，给员工制订发展和改进计划。

对于组织来说，人才培养始终是人才管理中至为关键的一环，培养不是单向解决员工能力的问题，而是如何平衡组织目标和个人目标。不管是针对明日之星的 IDP，还是针对"失落的大多数"的 PIP，所有目标制定的前提是本人的认同。因此，对于直线经理来说，最难的不是如何帮助员工找到发展目标，而是如何让员工认同发展目标，确认这个目标是他们成长的痛点。同时，除了目标一致，如何提供资源和支持，助力他们成长，也是非常重要的课题。针对处在 2、3、4、5、7 号格里的"失落的大多数"，组织怎样用好现岗资源，如与绩效提升相关的 PIP 的制订、跨界参访、同侪学习、以绩效改进为议题的行动学习、线上资源等，才是最重要的。

| 第十章 |

信息技术让人才盘点成功加倍

前面的章节已经阐述了人才盘点对组织长远发展、商业目标持续达成有着重大意义。人才管理是一项系统化工程，它的专业性和复杂度对于从业的 HR 提出了很高的要求——能够像 CEO 一样思考战略，能够像 CFO 一样时刻关注价值回报，能够像 COO 一样运筹帷幄，能够像 CTO 一样运用新技术事半功倍地解决难题。我们总结了过去 10 年的咨询案例，将人才管理技术归纳为三大类：能力技术、评估技术、发展技术。近几年，随着 IT 技术的快速发展，以及各行各业对新兴技术的持续关注和积极尝试，人才管理在原有的三类技术之上又发展出第四大类专业技术——信息技术。

《2016-2017 中国企业人才管理成熟度调查报告》结果显示，91.9% 的 HR 认为人才数据的积累和使用很重要，如图 10-1 所示。在日常工作中企业要做好人才数据的收集、积累和使用。一旦企业的规模超过 100 人，最好就逐步采用信息系统来完成相应的任务。一方面，这样可以避免因为 HR 的离职导致重要人才数据丢失；另一方面，公司达到一定规模后，这类数据的分享和保密都不是电子文档或纸质档案能完全承载的。

第十章　信息技术让人才盘点成功加倍　249

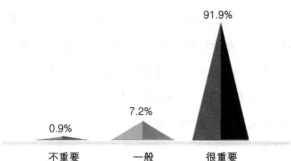

图 10-1　人才数据的积累和使用的重要性[一]

然而，在同一份报告中我们看到，采用信息系统 / 平台处理人力资源相关工作的企业只有 53%，如图 10-2 所示。相信在未来几年，这个数字会持续增长。这不仅是由人才管理的蓬勃发展决定的，也是人力资源领域信息技术的应用性不断提升所致。

您的企业中 HR 处理日常事务时借助什么管理软件 / 工具?

❺ 人力资源管理工作整体基于一个人才管理平台系统来开展工作

❹ 运用 e-HR 管理员工基本信息和主要业务流程，部分模块启用了专业的人才管理平台

❸ 除 Office 工具外，还运用 e-HR 系统来开展 HR 工作

❷ 熟练运用 Excel 等 Office 工具来处理 HR 事务

❶ 主要运用纸笔或简单的 Office 工具来完成

图 10-2　企业 HR 使用软件 / 工具处理日常事务的比例[二]

阅读过前面的章节，你可能已经对人才盘点的流程烂熟于心，摩拳

[一]　北森人才管理研究院 . 2016-2017 中国企业人才管理成熟度调查报告 [EB/OL]. 2017.

[二]　同上。

擦掌地打算大干一场了。但是为了保证你的人才盘点工作更加顺利，你可以再花一些时间了解如何利用好技术手段，将会取得事半功倍的效果。"信息技术"作为新时代最常被提及的词汇之一，涉及的知识领域很广，学起来也不简单。企业并不要求 HR 成为信息技术的专家，能够使用好相关的产品和工具，能够提升工作价值足矣。那么，信息技术对于 HR 的工作究竟有什么价值？缺少它对于 HR 又意味着什么？我们在本章将一探究竟。

一、在人才盘点中采用 IT 技术/系统

关于人才盘点的实践，HR 抱怨最多的是没有想到这个事情这么麻烦。在企业里开展人才盘点项目的初衷往往是看重其对战略的支撑，同时也能够帮助业务部门提升人才质量，帮助员工个人获得更好的发展，对组织的价值很显著。然而，实际推行起来可能会有各种意想不到的问题，从而拖延了时间，导致项目比原计划晚很久才能结束，甚至因为一些困难而烂尾。那么，人才盘点项目的时间都花在哪里了？我们分析了三十多个人才盘点项目的执行过程，为其中所花费的时间做了如图 10-3 所示的总结。

为人才盘点项目做时间计划时，HR 经常会详细评估有业务负责人参与的校准会和为员工提供一对一反馈/辅导这两项工作所花费的时间。根据员工数量/类别、业务单元的数量计算所需时间并不太复杂，反而是收集和分析数据的时间经常被低估。经常有 HR 火急火燎地要求一周内就要搞定全公司人才盘点（数百人）的能力评估数据，但有经验的人往往会在这部分预留足够多的时间以应付各种意外情况的出现。"做 360 度评估反馈，仅是催各个业务体系的完成，就催了上百次，这

是我没有预料到的情况。"除了 HR 能够独立完成的部分,"催促各类事情"在人才盘点中所花费的精力和时间与 HR 推动的其他项目并没有什么差异,也需要花费很多的心力。很多 HR 会抱怨,学了那么多能力技术、评估技术,到了想要策划一场漂亮的人才盘点,让老板看到 HR 可以提供专业意见的时候,才发现大部分时间做的事情都与"专业"二字无关。如何让信息技术来解放 HR 的一部分时间,它可以做什么呢?我们来看下面这家企业的案例。

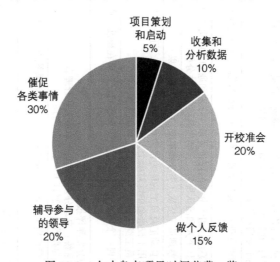

图 10-3　人才盘点项目时间花费一览

今年是这家互联网公司做人才盘点的第二年,从启动到结束那三个月的时间,一共开了 65 场盘点校准会,盘点了 780 名员工。期间给业务部门负责人开启动沟通会和提供相应的培训 13 场,完成员工的个人反馈/谈话 611 次,高管汇报进行了 7 次。项目产生 698 份个人报告,为各个业务单元提供 32 份团队报告。这家企业在本次盘点会中使用的 IT 系统和工具清单,如表 10-1 所示。

表 10-1 某互联网公司人才盘点中使用的 IT 系统清单

人才盘点项目环节	使用的 IT 技术 / 系统	HR	员工	管理者	高管	导师
项目启动会与内部沟通	• 在线直播：用于各地同事同时观看和参与启动会 • 在线学习系统：录制宣传和常见问题解答的视频，供员工随时查看 • H5 网页制作工具：制作便于手机传播的 H5 页面 • 企业微信号：用于传播和沟通	√ √ √ √	√ √ √	√ √	√	
人才潜力评估	• 测评系统：分发和通知员工完成测评，收集和分析数据，自动出具个人和团队报告	√	√	√		
人才能力评估	• 360 度评估反馈系统：组织复杂的评价关系，分发和通知，收集和分析数据，自动出具个人和团队报告	√	√	√	√	
绩效评估整合	• 绩效管理系统：整理员工历次（季度和年度）绩效考核结果	√	√	√	√	
人才档案制作	• 在线个人档案：自动汇总员工的能力和潜力和绩效考核结果，可进行人才分析和比较，用于校准会中针对个人才的讨论 • 继任管理系统：员工继任情况评估，员工离职风险评估	√	√	√	√	
校准会：九宫格校准	• 在线九宫格：展现一个团队 / 部门内的员工分布状况，可在校准会中进行调整	√		√	√	
员工反馈和 IDP 制订	• 测评系统：自动分发测评报告给员工 • 360 度评估反馈系统：自动分发测评报告给员工和管理者 • 继任管理系统：为高潜员工制订 IDP 并持续跟踪	√ √ √	√ √	√ √		
继任地图	• 继任管理系统：被认定为继任者的员工会被标注在该系统中，形成组织的继任地图	√			√	√
员工加速学习和发展	• 在线学习系统（专业课和微课） • 面授课程管理系统	√	√			√
员工 PIP 的制订	• 绩效管理系统：需要进行 PIP 的员工的绩效也会在特定时间周期内被持续追踪	√	√	√		
人才分析	• BI 系统	√			√	

在一个 3 个月完成的人才盘点项目中，就使用了 12 种不同的系统 / 工具，是不是有些出乎意料呢？这其中还没有涵盖日常办公所需要的邮件系统、OA 系统、薪酬系统——人才盘点中被认定为第一、二梯队的员工还有可能会获得薪酬的调整。比起用 Word 模板撰写计划、制作宣传海报，开箱即用的网页设计工具（如 MAKA、易企秀等快速制作网页的模板工具）的普及，让人才盘点项目的宣传更简单、更直接，到达率更高，成本更是大幅下降；比起用远程电话会议一本正经地开启动会，在线直播技术的流行不仅让更多员工无论身在何处都能更容易地参与会议，还可以通过弹幕抛出问题和参与互动，表达认同时点赞、送礼物，或者直接留言抱怨。

虽然 HR 也会担心更透明的互动是否会带来新的舆论压力，不认同的意见是否会快速传播，但在实际的使用中，新的互动机会让员工 / 管理者的参与感大幅提升，他们的参与也促进了 HR 更缜密地思考和准备，正视员工提出的问题并予以合理回应常常为人力资源部增色不少。更有企业的 HR 通过直播和互动成为项目的形象代言人，极大地拉近了与员工的距离，他们对问题的及时回复也提高了参与者的满意度。信息技术系统的使用让分发通知、流程管理这类工作变得更简单，极大地降低了人为操作出错的可能性。甚至有的 HR 开玩笑说，用了在线 360 度评估反馈系统组织和分发 360 度评估活动以后，已经完全不愿去想象以前用邮件系统完成这类工作的过程。"一个员工可能需要给自己打分、给上级和下属打分，给其他部门的同事打分，人一多就容易乱。使用系统之后就不用再考虑到底应该怎样发邮件才能让每位员工只收到一封邮件，却完成自评、评价下属、评价同事、评价上级这一系列任务"。使用过上述系统和工具的 HR 认为，工具用对了能解决很大问题，效率和正确率的提升显而易见。

二、信息技术在人才管理领域究竟有什么用

信息技术（IT）的含义很宽泛，虽然维基百科将其定义为使用计算机存储、转换和操作商业或企业数据的应用过程，[一]但在非 IT 业的从业者（如 HR）的眼中，信息化思想、网络、软件、硬件、业务产品/系统和具体算法都可以纳入其中，总的来讲，信息技术就是一切科技手段。

相比于战略和商业话题、组织设计、人才管理、薪酬设计等 HR 领域专门的业务话题，涉及 IT 技术的话题似乎是 HR 最不愿意触碰的。邮件收发有问题，找 IT 人员解决；登录招聘系统有问题，找 IT 人员解决；移动端新的应用不会用了，找 IT 人员解决；数据分析时数据不是我想要的格式，找 IT 人员解决。IT 人员似乎是 HR 的大救星。随着企业越来越关注数字化和信息化的发展，许多企业专门设置了人力资源信息系统（HRIS）的部门或岗位，为 HR 提供专门的 IT 支持。随着 IT 技术飞跃性的发展和产品体验的逐步升级，能够让 HR 顺手可用的 IT 产品正在快速进入我们的工作。使用系统不是目标，利用正确的工具让工作更便利才是 IT 之于 HR 的意义。

（一）发现和解决问题是使用信息技术的终极目标

人力资源领域长久以来并非新技术最先关注的领域。因此，对比一家企业各个方面的信息化程度，HR 业务可能是最为落后的。除了基础的 IT 应用，对 IT 应用的较好的部门或体系主要是财务部门、仓储物流部门、供应链部分、生产体系、营销体系。一方面，这些部门都是直接关系到公司业务生死存亡的业务环节，IT 的投资理所应当投到这里；

㊀ 维基百科. https://en.wikipedia.org/wiki/Information_technology [EB/OL]. 2017.

另一方面，这类业务涉及的数据和操作早已不是靠着几个人就能掌握或执行起来的。但我们会发现，HR 并不在其中。

于是，在一家按照德国标准建设生产线的合资工厂，我们会看到井然有序的车间、高精尖机器人操作的生产线，但却会在 HR 的办公室看到一墙厚厚的文件夹。这里装着员工的档案、合同、各类考核表、培训记录。有次我们与一家企业的 HR 开玩笑，万一失火了，整个企业的员工信息都要重新收集一遍。没想到对方却并不忧虑，"别看这么多文档，用的也不多"。

当然，不是每家企业的 HR 工作在 IT 的使用方面都如此落后，越来越多的企业开始有 HRIS 部门，负责整个 HR 体系的信息化建设。他们不仅会参与 HR 使用的 IT 系统的选型，甚至会根据 HR 的需要，专门开发系统和工具。如果回溯 HRIS 的发展史，可能会看到 IT 在 HR 业务中经历的一些发展事件，从而产生了不同的需求。我们罗列了最常见的一些：

- 纸质材料容易丢失；
- 方便多地办公共享的需要；
- 提高效率的需要；
- 采集和分析数据的需要；
- 工作协作的需要；
- 发现更多问题的需要。

相应地，企业开始使用的新技术就随着这些需求的出现，一步一步地走向了科技化的今天，许多产品也应运而生。我们会从科技新闻里看到：

- e-HR 系统提升企业的薪酬计算和发放效率；

- 基于云平台的人才管理系统帮助组织构建继任体系；
- 人脸识别技术解决在线考试作弊的问题；
- 大数据分析识别全球行业人才流动走向；
- 情绪识别技术探索员工的工作投入度；
- 智能排班系统提升劳动密集型行业灵活用工的效率；
- 智能在线客服通过机器学习算法自动回答应聘者的问题；
- 离职预测系统提高企业核心员工的保留率；
- 人工智能算法根据 HR 选人习惯自动推荐候选人；
- ……

这些新闻常常看得人心潮澎湃。IT 系统、大数据、人工智能、人脸识别、自然语言分析等技术词汇，似乎在不断颠覆每个行业。HR 除了关注专业领域的知识，也不得不去关注 IT 界的新动向。相比于个人用户，企业用户是比较理性的，没有企业会为了用技术而用技术。即使在 HR 领域，采用新技术或者使用新的 IT 管理系统，也无外乎是为了发现和解决问题。

（二）信息技术主要负责人才管理领域的三件事

虽然人力资源领域在企业数字化进程和新技术的应用中都不是出类拔萃的，但是最近六七年，几乎以每一两年一个热点的速度袭来（见图 10-4）。

2013	2014	2015	2016	2017/2018
·云计算 ·SaaS ·招聘系统 ·移动化	·商业智能（BI） ·在线学习	·大数据 ·互联网用户体验 ·游戏化	·一体化平台 ·PaaS	·人工智能 ·机器人

图 10-4　2013~2018 年企业 HR 关注的信息技术

可以说，信息技术的快速发展和产品的推陈出新，让各个行业都越来越焦虑。为什么会焦虑呢？主要是担心没能跟上信息技术的发展，例如，HR 担心自己在人才管理方面无论在形式上还是解决问题上都落后一筹。虽然信息技术在持续高速发展，但无论其原理和产品形态如何，想要解决的问题是很类似的。我们把信息技术在人才管理领域能够解决的问题归纳成以下四个领域：

- 人才能力数字化。无论组织是使用已有的胜任力模型，还是应用普适性的人才标准，都是将人的能力标签化（tag），使之能够在同一个尺子上衡量。根据这样的人才标准，让人的行为或能力变成一个一个的标签，可横向比较，可纵向追踪。在此基础上信息技术可以实现更精准的能力评估、更可视化信息展示、更简便的信息分享、更大的数据存储价值。这是仅仅靠人工达不到的效果。

- 管理过程高效化。流程制度在在线系统上固化下来，采用移动端、更加场景化地设计产品，提升用户体验，这样大批量、重复劳动、容易出错的简单劳动会被各类软件中的程序代替。提升效率是所有信息系统最基本的功能，在人才管理领域尤其如此，解放 HR 的生产力，让他们有精力专注于更专业的事情。

- 人人都能做分析师。未来的世界是更加理性的世界，未来的人事决策也更加走向数据驱动。当组织有足够多的数据积累以后，大数据和人工智能技术的长足发展让每个 HR 和管理者都可以轻而易举地从数据中获得想要的信息。花费大量时间做数据的整理，却分析不出什么东西的场景不再存在。

- 突破人类能力的限制。相比于人的决策，程序的决策通常都更加客观，也更加全面。例如，业务部门的领导选人的偏好，可能是他自己也难以总结出来的，算法却能完整披露偏好的人才画像。再如，员工离职倾向的预测，通过员工上班时间出去接电话、没有合理理由的请假等行为要素去判断离职倾向的方法，正在被员工网页浏览习惯、办公室行为、公司内部活跃度、晋升速度等信息的分析替代。信息技术超强的收集信息、快速分析以及建模能力，突破了人类能力的限制，在人才管理中能创造独特的价值。

在德勤的《2017年全球人力资本趋势报告》中我们可以看到，HR认为2017年重要的人力资本议题中与IT有关的有三项：数字化人力资源73%；人才分析71%；机器人、认知计算和人工智能40%，如图10-5所示。

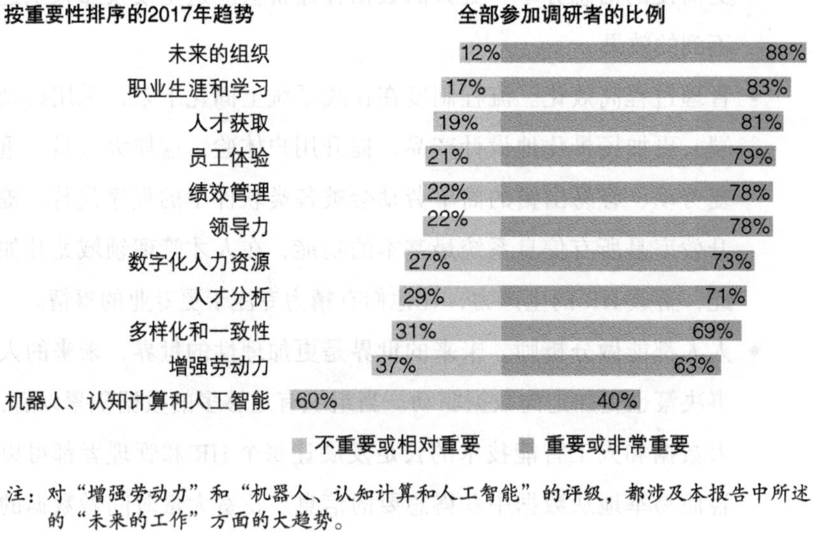

按重要性排序的2017年趋势	全部参加调研者的比例	
	不重要或相对重要	重要或非常重要
未来的组织	12%	88%
职业生涯和学习	17%	83%
人才获取	19%	81%
员工体验	21%	79%
绩效管理	22%	78%
领导力	22%	78%
数字化人力资源	27%	73%
人才分析	29%	71%
多样化和一致性	31%	69%
增强劳动力	37%	63%
机器人、认知计算和人工智能	60%	40%

注：对"增强劳动力"和"机器人、认知计算和人工智能"的评级，都涉及本报告中所述的"未来的工作"方面的大趋势。

图10-5　德勤2017年人力资本各项工作重要性分析⊖

⊖ 德勤洞察. 2017年全球人力资本趋势报告 [EB/OL]. 2017.

这表明信息技术在人才管理中首要解决的还是数字化人力资源和人才分析这样的基本问题。机器人、认知计算和人工智能是企业下一步才会考虑为 HR 添置的能力。

三、不远的未来：信息技术将颠覆人才盘点

随着外部环境的不确定性逐渐增加，大多数企业从战略到组织都开始面临着一场敏捷化的变革，以适应环境和市场的瞬息万变。于是，人才管理工作也要随之而变，迎来它的"敏捷"时代。敏捷意味着支撑战略、快速响应、灵活应变以及高度的内部协同，这样的管理内涵对于底层的信息化体系也相应提出了更高的要求——灵活、以人为本、一体化。

前面的章节提到过未来组织形态的变化、组织和员工关系的变化。我们暂且把一个企业的商业运转所需要依赖的人仍然称为组织的人才，那么未来企业仍然需要了解这些人才，比较他们之间的差异和特点，评估他们与眼前需要完成的任务之间的匹配程度，人才盘点这项工作不会消亡。随着技术的进步，人才盘点开展的过程和方式会有所变化。正像前面提到的，企业不会因为信息技术有趣或先进而采用，一定是因为它能解决某种问题才会采用。接下来，我们一起展望人才盘点正在发生的变化，究竟是如何将企业的需求与信息技术结合在一起的。

（一）能力图谱实时更新

组织最重要的不是盘点有多少人才，而是具备哪些能力。人才盘点帮助企业了解的首要问题不是已经有多少位高潜人才，有多少位绩效优秀的人才，而是组织具备了什么样的能力。举例来讲，当一家传统汽车

企业想要向新能源车转型时，可能会不断从外部补充人才。这时企业想要补充的不仅是人才带来的经验，还有依托人才构建学习型组织、创新型组织的能力。一年一次的人才盘点只能帮助组织知道盘点完成后那个时刻的组织能力情况，无法把不断补充或淘汰的人才的能力情况整体纳入能力图谱考量。

目前的人才盘点由于项目执行步骤很多，会让整个项目像一个"一过性"的事情。无论项目汇报写得如何精彩，项目结束以后结果都会束之高阁。组织是一个"活的"机构，人才的进出，其本质是组织能力的增强或减弱。人才盘点一年只做一次，很像一个事后的校验——你只有在一年后的盘点了，才知道这一年所有人力资源的尝试和调整是否提升了组织能力。

下一代的能力图谱将会实时更新，让组织的能力一览无余。信息技术在此实现了人才能力数据化，任何时间、任何地点都可进行人才能力评估、各类基于能力的分析和可视化展现，这正是信息技术最基本的价值。

（二）人才盘点可以随时随地进行

人才盘点的工作量大部分来源于大量的内部沟通，而这些内部沟通主要是服务于数据收集，如绩效考核、员工信息更新、能力和行为评估的方方面面。一个为期三个月的人才盘点项目，仅仅更新数据和整合数据（有时候还包括分析）就需要一个半月的时间。如果人才盘点的对象数量很多，那么更新数据的工作量就会成几何级地增长。

在参加了数十场盘点会之后，我经常问自己，为什么不能让人才盘点随时可以展开？数据更新能否转化成为日常工作？人才能力应该实时更新——有一点延迟也是可以的，毕竟组织的人才有进有出，员工会变化，员工也会进步，等到正式开展人才盘点时才披露这件事情，似乎有点太迟了。

信息技术能够结构化存储和展现能力信息，自动触发各类评估流程确保数据及时更新，甚至通过固化流程和分析模板，让业务部门负责人也具备用盘点视角来评估团队状况的能力，这也是信息技术所擅长的。

（三）人才的形象更立体，见结果如见人

人才盘点流程常常可以让我们掌握一个人丰富的数据信息。例如，他在与领导力相关性最高的七个方面分别得到了什么样的分数；在360度评估的结果中，下属给他的评价超过了92%的同行业从业者。数据的好处是把人才的能力量化，简单地放在同样的尺子上衡量。但是不好之处确实也存在，往往看了很多次，也很难在脑子里形成一个立体的形象，他到底是什么样的人？会做什么样的事情？我们发现，员工的行为数据越来越受到关注。例如，有的人力资源系统厂商就开发了新型打卡功能，让员工在下班打卡时从简单刷卡变成选择当日的心情，并以此来每日分析员工的情绪走向。如果人才盘点的结果是，一个员工处于关键的位置却连续15天都不开心，HR会采取什么干预措施呢？

（四）人才身在其中，关心自己的位置和成长

在过去10年的人才测评项目的咨询中我们发现，80%以上的项目是由企业HR驱动的。换句话说，当员工或外部候选人收到一封邮件，要求他完成一次人才测评，或者给20个同事做360度评估反馈的评分，他们的内心是不怎么情愿的。有趣的是，HR也常常这么抱怨。如何在与员工个人发展息息相关的人才盘点项目中调动员工积极性，让员工更容易参与，也是信息技术正在帮助企业解决的问题。例如，用更简

单的方式让员工可以自主地选择给自己打分的人，得到的结果很可能比HR帮忙选择评价者更被员工本人认可。同样地，在人才盘点项目中，盘点结果对于员工来讲也往往是黑箱。让信息的披露安全和及时，这是人才管理系统擅长解决的问题。

（五）职业生涯与终身学习密不可分

企业不再仅仅通过人才盘点去找到有能力解决问题的员工，也会通过各种途径提升能力，让组织持续具备竞争力。对于组织来讲，能力停滞不前并不是人才盘点想要看到的结果，能力的大幅提升和具备能力的人才的增加，才代表着组织在人才管理方面的投资产生了价值。对于员工来讲，完成任务不是最重要的，任务进程中个人能力的提升才是核心。能力，已经越来越变得商品化。一个组织的人力成本的计算不再是人工成本，而应该去看组织的人才能力价值，这其中也包括可以被商品化的技能。例如电动汽车行业，虽然正在大力发展并获得了资本的青睐，但是该行业人才稀缺。Coursera这样的平台推出相应的课程，能在短时间内极大地武装一部分人才，具有这样能力的人才会让组织的估值更高。在未来的组织形态下，如何保持拥有这些能力（或者与拥有这些能力的人保持稳定的合作关系）将成为新的课题。

10年来，企业的培训开发部门沉浸在建立企业大学的兴奋感中，每年大量的培训经费投入到员工培训中。这与三个需要有关：

- 来自企业跨部门学习的复合人才的需要，各体系人才掌握的知识融会贯通；
- 来自互联网产品的发展和消费升级的观念带来的变化，谁都可以去学吴恩达的机器学习课程，中欧商学院的课也越来越容易获得；
- 来自新型学习工具需要的快速发展。

职业发展工具超越了职业咨询师的能力范围。人才管理系统厂商也在试着向企业推广职业生涯管理系统。例如，系统帮助员工参考同事在企业内部职业生涯发展的路径，再根据本人的能力和知识储备，推荐新的工作机会——这些机会可能是员工从来没关注过的职位，要知道，一家上万人的企业可能拥有数以千计的职位——以此来延长员工在组织内的职业生命周期，提升人岗匹配度。

(六) 组织不存在，人才盘点也不再存在，寻找能力解决问题成为新课题

过去 5 年，中国企业遭遇的人才流动超越了任何一个时期，一方面招聘人员拼命招人，另一方面核心人才留不住，新员工还没到位老员工已被挖走，由此产生的恶性循环成为许多 HR 的噩梦。这不仅是单个组织的问题，社会经济的发展、行业的变化、社会意识形态的变化、学习方式的变化、传播形态的突破，都会让未来的组织更加不一样，传统的组织不断被打破甚至被扰乱。

未来 5 年，相信会有越来越多的创新型组织涌现，首先改变的就是人与组织的雇用关系。人不再长期隶属于某一特定的组织，组织也不再是人的集合，而是"能力的集合"。因此，传统的人才盘点也将不复存在，"形成宽阔且动态的能力网络"将成为组织的新课题。随着互联网的发展，人与人之间的关系也将发生翻天覆地的变化。核心员工的离职会带来规模性的人员流失，组织内层级之间的信息正在变得越来越透明，每个人都可以成为人际网络的中心。新的组织和关系形态正在出现，公司真正的关系可能并不像 O-Chart 中所描绘的那样。组织网络分析（ONA）技术正在被关注，它能够超越传统的组织结构和假设，探索团队与个人之间的真正互动，强化个人的价值，在组织中找到真正的意

见领袖并委以重任。这类工具的使用有利于发现人才，留住关键人才，保持组织具有高水平的生产力。

四、HR 的进化：成为信息技术的拥护者

信息技术的快速发展已经让各行各业感受到了前所未有的挑战。这种挑战带来的变化是，原本觉得很难的事情，现在可能被轻而易举地颠覆。例如，华尔街那些年薪几十万美元的分析师花费数十小时所做的工作，人工智能可能只需要几分钟就能完成。信息技术的快速发展势在必行，我们要关心的是，它会像以往那样先渗透到别的领域，最后才被 HR 领域有所应用吗？或者，HR 的从业者应该更主动地奔向风口浪尖吗？需要做什么准备，让信息技术助力于人才盘点呢？我把 HR 需要的准备归纳为以下五项：

（1）形成数据化思维模式。

（2）学习基本的 IT 知识。

（3）简化工作：不遗余力地推动信息技术在组织内的应用。

（4）跨界思考：不妨再大胆一点。

（5）勇气：所有新技术的运用都犹如进行变革。

回想一下十几年前，个人电脑在办公室普及的时候，会操作电脑会使用 Excel 制表的人很快会成为部门内最受喜爱的同事。同样地，在 HR 领域拥有数据思维和掌握一定 IT 应用能力的人也会成为第一批走在前端的人。也许你不需要像程序员一样会编程，但是你的思维模式的改变会让你成为最重要的组织成员。

（一）形成数据化思维方式

数据化思维并不是单纯指对数字敏感，它是一种将事物归类、结构

化、信息化的思维方式。涉及的信息也不只是数字，例如，在企业里实施员工调查时，对于员工的主观评价进行关键词提取甚至语义分析，都是数据化思维的一种体现。与此相对应的传统模式，是将员工调查中主观评价仅做罗列和展示。再如，想解答"是不是好学校毕业的员工就比一般学校毕业的员工成长速度快？"我们就用以下案例来讲讲数据思维的问题。

> **小知识**
>
> **不同类型院校的毕业生工作表现（或在九宫格的位置）有差别吗**
>
> 　　这是一个特别好的人才管理问题，从问题探索的角度来讲，可以说是非常有意义的。你想想，如果我们发现，毕业学校确实与盘点结果中的位置存在一定的关系，那么今后招聘时只要严把学校关，或者在犹豫的时候优先选择毕业于排名更靠前的好学校的候选人就能直接助力企业发展，岂不是一劳永逸？
>
> 　　假设我们认为九宫格中处于6、8、9号格的人的门槛或者人才定义已经非常清晰，暂且不在讨论范围内，那你只需要提取好学校的数据就可以。接下来你需要做什么？
>
> 　　（1）界定学校的分类。
>
> 　　（2）把人才的毕业院校列出来，根据（1）分类。
>
> 　　通常中国内地对大学的分类以教育部给出的"985"和"211"大学来区别；也可以使用一本和二本院校的方式区分；也有企业对特别的几所院校情有独钟，单独作为一类；也有企业喜欢采用英国《泰晤士报》每年发布的QS世界大学排行榜来分类。第一个问题解决了。
>
> 　　我们接下来看看第二个问题。实际上第二个问题常常让HR更加挠头，主要是这样一些原因：

- 毕业学校是手工填写的文本信息，现在要分出两类就得对着（1）的列表一个一个搜出来再标记出来，要知道"211"大学有116所，即使使用Excel的vlookup函数，也需要专门定义。
- 毕业学校是员工自己填写的，不太规范，用函数也可能找不全信息。
- 有的员工本科和硕士甚至博士读的是不同的院校，以哪个为准？是以最高学历为准，还是以最初学历为准？
- 员工数据很多时候还需要根据组织机构或其他标签进行分类，因为你的人才放在部门的九宫格和放在体系的九宫格可能是不一样的。

手工处理这些信息可能比较复杂，如果让IT系统来帮你解决，就简单多了。为什么呢？这就是数据化思维的体现了，其实系统只做了两件事：

第一，构建了一个学校数据库，有标准化的名称和代码。员工或HR在填写学校时，从库里选择就可以了，就不再会出现填写了"北大"和"北大青鸟"的员工，被都当成北京大学的毕业生。

第二，给库里的每一个学校打上标签，比如浙江大学就有"211"和"985"的标签。分析的时候，把相应的标签选出来，就可以直接完成上面的问题。

讲到这里，有没有对于数据思维有一点感知？我们来归纳一下：

（1）关注数据的结构化，而不是表面的文本信息。

（2）关注数据的标签化。

（3）关注数据与数据之间的关联。

> （4）关注建立长期的数据体系。
> （5）分析数据，通过数据回答问题。
> （6）形成综合性数据思维，从数据的收集、分析到产出都尽可能地量化。

（二）学习基本的 IT 知识

学习 IT 知识主要是为了更好地判断它们如何解决人才盘点的问题。比如说企业的 HR 可能会认为经典的人才测评方式太过刻意，题目太明确，可能很难完全预防员工在作答时伪装自己。这时 HR 了解到应用文本分析技术，让员工回答一些看起来不那么容易揣测到的问题，通过文本分析可以得到员工的真实能力数据。听起来新技术的应用确实解决了原有的一些问题，但是了解文本分析技术的原理后，HR 可能就更容易了解，如果想要基于本公司的能力模型开发题目和训练算法的工作量和可能性，这有助于他们做出合理的选择，而不是被新技术本身所吸引。简单来讲，当别人和你谈到 NLP、贝叶斯模型、词向量等术语时，不仅对这些术语的指代对象有大致了解，更重要的是对它们如何发挥作用解决 HR 的问题有所判断，这就足够了。

（三）简化工作：不遗余力地推动 IT 在组织内的应用

并不是每家企业都有 HRIS 团队帮助 HR 解决信息化问题，也不是每个老板都认同数据化时代的到来速度越来越快并愿意为此付出努力。我们常常听到老板说："买系统干吗？你们自己辛苦点算不就完了吗？"在一次薪酬论坛上，一位连锁零售行业的 HRD 兴高采烈地分享了他们使用薪酬系统以后，如何缩短了门店的薪酬计算时间，员工从 13 人减少到了 2 人。大部分同行都在为提高效率和降低成本欢欣鼓舞的时候，你还可以看到，由于薪酬计算的系统化，公司的成本计算和财务管理也变得更简单。薪酬数据的系统化不仅更加容易提供在线查看，还可以提供薪酬的纵向对比，以及与外部对标数据的分析。

使用在线系统还有一个巨大的价值，就是不会因为某个 HR 的离职导致一块业务进行不下去，只要交接一下系统账号或权限就可以衔接好。

HR 领域使用的 IT 系统主要有两种划分的维度：在线工具和在线系统，以及 HR 自己使用的系统与员工使用的系统。

例如，在人才盘点项目中，企业使用 360 度评估反馈系统收集反馈就属于在线工具的范畴，它与在线系统的不同是，日常工作并不在上面完成，使用目的是阶段性地完成某项任务的目标。而用于绩效考核管理的系统，虽然对于人才盘点的贡献也是提供人才的数据，但是绩效管理中的任务分配和日常沟通将日常工作的场景纳入其中了。

如何正确选择 IT 系统？这又是另一门学问了。

（四）跨界思考：不妨再大胆一点

使用组织内的沟通协作工具。也许你现在还觉得它不够有用，但是真正的变革是整个组织的事情，没有顺畅的组织内部沟通渠道，变革很难成功，何况这类工具可以帮你收集日常的数据，如 Basecamp、Slack 等。

升级价值观。不要再害怕人才流动，运用信息技术让人才流动起来，同时让人才的能力在组织内发挥更大的价值。无论未来人与组织的关系如何，利用人才的能力解决问题是不变的真理。动态将成为常态。

（五）勇气：所有新技术的运用都犹如一次变革

也许写到这里，必须请所有 HR 读者再一次去审视，你是否有足够的能力和勇气去推动信息技术在组织中应用。一家国有企业的 HRD 在行业聚会上分享他们如何应用大数据模型去做离职员工预测的时候，听众都两眼放光，羡慕不已。但实际上，他们为了推动这个项目做了非常多的沟通和努力。首先要面对的就是怎么掌握这些数据，这需要大量的沟通和解释，考虑如何让所有人参与进来。所有的工作都需要有勇气面对变革。在组织内推动一项新的人力资源政策、推行一套新的 IT 系统，本身就是组织变革的一部分，它所需要的能力、考量、勇气对 HR 来说都是很大的挑战。

五、新技术不是万能的

IT 系统和新技术的使用都不是一件便宜的事情，IT 系统一年的使用费用和服务费用加起来超过好多名员工人工费用的案例并不少见。是不是企业只要有足够的决心就一定可以成功运用技术让组织获得巨大的利益呢？我们见过的失败案例大部分都不是技术本身的失败。

A 企业是一家以知识型员工为主的科研单位，HRD 今年的重点工作是确保对研发部门的绩效考核可以落地。往年用过各种绩效评估的方法，KPI、民主评议、上级领导打分等。但是新技术的引入并没有带来业务的成功，主要有以下几个方面的原因：

- 期待不合理：期待技术带来业务变化甚至组织变化。
- 组织的准备度不足：员工的工作都没有使用计算机的环境，如何期待他们将 IT 系统的使用变成办公的日常。
- 对 IT 技术评估不够，投入不足。

- 缺乏变革的勇气。
- 未能联合利益相关者共同获得成功。

你也许发现，多懂了一些技术词汇可能也不过是泛泛而谈。所有的技术都是为人的行为服务的，理解业务场景并找到适合自己的工具是特别重要的路径，技术在 HR 领域的创新需要更多的使用场景。未来，信息技术将会如何改变我们的工作？让我们一起拭目以待！

| 第十一章 |

人才盘点不一定能成功

如果将"人才管理"视为一个专业的研究领域,它可以被纳入实证研究范畴。在"人才盘点"这个细分科目下,实践者通过不断地尝试、调整、迭代和创新,经历成功和失败,逐步总结出更规范的实操方法,并输出成功案例和最佳实践。初学者常会困惑:为什么学习了经典的人才盘点案例,对人才盘点的技术和运作流程烂熟于心,却仍然在自己开展项目时遭遇各种问题?

本章展示了六个在人才盘点项目中较有代表性的失败案例,分别从组织和个人的视角来描绘人才盘点项目存在的常见问题,让我们一起来探索"问题出在哪里"。

案例一 脱离了业务的人才盘点孤岛

A公司是一家区域性的房地产开发企业,业务主要扎根于当地区域。2016年,A公司期望业务能在全国市场全面覆盖,于是将总部搬到了上海,打算充分利用长三角地区的人才资源,整体提升企业的人才实力,打造一支能够支撑全国业务扩张的人才队伍。

A公司的人力资源副总裁是在公司刚搬到上海后加入该公司的,并在加入公司半年后开展了人才盘点工作。这次人才盘点将各职能模块的总经理、各开发项目的总经理以及一线关键岗位的员工作为盘点对象，先建立胜任力模型，再进行评估。这原本是一个常规的人才盘点项目，推进过程却遇到了重重障碍，人力资源副总裁和项目组的核心成员在完成胜任力模型之后不久都陆续离开了公司，盘点工作半途而废。

问题出在哪里呢？

现在让我们来分析一下时机的问题，企业在当下最迫切需要开展的工作可能并不是人才盘点。A公司刚把业务拓展到新区域，在新区域尚未站稳脚跟，这时需要的是业务熟手迅速铺开业务，创造业绩新高。在人才管理方面，一方面，要基于以往成功的业务和运营经验，迅速和清晰地测算出推进关键业务所需的人手。例如，何种规模的项目需要配备哪一类员工——对于一家业务成熟的房地产开发商来讲，这是得心应手的事情。另一方面，在这种状况下，企业会更加倚重人才已经具备的显性能力，如专业技能、综合操盘能力、过往相似项目的经验等，而不是人才的潜力。哪些人具备相关的专业技能和项目经验，管理者通常心中有数。所以，A公司的人才策略应该是立足当下：快速整理出现有的业务骨干名单，然后根据业务的需求估算出空缺的人数和所需关键能力，更多地依赖外部招聘，从对标企业中引进成熟人才，并将重心放在业务的推进和达成上。

如果要进行人才盘点工作，可以采用更轻巧、更简洁的方法，花费太多的精力和时间建立胜任力模型可能无法达到项目的预期效果。在这个案例中，人才盘点对于公司而言最大的价值在于，识别和选拔出一些高潜人才，在业务快速推进的同时，提前为长远发展做好准备。高潜人才的选拔和培养，可以与关键岗位的人才招聘工作相互配合。通过人才引进支撑起当前业务的有序开展，同时也为高潜人才预留出足够的历练和成长的空间。一方面，被选拔出的高潜人才有机会被业务熟手带教；

另一方面，也只有业务熟手才能支撑起业务，不至于让内部火线提拔的高潜人才过早地被推到一线，这为高潜人才的成长和成熟争取了时间。正因为高潜人才的选拔和培养是一个为长远打算的长线工作，因此需要采取减少精力投入、能持续完善的方式进行。让业务部门卷入且花费不少精力时间建立胜任力模型，而产出却与其当下最关心的问题没有直接关系，就很难获得支持，对于后续持续性工作的开展非常不利。

在这个案例里，A公司人才盘点失败最本质的原因在于，人力资源工作没有从如何去支持业务的视角开展。在企业处于快速扩张的阶段，如何帮助业务更好地实现企业发展目标是人力资源所有工作的出发点。而在本案例中，人才盘点工作对于人力资源的价值远甚于带给业务部门的价值。A公司业务部门的领导对于关键岗位上的人才情况其实是非常了解的，不了解的可能是刚来公司半年的人力资源副总裁及其团队。我们做过的很多项目中都遇到过人力资源的同仁犯过相似的错误，沉浸在人力资源自身的工作目标和工作规划中，而忽略了人力资源的工作本来应该根据业务需要去设定和规划。

案例二　与业务端培养发展人才脱节的人才盘点

B公司开展人才盘点项目的发起人是企业大学，企业内部开展了三年人才盘点的工作，现在面临比较尴尬的局面。第一，盘点后进入人才池的人员，并不会在业务部门提拔用人时被首要考虑，提拔任用的结果与盘点结果毫无关系；第二，通过盘点进入人才池的高潜人才，参与企业大学提供的各类培训时并不积极，经常有人缺席。

问题出在哪里呢？

问题的本质在于，企业大学所有工作的开展都太害怕麻烦业务部门了，以至于都是自己在独立开展，因此业务部门不知道、不理解、不认同,也不买账。首先,人才盘点的标准是企业大学自己设定的,设定后没有跟业务部门的相关领导做过探讨和沟通。其次、盘点的评估方式太过轻描淡写,主要是相关部门提供的简历、绩效表现、上级的评定表,以及企业大学发起的人才测评。企业大学把所有的数据和信息整理成个人的人才档案,却没有跟业务部门进行探讨和沟通,只是把结果发送给了各个部门。最后,企业大学提供的系列培训,主要依据设定的人才盘点评估标准搜寻市场上的通用课程组合而成,没有与人才盘点的结果紧密关联。最重要的是,人才盘点过程没有依据业务部门提出的人才需求分析人员现状,所以课程可能并不能有针对性地提升员工开展当前业务所需的关键能力,也不能有效帮助他们解决工作中遇到的问题,最终导致员工和业务领导都难以感受到课程的价值。

我们在很多项目中都遇到过本案例中类似的场景:人才盘点发起人经常尽量避免或减少业务部门卷入项目、参与讨论。在这里,我们确实需要思考如何开展工作才能不给业务部门带来负担,但这并不代表不让他们参与主要工作。要知道,人才管理的工作是业务直线经理的本职工作,其中包含了分析和掌握每一个下属的优势、短板、个人特点以及各种想法和需求,并且思考如何把合适的人放在合适的工作上,组建、搭配和培养团队。有时候业务直线经理在思考这些问题时的视角确实与HR不同,也不一定会采取HR常用的系统化方法和工具,所以HR需要努力探索如何与业务部门在同一阵线思考,并提供能帮助业务部门的管理方法和工具。

在人才盘点的工作中,有几个关键问题不能回避。

关键问题一:需要什么样的人才?用什么标准去甄别和观察候选人才,这是HR需要与业务部门达成共识的。这里千万注意,不要为了追求"人力资源的专业性"而忽略了业务部门的真实需求。一方面,我们时常听到"业务部门对于HR工作不重视,HR部门缺少影响力"的反馈；另一方面，其实也经常观察到 HR 部门的傲慢，给业务部门留有"不关注人"的刻板印象，未能认真倾听业务部门的需求和心声。我曾经在培训时看到过 HR 就某个岗位胜任力模型讨论得非常热烈，却把在同一组该岗位的直线管理者晾在一边，一直到讨论结束，HR 都没想过去直接询问用人部门的看法，因为他们已经先入为主地认为业务部门的领导眼里只有业绩，只看重专业和经验。事实上，他们如果多提问和多引导，会发现其实业务经理有很多角度去考察候选人是否胜任，不是只看专业和经验。虽然业务经理在描述用人需求时可能视角很直接，语言很多样，但这不正是发挥 HR 专业能力的地方吗？关键还是从业务出发，与业务部门去探讨并达成共识。

关键问题二：如何考察人才？HR 可能会因为非常担忧与业务部门意见不一致，从而回避讨论带来的观点碰撞。其实，这种不一致的重要价值正在于需要多个角色共同评估，因为 HR 与业务部门的视角和考察重点是不同的。HR 在观察个人意愿、个性、胜任力等方面会更专业，而业务部门在评估专业能力、工作表现和工作结果上更有话语权。虽然 HR 和业务部门都需要理解对方的视角，但终究不能替代对方的专业。期望业务部门放弃对专业技术和能力的考察，而单纯评估胜任力是很困难的事；同样，要求 HR 去评估专业技术能力，也几乎是不可能完成的任务。因此才需要双方去全面探讨人才的优势、短板和特点，探讨时因不同视角而发生的意见碰撞是最有价值的地方。也正是通过这个过程，HR 才真正能帮助业务部门用更多元的视角去观察和思考他们的下属，这是对业务部门的人才管理理念最直接的输出和影响。

关键问题三：如何更好地服务于业务部门的人才需求？这时业务的需求仍然是第一位的，这个探讨的关键在于明确一致性的目标和策略，并且明确分工：哪些工作需要业务部门主导，而 HR 可以提供哪些资源和支持。这时所有招聘、保留、发展的工作都要服务于业务部门对人才的需求，一定是能够起到作用和产生价值的工作才会被纳入计划，提上日程。一旦盘点的后续工作都是在这种状态下被确认的，业务部门一定是举双手赞成和支持的。

案例三　适得其反的高潜人才项目

C公司刚刚轰轰烈烈地结束了一个名为"领英计划"的领导力高潜项目，该项目的目标是从一线核心员工中识别和发现一些具有领导潜力的员工，并通过"领英计划"帮助这些高潜人才提升领导力，成长为一线管理者的后备，加速成才。但一期项目执行下来，C公司沮丧地发现，这个项目不仅没有获得事先预料的积极效果，反而制造了大量的问题，产生了负面的影响和效果。这些问题包括：有的高潜人才自认为拿到了获得晋升或特殊奖励的特权通行证，想借此机会和公司谈条件；一些未能进入高潜人才计划的员工也在跟公司争取机会，他们认为自己的才能被低估了，威胁要离职；还有相对"温和"些的员工消极抵抗，把工作界限划分得十分清楚，不接受任何额外或有难度的工作，认为应该由高潜人才做更多更难的事。与此同时，还有一些高潜人才表示加入这个计划破坏了自己与同事的关系，承受了过度的关注和压力，要求退出"领英计划"。

出现案例中的这些问题，通常是以下几项工作没有做到位：

第一，高潜人才计划需要披露。在高潜人才计划执行的过程中，员工会非常轻易地发现身边同事参与了一些自己不知道且自己没参与的培训或活动，进而产生各种猜疑。与其神神秘秘地传出各种猜疑和流言，不如大方透明地进行沟通。选择恰当的切入角度，公布适合披露的信息，可达到事半功倍的效果。举例来讲，想要达成比较良性的高潜人才项目循环，需要注意：首先，不要使用"高潜人才"这个称呼，只是说明这是一个加速培养计划，并公布加入的条件，以及在计划中所要经历的发展任务；其次，说明这个计划并不是一次性的，这次没机会加入的员工，可以努力争取下次机会（最好能固定报名和开展计划的时间，可以预期和准备），已经进入计划的同事，也并非一劳永逸，如果在培养期间未达到要求，仍可能会退出计划。

第二，高潜人才需要沟通。在实施高潜人才计划时，发起人特别需要让高潜人才了解，公司看好并愿意在他身上额外投资，帮助其加速发展；同时，高潜人才加入这个计划并不意味着拿到晋升或获得额外奖励的通行证，而是需要接受更大的挑战，通过历练成长发展。这个历练的过程并不轻松，他需要付出加倍的努力，但是这是成长必经的过程，并且公司提供了平台以及资源和支持。如果确实获得了成长和突破，为接下来的岗位做好了准备，一旦开放出机会，高潜人才也确实会被公司优先考虑。

第三，高潜人才动态地入池、出池和培养计划设计。高潜人才进入人才池后，需要确保自己一直保持良好的绩效和出色的工作能力，如果绩效出现下滑，则应该被重新考量，决定其是否能够继续留在人才池中，人才池的管理是一个动态的过程。更重要的是，进入人才池的高潜员工，需要获得针对未来关键能力的培养和历练，否则"高潜人才"变成了一个名义或头衔，员工要么看轻高潜项目的价值，变得不愿意参与，要么将焦点放在这个称呼对应的待遇上，这都会导致高潜项目变味。

案例四　被反对的人才盘点

D公司连续做了两年的盘点工作，从部门负责人的盘点到一线员工的盘点，基本覆盖了公司的所有部门，收集并整理了大量的数据和信息，也为每个被盘点的员工建立了人才档案。但是在准备启动今年的盘点时，却遭到了业务部门经理和高管的反对。业务部门经理反馈，盘点工作需要他们投入好几天的时间，但他们没有感受到其价值；企业高管也反馈，人才盘点项目虽然执行了两年，但他们每年都只获得了大量未经加工的数据和信息，却无法从这些结果中快速、清晰地掌握整个企业的人才队伍状况，例如"哪些人行，哪些人不行，不行的话要怎么办"，当然也就无法直接根据这些结果进行人才规划和决策。

人才盘点原本应该产出的就是对人才队伍的基本分析，包括所有人的优势、短板以及接下来可以采取的人才举措。那是什么造成业务经理和高管会有这种反馈呢？

首先，人才盘点项目结束后，项目发起方对获得的人才数据和信息缺少一个整体的分析，未能给管理者呈现全盘的情况。例如，各个层级和部门的人员中高潜人员的占比、关键绩效贡献者的占比？人员构成是否健康？公司缺少哪方面的人才，缺少哪些方面的关键能力，在各个部门和层级上的分布如何？可以采取哪些方法和措施加以解决？这些才是高管关心的内容，而不是大量数据的堆砌和所有人员的人才档案。

其次，盘点结果的总体分析只是完整展现了人员的所有特点和情况，缺少从业务对人才的需求角度对现有人员的结构和现状的分析，导致人才队伍的分析和业务的需求之间是割裂的。其实，业务经理和高管并不需要全面把握员工的所有特点，只想知道业务需要的人才储备是否充足，缺哪些人，缺哪些能力，能不能补，以及怎么补。

再次，盘点会的讨论可能没有形成关键结论，或者缺少对达成共识内容的关键总结，因此业务经理对盘点会讨论出了哪些内容没有明确直观的印象，感受不到价值。因为在盘点会上发表和讨论过的信息太多了，尤其是当盘点会同时有相关部门的斜线上级、隔级上级或HRBP参与时，各位关键角色都从不同视角反馈了意见，再加上很多时候盘点会花很长时间，会议进行到后期很容易发散，如果没有一直聚焦和引导大家达成关键共识，记录员也没有在现场把关键结论与所有参与者复述确认，那么会议结束后大家虽然感到讨论了非常多有价值的信息，但却无法抓住重点，其结果对公司的各种人才决策也就缺乏指导意义了。

最后，还有一点容易忽略的是，虽然早期开始盘点时容易投入更多的时间进行人才分析，但未必对每一位被盘点的员工都充分讨论和确认了可能的发展方向及可采取的人才管理动作。同时在盘点之后，缺少一个基于盘点结论制定的针对性的人才管理规划，也没有与业务部门一起讨论和确认具体可实行的工作步骤，以及阶段性的工作重点和双方的分工。有时候，即使制订了一些计划或者采取了一些动作，但如果缺乏与业务部门的共建和合作，缺少在推动落地时的持续跟进，人才盘点的工作就会止步于分析并获得结论，没有进一步地牵引具体的人才管理工作，业务部门自然很难感受到人才盘点的价值。

案例五　无法积极参与的高潜人才

E是部门资深的业务骨干，工作表现一直非常出色，学习能力也很强，能够随着企业业务的发展不断成长。在需要业务创新时，E也是能够带领技术小组攻坚的得力干将。因此，企业在开展高潜人才计划时，E毫无疑问地被选进了计划。但令人失望的是，E常常缺席高潜人才计划组织的培训。在参加与学习小组的项目活动时，E也表现得非常敷衍，他的导师反馈，太难和E约上时间进行沟通，几乎没怎么跟E交流过。E陷于繁忙的日常业务，工作表现上一如既往地出色。看起来高潜人才计划不仅没有给他带来任何改变，可能还浪费了他的时间。

问题出在哪里呢？

首先，企业需要重新检视E属于业务骨干还是高潜人才。确认E

是否愿意和可能改变自己一贯的成功模式（例如，以身作则，身体力行地深入技术钻研），探索和构建新的成功模式（例如，转移技术、推动团队以及协调整合资源等）。

其次，企业需要澄清E所展现出的"高潜人才特质"，究竟是管理方面的潜力，还是技术专家方面的潜质。这里的分水岭在于，未来E是在熟悉领域的纵向深入发展，还是跨领域地进行横向和综合拓展。如果E更愿意和适合在专业纵深上探索发展，通常HR部门发起的高潜人才计划就未必适用，E需要的是与专家技术相关的培养和锻炼。

再次，企业需要考虑开展高潜人才计划的时机。一个比较残忍的现实是，如果企业没有足够多的后备骨干支撑业务的日常运行和发展，很多像E一样优秀的员工被加速培养、提拔之后，他们原来的岗位就会后继无人。因此，这时更急迫的问题是，需要补充足够多的业务骨干，让E有机会脱身，否则E也有离职风险。

最后，企业还需要确认高潜人才计划中的任务是否与关键业务的挑战紧密相关，如果只是一些脱离了日常工作的常规课堂培训，对于高潜人才的发展和提升作用是有限的，这样既浪费了培训投入，又影响短期业务绩效，也对高潜人才的发展无益，高潜人才自己及其直线上级可能都未必会深度投入和支持。

案例六　不堪负荷的高潜人才

F被选入高潜人才池，进入快速晋升通道。F积极投入高潜人才计划的发展任务，但却未能如愿迅速成长，反而发展停滞，工作绩效下降。这使得企业开始怀疑和反思，是否不让F进入高潜人才池，让其正常发展反而效果会更好。但无论从哪个角度分析，F与其他员工相比，都具备了高潜人才该有的特质。

问题出在哪里呢？

首先，企业对高潜人才"一贯性优秀"的期望，可能会让高潜人才承受巨大的压力，要求自己一直保持水准，不能接受自己犯错和失败。一位销售明星让我印象深刻。这位销售人员多年以来业绩表现都很出色，是名副其实的"销售明星"。他最近参加了公司的高潜人才计划，希望自己可以向销售管理者的身份转变。然而，令他感到迷茫的是，他花了很多时间在带教和影响初级销售人员上，学习如何通过他人达成业绩，在这个过程中他的业绩表现没有之前全身心地投入时那么漂亮，他的直线上级虽然也理解这种状况，但还是对他的业绩表现非常关注，但凡错失了一些过去他应该能抓住的商机，丢掉了一些过去他可能不会丢掉的订单，公司就会有很多人来询问他的情况，大家不习惯他有失水准的表现，他自己也会因为业绩的下降而有挫败感，不太能接受自己的"不优秀"。他的焦虑在于不知道公司能对他的业绩变化有多大的容忍度，也不确定自己坚持像现在这样努力是否就会真的有突破性成长，顺利完成面向管理序列的华丽转身。

其次，高潜人才会在聚光灯下努力按照企业的期望证明自己，难以表现真实自我。最明显的时刻包括：面对团队中最困难和最具挑战性的工作，高潜人才会认为自己应该一马当先地积极承担；组织有变革、制定了新规则时，高潜人才会被期待应该成为先锋和代表，率先实践和示范，为团队树立榜样；当领导面临压力和困难时，高潜人才也被期望能更多分担压力；当团队分享成功和奖励，或者争取资源和支持时，高潜人才也会被期望能更为大度，争取更少而付出更多。毕竟在多数企业里，满足企业期待和领导要求的人才会获得更多的机会，能被持续看好和有机会升职。高潜人才作为企业的重点培养对象，往往需努力展现被认可的"领导才能"，在这个过程中一些被动消极的反应以及展露出的情绪，都容易被认为是不够成熟的表现，使得高潜人才需要非常自律，不能自由地做自己。

　　最后，企业需要注意，高潜人才很容易被安排更多挑战，提出更高要求，却没有得到足够有效的辅导。简单的课堂类培训不足以帮助高潜人才解决挑战任务中的问题，很多导师的安排有时候也流于形式。导师有丰富的经验但不具备"辅导"的能力，或者时常因为工作繁忙而对高潜人才的关注不够。高潜人才被扔在挑战任务里孤军奋战，势必容易失败。

　　任何人才管理工作都是一项系统化工程。学习成功案例，能够帮助实践者掌握经过提炼的关键步骤、流程和动作；学习失败案例，能够为实践者提供更广泛的视角去观察"环境"，去探索为什么已经做出标准动作却未能取得预期的成果。

| 第十二章 |

让人才投资发挥最大价值

一、敏捷迭代，让人才盘点内化为组织能力

在组织管理的过程中，业务总是动态变化的、复杂的，从人尽其才的角度来说，我们做出的大多数人事决策有可能是糟糕的。最伟大的CEO之一，通用电气前CEO杰克·韦尔奇曾表示，他做一线经理时看人的准确度仅有20%，在CEO阶段可以接近50%。在如此复杂的情况下，我们如何能够通过敏捷迭代的思想，使组织在发展过程中具备系统化看人、识人、发展人才的能力？这是人力资源工作者和高管都需要思考和实践的。

（一）敏捷迭代原则

商业选择永远会面临短期矛盾和长期变革的需要，人才盘点工作也同样面临这样的问题。当你兴致勃勃地要开展一个尝试时，伴随而来的永远是"能不能更快""有没有用"。面对这种不确定性变化，以比较小的代价确保创新投入的原则就是：敏捷迭代。

敏捷迭代最早风行于互联网的产品开发，它意味着小、轻、快，看到结果后持续优化，或者调整方向，正所谓船小好调头。这种思想和理

念也同样可以用于一个体系的发展。因为对于一个体系的建设，意味着我们永远没有办法一次性解决所有问题，那么也许可以试着从一个小的方面开始，比如实施一次盘点校准会、一次晋升时的人才讨论、一次深度的职业规划研讨。想一天打造一个互联网王国是不可能的，你需要从一个小的产品、一个App、获得一个用户、一个小的场景开始。构建人才管理体系时面临的问题是一样的，解决之道也是相似的。

敏捷迭代的思想说来容易，想要真正在行动中应用起来，需要把握以下几个原则。

1. 抓住战略时机

谈到敏捷，大家最开始的想法都是很简单地把一个项目规划成五个阶段，这样看上去更简便，这可能是对敏捷最大的误解。实际上敏捷的核心是确保工作的开展紧紧围绕战略目标。举例来说，做人才盘点时流程的拆解和瘦身不是敏捷迭代首要的考虑，敏捷的核心是这项工作与战略的对齐：人才盘点侧重是发掘年轻后备力量，还是对齐人才标准，或是提升领导力……不同的侧重点也会与组织不同阶段的目标相关。简单来讲，找准时机，从一项庞大的计划中拆分出与战略紧密相关联的部分快速实现，是敏捷最核心的体现。回到人才盘点上，当组织发生战略变化时，可能就是敏捷开展人才盘点工作的最佳时机。

2. 以最小成本开始

在企业经营中，管理动作失败的概率是很高的。如果我们能够通过开展人才盘点让人才任用的成功率提升一些，对人才管理的效能会起到积极的作用。在这个充满不确定性的时代，企业的任何决策都可能成为一场豪赌，当风险成为常态，企业必须时刻关注每一个决策的成本。因此，敏捷人才管理拒绝大跃进式地蛮干，强调"论证—小范围实验—优化—全面推广"的方法论，以便以最小的成本获得最优的回报。以人才盘点为例，如今很多企业都认同盘点清楚人才数量和质量的现状对于后续人才的选育和留用决策的重要性。但这项工作的实际开展时，对HR、业务线的管理者都有很高的要求，如果没有准备好便在整个组织中执行，很有可能因为执行方式不当而导致整个项目失败。我们更加不想看到的是，参与者可能从根本上对盘点工作的价值产生怀疑，最终将其打入冷宫。找到最小的切入点，逐步论证和扩大价值也是敏捷迭代的实践思想之一。

3. 速度优先

敏捷人才管理强调速度，强调所有的人才管理项目都要轻盈设计，以便快速启动，并在执行中快速迭代，持续优化。这背后的逻辑是：等到我们认为一切完美了才去做，很可能会贻误最好的时机，更何况不经实践检验的设计永远不可能真正的完美。换言之，这个时代不会给我们100%准备好再开始的机会，而前面介绍的先小范围实验再大范围推广的方法，不仅是出于成本的考虑，也是对速度的追求。很多时候，先开始就能够建立先发优势。

4. 持续迭代

与时俱进、随需应变，是"互联网+"时代对组织的要求，其本质就是开放的属性。敏捷人才管理强调所有机制、流程、项目的设计必须具备这样的灵活性。以定义人才这个环节为例，以往构建能力模型的做法是请专业的咨询机构，进行深度的调研、访谈和一系列分析，完成一整套能力模型。根据职位序列的复杂程度，这个周期一般是3~6个月。这项服务越来越难以满足现今时代的要求了，如今半年的光景足以让一些职位的工作范围、能力要求发生新的变化。一套精心打造的能力模型尚未面世，它服务的职位体系/序列就可能已经变了，如果这套模型不能灵活地随需调整，不仅模型本身失去了存在的意义，根据这套模型设计的评估工具／方法也会随之失去价值。根据环境的变化，持续迭代提升和调整的能力是组织必须具备的能力之一。

5. 保持协同

真正的敏捷一定是基于整个体系，而不是某个单点的。比如企业中的人才定义发生改变，相应地后续的评估方式、发展方案都需要做出调整，真正做到"牵一发动全身"。用敏捷迭代的工作原则解决这类的问题时，意味着人才管理的各个流程必须由统一的理念做指导，各流程之间无缝衔接，信息高度共享。当一个环节需要调整时，其他流程也能随之做出相应的反应，否则体系内部就会产生矛盾，最终偏离总体目标。

（二）组织的支撑准备

在我们过去接触过的几百家实施人才盘点的企业中，能够敏捷启动的不在少数，但能够持之以恒地将其转化为组织能力仍然是一大难点。这其中难以持续落地的因素包含理念文化层面的问题，HR 团队能力的不足，制度机制的缺乏，工具与平台难以支撑，缺乏难以体现价值的衡量等多种问题。

1. 人才文化的基础

对于一个组织来说，当组织能力尚未强大时，必须依赖于企业经营者的意识，而经营者的意识如何从一过性地解决问题到恒久地坚持，这也是 HR 高管努力的目标。

当我们来评估一家企业是否有开展人才盘点的土壤时，可以从以下几个角度来入手：组织内部的人才问题是否是高管经常谈论的话题；在做出人事决策时，管理者是否愿意参考来自各方的意见和数据；管理者是否在人才管理方面有持续提升的愿望……人才文化是一家组织能够持续进化的基础，但是冰冻三尺非一日之寒，没有任何一家企业人才文化的形成是通过喊口号实现的。人才文化将成为组织在未来事业竞争中的核心竞争力之一，强健的人才文化持续机制将赋予企业厚积薄发的力量。因此，文化的落地、持续解读、评价、应用和传播，应该是 HR 的专业技术。在我们的经验中，通过持续不断地卷入更多员工，促进他们亲身思考和参与人才问题的解决，是最容易见到成效的——人才盘点首当其冲。人才文化提供人才盘点发展的土壤，人才盘点的实施能够滋养人才文化，两者相互强化。

2. 制度与机制循环

对于人才盘点的持续落地，制度与责任机制是最重要的一环。我们曾经见过很多经营者具备很好的人才理念，但苦于缺乏一套机制来使想法落地，这是组织能力内化的关键步骤。

因此，在一个项目结束之后，如何能够有专属的人才管理策略或制度发布，使人才盘点像招聘流程、绩效管理那样随之固化，是非常重要的。固化的制度可以包括人才盘点制度、继任制度、晋升制度、特殊人才项目的流程等。同时，如果能够将业务流程设计得更具"规律"，也会让组织有更好的节奏感。例如，有的企业每年盘点一次，放在年中的 6 月，与年底任命、绩效评估刻意错开，使这个事件更具弹性和发展性。

3. 借助工具与平台的能力让价值凸显

对于具备一定规模的公司来说，引入一套软件也许是固化策略中较为敏捷的一种方法。尽管软件并不能等同于人才管理，也有诸多的失败案例，但是如果有计划、流程和专业顾问的配合，这些工具可以提供很大的帮助，为宣传和执行环节节省很多资源。正确地使用人才测评、绩效评估系统、继任管理软件、人才管理平台等工具，可以使执行变得更

加 "正式"，并能改善最终的产出。

4. 专业化的责任团队

对于组织而言，以上的这些都实现了，仍然缺失最重要的一环——专业化人才。负责人才盘点或人才管理项目的 HR 团队是项目成败的关键。HR 部门需要建立定期评估人才的机制，每个流程有专人或专属团队推动执行，并同时应对发展阶段中用人部门的不成熟态度。例如，在人才盘点初期，50% 以上的业务管理者认为"人才盘点仅仅服务于 HR 内部"。因此，HR 部门需要清晰地阐述公司战略与人才战略之间的逻辑关系，讲清楚人才盘点的目的，结果和应用结合起来。例如，为什么要推进高潜人才项目，这类项目的设计是为了解决业务多元化发展、领导力断层等问题。

同时，专业化的团队也需要善用公司现有的会议、流程机制甚至高层管理者的影响力等，将人才管理主题嵌入其中并形成一个有机体。例如，当通用电气将人才会议与业务会议融合在一起时，组织的能力内化才得到了最大的普及。这些沟通与责任的机制对于发展中的 HR 团队，是除专业性之外的重要挑战。

（三）如何衡量人才盘点的效果

没有评估就没有发展。很多夭折的项目是由于缺乏适当的评估机制而使企业经营者失去信心。企业需要对人才的质量和数量有定期的衡量机制，这个过程需要在人才盘点项目初期格外重视。

衡量人才盘点 / 人才管理综合项目的过程，根据企业自身的状况，可以考虑选取以下指标：

- 高绩效员工的离职率；
- 关键岗位上内部晋升与外部招聘的比例；

- 高潜人才的留任比例；
- 外部聘用的成本降低；
- 板凳强度（重要岗位的继任率）；
- 重要职位的空岗率（填补时间）；
- 员工敬业度；
- 关键部门的人效比；
- 内部晋升员工半年度的胜任率；
- 经理人对高潜人才项目的满意度；
- 人才培养计划的有效性和满意度。

结果的指标可能需要更长的时间，因此可以在项目中设置一些执行的过程性指标，以指导工作的优化，例如，定义关键人才，构建高潜人才池并设定发展计划，完成高管委员会对项目期望的评估等。

二、CEO 的重要角色

在《人才管理大师》[一]一书中清晰地指出，在人才战争时代，CEO 本人必须是人才管理大师，这个角色绝不是 HR 团队的专属。成为人才管理大师的 CEO 都具备以下特质：

（1）懂得人才就是未来。

（2）对人才管理的重视程度丝毫不亚于对财务管理的重视程度。

（3）以身作则，尽力支持和加强人才发展。

（4）投入大量的时间了解、讨论和培养管理人才。

（5）高度关注继任计划的内容，而不仅仅是结果。

（6）非常重视将合适的人才纳入领导梯队。

[一] 比尔·康纳狄，拉姆·查兰. 人才管理大师 [M]. 北京：机械工业出版社，2016.

（7）明确企业文化和价值观并大力推行，还会明示业绩目标和奖惩方式。

（8）营造出真诚的谈话氛围，坚持企业内的公平考核。

（9）不断提高学习要求和业绩目标。

简言之，CEO必须做到三点：CEO必须重视人才；CEO必须在人才获取和发展上身体力行；CEO的价值观是人才基础价值观的重要内容。这样看来，CEO更像是一支球队的教练，对球员的状况了如指掌，只不过球队通常只有几十人，而一家大公司可能会有几万人。

优秀的CEO在发掘、培养人才方面有自己独特的方法。在我为企业提供咨询的过程中，接触过上百位CEO，他们或强势或谦逊，有着截然不同的个人风格，但他们都非常坚持的一点是，希望构建一套机制，坚持不懈地对人的能力进行判断。他们对人的判断是冷静的，同时也是发展的和动态的。我曾经为一家顶级互联网企业提供三年的人才盘点和高管的辅导咨询。在这家企业，CEO会逐年复盘上一年的用人决策，并就错误决策进行反思、分析，甚至还会请回离职的高潜员工，不拘一格用人。也许CEO的很多判断也很主观，但通过人才盘点的校准、交流，能够使准确率进一步提升，从而让他们的主观判断变成具体的、经得起检验的客观判断。正如拉姆·查兰所说，如果企业领导者把人才管理和财务管理放在同等的地位，并且使其清晰明确，那么这个企业的人力资源潜力将得到真正的开发。

高层管理者经常无法了解企业的具体问题和具体数据，他们获得的关于经营、员工和客户的有限信息都是筛选后的。考虑到时间有限，有些筛选是必要的，但是层层管事的人擅自决定领导者该了解哪些信息不该了解哪些信息，反而会加重信息的封闭。

管理者如何才能躲开无形封闭圈呢？尤其是在人才问题上，关于人才的考察是需要全方位、多角度的，如果信息过于封闭，会影响决策和领导效率，因为重要决策均须对具体情况掌握一手信息。在企业中，英明的 CEO 可能会通过走动管理、数据化管理等方式来破除一定的信息片面性问题。

首先，竖起耳朵注意各种可能性。在人才盘点的会议上，作为企业高管，需要特别注意"信息一边倒"的现象，因此在校准会议上通常会建议 CEO "最后一个发言"，避免过早造成信息的阻塞。另外，对于人才的评价特别要注意避免主观，每个人都有优点和缺点，不同的人应该看到了人才的不同方面，尤其是在大型公司里，层级越多，汇报链条越长，信息传导的过程就越长，信息的折损就越大。比如上级领导会看到执行力，斜线上级可能会更好地评估大局观、协作性与决策。当这些拼图越丰富，CEO 越应该授权，因为信息充分下的决策通常来说很容易一致。但如果我们获得的信息过于一致，这时候可能反而要思考，人才的曝光度是否充足，对于人才的评价是否全面客观。

其次，CEO 和高管应该主动走出无形封闭圈。我接触过一个 CEO，每个月会不定期去分支机构，而且不会提前与分支机构的领导打招呼，他每次尽可能与一线员工接触、交谈，了解他们对业务的看法、价值观的评述等，这种打破封闭圈的模式尽管效率不高，但在组织中的影响甚大，会给其他高管接触一线带来良好的示范。很多事情不能仅通过汇报，还需要独立的观察。但这种方式也有其弊端，比如那位 CEO 经常通过"突袭"的模式检查工作，也会用"突袭"的方式来评价人才，这要格外小心。人才的评价需要保持客观、长期一致的原则。

最后，保持开放，让他人敢于挑战高管的想法。在人才会议或用人决策上，CEO 需要保持开放心态。用人决策中的误差比比皆是，需要有人敢于挑战既有的想法，包括 HR、直线领导等，只有创造了开放的文化，才可能真正实现群策群力，每个人主动承担用人决策的风险，而不是听命于 CEO，使 CEO 成为信息的孤岛。

一家公司是否重视人才，不在于说了什么，而在于做了什么。如今被大家广为认可的高绩效人才的差异化激励就是其中一环，但仅有这一环节还是不够的。一家令人尊敬的公司在人才管理上做出的努力通常可以从以下几个方面看出端倪：

- 对待人才有清晰的标准；
- 管理者不只因为财务指标受到奖惩，还会因为人才指标受到奖惩；
- 关键岗位空缺更多的是来自内部，而不是外部；
- 组织会持续地追踪关键的人才指标；
- 组织会持续地组织正式的人才会议；
- 人才会议上会讨论员工的培养、发展方案；
- 人才会议上会讨论关键岗位的空缺风险和相应的规避方案；
- 管理者鼓励员工内部调动。

从组织视角上，我们需要评估公司是否是一个可以自我更新和提升的组织。其实归根结底，人才是最重要的。

人，才是最重要的。